지은이

- 김태승 | 고려대 박사, 아주대 교수, 공저 〈한중일 학계의 한중관계사 연구와 쟁점〉, 〈근대 동아시아 역사인식비교〉, 〈20세기의 역사학, 21세기 역사학〉 등
- 김형열 | 난징대 박사, 동의대 교수, 공저 〈동아시아사의 인물과 라이벌〉, 〈중국 근현대 주요인물 연구〉, 역서 〈주은래와 등영초〉 등
- 민유기 | 파리 사회과학고등연구원(EHESS) 박사, 광운대 교수, 저서 〈도시이론과 프랑스 도시사 연구〉, 공저 〈도시는 역사다〉, 역서 〈도시와 인간〉 등
- 박은숙 | 고려대 박사, 경원대 아시아문화연구소 연구원, 저서 〈갑신정변 연구〉, 〈시장의 역사〉, 〈김옥균, 역사의 혁명가, 시대의 이단아〉 등
- 박진빈 | 펜실베니아대 박사, 경희대 교수, 저서 〈백색국가 건설사〉, 공저 〈공간 속의 시간〉, 역서 〈빅 체인지〉 등
- 염복규 | 서울대 박사, 국사편찬위원회 편사연구사, 저서 〈서울은 어떻게 계획되었는가〉, 공저 〈문화지리와 도시공간의 표상〉, 〈식민지 공공성, 은유와 실체의 거리〉 등
- 한해정 | 고려대 박사, 덕성여대 강사, 대표논문 〈19세기 후반 독일 지방자치에서 시장과 그 역할〉 등
- 허영란 | 서울대 박사, 울산대 교수, 저서 〈일제시기 장시연구〉, 공저 〈미래를 여는 한국의 역사 5〉, 역서 〈민중과 유토피아〉 등

도시사 연구 총서 ❷

도시화와 사회갈등의 역사

초판 1쇄 발행일 2011년 12월 31일

기　획 | 도시사학회
지은이 | 김태승 김형열 민유기 박은숙
박진빈 염복규 한해정 허영란
발행인 | 최원필
발행처 | 심산출판사
주　소 | 서울시 은평구 불광동 219-7 예은 101호
전　화 | 02-357-0633
팩시밀리 | 02-357-0631
E-mail | simsan@korea.com
등록번호 | 제1-2114호(1996년 11월 28일)

ISBN 978-89-94844-12-1 94900

* 책값은 뒤표지에 표시되어 있습니다.

도시사 연구 총서 ❷

도시화와 사회갈등의 역사

도시사학회 기획

김태승, 김형열, 민유기, 박은숙, 박진빈
염복규, 한해정, 허영란 지음

심산

서문

사람들이 밀집 거주하게 되면서 특정 공간이 조직되고 정비되며 도시가 탄생하고 성장해가는 과정, 그리고 이에 따라 인간의 정치적, 경제적, 사회적, 문화적 삶의 방식이 도시적인 특성으로 변해가는 과정을 의미하는 넓은 의미의 도시화는 인류 문명의 장기지속적인 역사과정 자체이다. 하지만 좁은 의미로 도시화란 산업혁명 이후 급격한 이촌향도 현상에 따른 비약적인 도시의 팽창을 뜻한다. 산업화와 수반된 도시화는 공간의 자본주의적 재편에 따른 사회적 갈등 요소들을 내재하고 있다. 이 갈등 요소들은 특정 상황에서 권력, 자본, 상이한 이해관계를 지닌 도시민들 간에 대화와 타협을 통해 점진적으로 해소되기도 하지만, 폭력적 대결과 폭동으로 폭발하기도 한다. 도시사회 내부 사회갈등의 표출은 도시의 공간 구조, 도시 일상생활, 도시문화, 도시의 이미지와 정체성 형성에 직간접적인 영향력을 행사한다. 따라서 도시화 과정에서 어떤 사회갈등이 나타났는지, 사회갈등이 도시사회에 잠재적 위협요소로 상존하는지 아니면 점진적으로 해소되어갔는지 등을 역사적 시각에서 고찰하는 것은 근현대 도시에 대한 역사상을 정립하는 데 필수적이다. 또한, 오늘날의 여러 도시들이 안고 있는 사회갈등 요소들의 연원을 이해하고 이를 해소해 나갈 방법을 모색하는 데 많은 시사점을 제공해 준다.

도시사학회는 위와 같은 문제의식 속에 도시사 총서 2권으로 〈도시화와 사회갈등의 역사〉를 기획하였다. 2005년 가을에 결성된 도시사연구회는 2007년에 도시사 총서 1권으로 〈공간 속의 시간 : 유럽, 미국, 동북아 도시사 연구 현황과 전망〉을 기획 출간하였다. 이후 도시사연구회는 연구회 수준의 활동을 보다 광범위하게 확산하여 도시사와 역사 연구 전반에 걸친 학문 발전을 위해, 우리 도시가 지닌 각종 문제점들에 대해 인문학적 비판과 성찰의 필요성을 제기하고 더욱 바람직한 내일의 도시를 만들어가는 사회적 실천에 나서기 위해 2008년 가을 도시사학회로 확대되었다. 2007년 총서 1권의 서문에서 총서를 계속 발간할 것이며 2권의 주제를 도시화와 사회갈등으로 제시한 바 있으나, 연구회가 학회로 확대되고 학회 차원의 다양한 학술활동을 펼치느라 총서 2권의 출간이 미루어졌다.

도시화와 이로 인한 사회갈등은 도시사 연구의 가장 중요한 주제 가운데 하나로 동서양을 막론하고 도시의 성장 발달 과정에서 항상 표출되었고 현재에도 여러 갈등 요소들이 존재하고 있다. 하지만 총 8개의 장으로 구성된 이 책에서 공동저자들은 19세기 후반과 20세기 전반기에 집중하였다. 서양에서는 산업화의 진전과 함께, 그리고 동양에서는 서구에 의한 개항과 근대 문물의 도입과 함께 도시가 빠르게 변화해가는 시기이며, 오늘날 도시들이 안고 있는 각종 갈등 요소들이 본격적으로 등장하기 시작하는 시기이기 때문이다.

경원대 아시아문화연구소 박은숙 연구원은 1장에서 개항기(1876~1894) 서울의 도시화와 공간재편 문제를 검토해 보고, 도시화에 대한 주민들의 대응과 갈등, 각종 저항운동과의 상관관계를 분석하였다. 이 시기 서울의 도시화는 개화 및 외세의 진출과 함께 진행되었기에, 도시화를 둘러싼 갈등 또한 반근대·반외세운동과 착종되어 나타났다. 특히 근대화·도시화 과정에서 철저히 소외된 서울의 동부지역에서 임오군란과 같은 대규모 저항운동이 폭발하였고, 외세의 자본주의 도시화가 활발했던 서부·남부 성안의 저항운동이 적었다. 이는 자본주의 도시화 과정에서 발생하는 성장의 혜택이 특정지역에 집중됨으로써 지역 간 사회·경제적 격차를 심화시켜 소외지역의 불만이 가중되었기 때문이다. 도시사학회 학회지인 『도시연구: 역사 사회 문화』 제4호(2010년 12월)에 게재한 논문 「개항기(1876~1894) 서울의 자본주의 도시화와 사회갈등」을 수정 보완한 글이다.

2장은 염복규 국사편찬위원회 편사연구사의 글로 일제하 경성시가지계획(1937~45)과 도시빈민 주거문제를 다룬다. 당대 다양한 언론 자료를 통해 도시계획에 따른 지가 상승, 빈민들의 거주 형태이던 토막 철거와 이에 대한 저항, 경성부의 빈민주거대책 수립과 이의 좌절 등을 분석하면서 도시계획이 지닌 공공성도 식민지 상황에서 본질적인 한계를 지녔음을 고찰한다. 경성시가지계획이 시행된 시기는 일제 전쟁동원정책의 역설적인 결과로서 '사회적 공공성'의 개념이 환기된 시기였으나, 이는 소유권의 벽 앞에서 무력했으며, 전황의 악화에 따라 공허한 수사에 그치고 말았다. 저자의 서울대 박사학위논문(2009년 8월)인 「日帝下 京城 도시계획의 구상과 시행」 3장 3절의 내용을 수정 보완한 글이다.

3장은 울산대 허영란 교수의 글로 일제하 여수의 도시화와 지역사회의 다양한 갈등 양상을 고찰한다. 민족, 계급, 계층, 지역 문제가 혼재해 있는 식민지의 상황은 도시개발과 도시화 과정에서 이질적인 갈등의 축을 만들어낸다. 여수에서 해산물 유통 문제는 민족적 갈등 양상을, 신시가지 조성 문제는 관권을 등에 업은 거대 자본과 영세 농민 지주 사이의 계급적 대립 양상을, 시장 유치를 둘러싼 갈등은 지역주민들 간의 경쟁이라는 양상을 보였으며 이에 대한 대응 방식 또한 양상 별로 상이했다. 여수의 도시화 과정, 특히 신시가지 조성 사업이나 시구개정 등 도시개발 과정에서 시장 위치 관련 논의를 제외하면, 철도역의 위치나 노선 등에 대한 지역사회의 논의를 찾아보기 어렵다. 토지 수용의 범위와 그 가격만이 핵심 사안이었다. 그것은 여수의 내적 발전보다는 주요 육운과 해운을 연결하는 항구 건설을 목표로 일본 대자본과 식민당국이 도시개발을 주도했기 때문이었다. 『대동문화연구』 제67집(2009년 9월)에 게재한 논문 「일제시기 여수의 도시화 과정과 지역사회의 대응」을 수정 보완한 글이다.

김형열 동의대 교수는 4장에서 독일의 식민지화에 따른 중국 산동의 항구도시 칭다오와 중국이 자체적으로 상부를 개설한 내륙 행정도시 지난의 도시계획과 도시발전 과정 및 사회갈등 양상을 비교 고찰한다. 칭다오는 수직적 식민지배와 사회갈등이 심화된 식민도시의 특수한 상황을, 지난은 자체 도시화의 과정에서 수평적 인구이동에 따른 사회문제의 발생이라는 근대도시의 일반적인 경향을 잘 보여준다. 독일 식민당국은 식민지의 건설이라는 하드웨어적 부분에서는 성과를 거두었지만, 중국인을 폭력적이고 강압적으로 다루면서 소프트웨어적 부분에서는 사회갈등을 심화시키는 역할을 하였다. 『역사와 경계』, 제62집(2007년 3월)에 실은 논문 「산동 제남의 상부 건립과 도시 근대화」와 『중국사연구』 제70집(2011년 2월)에 실은 논문 「독일의 칭다오 경략과 식민공간의 확장(1898~1914)」을 기초로 수정 보완한 글이다.

김태승 아주대 교수는 5장에서 1920년대 말부터 30년대 초까지 상하이 도시사회의 헤게모니 투쟁을 국가, 부르주아, 노동자의 상호관계를 통해 고찰한다. 이어 1920~30년대 상하이에서 도시지배의 헤게모니가 어떤 방식으로 관철되었으며, 노동자들은 그러한 헤게모니의 행사과정에 어떤 형태로 참여 혹은 배제되고 있었는지를 분석한다. 이를 통해 국가/부르주아지/노동자 3자가 어떤 관계망을 구성했고, 이 같은 사회적 갈등 조절체제의 형성이 도시사회의 지배구조와 어떤 관련성을 가지는지를 규명한다. 이를 통해 상하이의 노동자 계급은 부르주아와 국민당-국가가 지도하는 항일전선의 희생자로 존재할 뿐, 도시 권력의 종속적 지위에서 벗어날 수 없었다고 주장한다. 『도시연구:역사 사회 문화』 제5호(2011년 6월)에 게재한 논문 「4·12 쿠데타 이후 상해의 노동자와 국가—1927년에서 상해사변까지 상해 도시사회의 헤게모니 투쟁과 노동자」를 수정 보완한 글이다.

6장은 한해정 덕성여대 강사의 글로 19세기 독일 에센 시의 물 부족과 하수처리 문제를 중심으로 도시화와 사회갈등 양상의 표출과 이의 해소 과정을 고찰한다. 독일의 산업화 시기에 대도시로 성장한 에센에서 물 부족 문제는 주민과 산업체 간의 갈등요소였다. 이에 시 행정 당국은 시의 안전, 그리고 주민과 산업체의 이익 모두를 고려하는 조정자로서 물 부족 문제를 다루면서 전통적인 시 행정에서 벗어나 주민의 편의와 삶을 배려하는 급부행정의 길로 들어섰다. 한편, 하수 때문에 인근 지자체의 불만을 사던 에센 시는 관할 지역에 국한되지 않고, 주변 지자체들까지 포함하는 공동의 이익을 위해 하수 문제를 해결하려고 노력했다. 『서양사론』 제79호(2003년 12월)에 게재한 「용수 및 가스공급을 통해 본 19세기 후반 독일 루르지역(Ruhrgebiet) 도시의 지역자치—에센(Essen)과 도르트문트(Dortmund) 사례」와, 『서양사론』 제100호(2009년 3월)에 게재한 「19세기 독일의 도시환경과 하수시설—에센(Essen)시를 중심으로」를 기초로 하여 도시사회의 갈등 양상 위주로 수정 보완한 글이다.

7장은 민유기 광운대 교수의 글로 파리 성곽부지 활용을 둘러싼 갈등과 이의 해소 과정을 분석한다. 1840년대 건설된 파리 성곽은 1860년부터 파리시의 경계가 되었는데, 성곽을 해체하자는 논의는 19세기 말부터 시작되었다. 파리 시의회의 사회주의자들은 성곽을 해체하고 그 부지에 사회주택 단지를 건설할 것을, 부르주아 중상층 환경운동가들은 도시의 위생상태 개선과 도시미화를 위해 성곽 부지에 녹지와 소규모 공원을 조성할 것을 주장하며 갈등하였다. 하지만 이 두 세력은 공유지인 성곽 부지를 민간에게 매각하면 투기성 도시개발이 이루어진다는 공통의 인식 속에 서로 협력하였다. 그 결과 1920~30년대 해체된 상곽 부지에는 사회주택, 공원녹지, 스포츠 및 교육 시설 건립 등 공공개발이 이루어졌다. 『중앙사론』 제31호(2010년 6월)에 게재한 논문 「도시 공공개발을 위한 환경운동과 사회주의의 협력 : 20세기 초 파리 성곽부지 활용을 중심으로」을 수정 보완한 글이다.

마지막으로 8장은 경희대 박진빈 교수의 글로 1919년 시카고의 인종폭동과 도시문제의 상관성을 고찰한다. 시카고 인종폭동은 이전에 남부에 집중되었던 흑인 인구가 제1차 대전 전후 북부 도시로 대규모로 이주해 온 결과로 빚어진 사건으로, 일자리와 주거지를 놓고 도시에 새로 유입된 백인과 흑인이 대립하면서 갈등이 심화된 결과였다. 시카고의 인종폭동은 급성장한 현대 미국의 도시가 사회적 갈등을 조정할 능력을 상실했을 때 발생했다. 또한, 인종폭동은 미국 도시의 특수한 상황인 인종 문제가 도시 공간의 계급적 분화와 중첩되어 발생했다. 『미국사 연구』 제26집 (2007년 11월)에 게재한 논문 「1919년 시카고의 인종폭동과 도시문제」를 수정 보완한 글이다.

이처럼 각 장에서 해당 도시의 도시화 과정이 지닌 특수성과 보편성을 검토하고, 반외세 저항운동, 민족갈등, 계급계층갈등, 인종갈등, 공유지 활용 방식에 대한 갈등 등 도시화가 낳은 다양한 갈등 양상을 고찰하고 있다. 도시화로 인한 사회갈등은 독일의 시 행정당국이 전통적 기능에서 벗어나 공익을 추구하며 갈등을 중재 조절하려 했던 것처럼, 파리의 공유지 활용 방식을 놓고 대립하던 사회주의자들과 환경주의자들이 민간의 투기성 개발을 막기 위해 협력한 것처럼, 공공성을 중시한 사회적 대화와 타협에 의해 해소되기도 한다. 하지만 도시사회의 갈등 구조를 완화하거나 해소할 적극적인 노력이 결여된다면 시카고처럼 인종폭동으로 폭발하기도 한다. 동아시아 도시에서는 도시화에 따른 사회갈등이 식민지배 권력과 연결되어 보다 다양한 양상으로 표출되었다. 19세기 말과 20세기 초 동아시아 식민도시의 도시화와 사회갈등 양상에 대한 고찰은 식민지 시대에서 유래한 도시사회 갈등 요소가 식민지 해방 이후에도 잔존하고 있기에 식민도시에 대한 더 많은 연구가 필요함을 일깨워 준다. 공동저자들은 이 책에서 다루는 시기 이후인 20세기 후반과 오늘날 동서양 주요 도시들에서 나타나는 다양한 사회갈등 문제에도 많은 관심을 기울이며 후속 연구를 진행할 것이고 그 성과를 다양한 학문 활동을 통해 확산시켜 나갈 것이다.

앞에서 언급한 것처럼 이 책은 도시사 총서 1권이 나온 2007년 겨울부터 구상된 것이었으나 도시사학회의 여러 활동으로 인해 미루어지다가 2011년에서야 세상에 내놓게 되었다. 도시사 총서 2호 출간을 오랜 시간 기다려 준 심산출판사 최원필 사장님에게 고마운 마음을 전한다.

2011년 11월 서울에서

저자들을 대표하여 민유기

차례

1장

개항기 서울의 자본주의 도시화와 사회갈등

| 박은숙 |

1. 개항기 서울의 도시화 이해하기

1876년 개항으로 자본주의 세계체제에 공식 편입된 조선사회는 열강의 중층적 외압이 가중되는 가운데 사회 전반에 걸쳐 변화와 종속을 강요당했다. 수도인 서울 또한 외세의 압력에 밀려 아무런 준비도 없이 문호를 개방하고, 제국주의 열강의 침투에 그대로 노출된 채 변화의 소용돌이에 휩싸였다. 서울은 부국강병을 달성하려는 정부의 개화정책 추진의 중심 무대이자 침략적 기지를 구축하려는 외세의 공략이 활발하게 이루어지던 곳이었다. 정부의 근대화 정책과 외세의 침략적 행보는 서울의 자본주의 도시화[1)]를 추동하였으며, 그로 인한 사회 문제와 갈등이 야기

1) 자본주의 도시화란 자본주의화가 진행되면서 나타나는 도시의 사회경제적 변화양상으로, 산업화에 따른 인구집중, 공간의 확대, 도시구조의 변화, 도시적 기능의 증대 등을 포괄하고 있다. 일반적으로 자본주의 도시화는 산업화에 따른 인구집중으로 촉발

되고 있었다.

개항기 서울의 도시화는 통치권을 행사한 조선 정부와 정부권력을 압제했던 외세가 주도했으며, 이에 근대화와 외세침략이라는 요소가 착종되어 진행되었다. 따라서 도시화에 대한 갈등과 저항 또한 근대화·외세문제 속에 함축되어 있었다. 조선 정부의 근대화와 도시화는 기득권 지대인 북촌을[2] 중심으로 추진됐지만, 외세의 자본주의 도시화는 주변부에 속했던 남촌을 중심으로 진행되었다. 이원적으로 진행된 도시화는 조선왕조 500여 년간 지속되어 온 북촌 중심의 서울의 공간구도를 새로운 자본주의 공간으로 재편하기 시작했다. 자본주의 시대로 진입해가는 이 시기 서울의 도시화는 도시공간의 자본주의적 재편이라는 점에서, 북촌 중심의 전통적 공간구조가 남촌 중심으로 바뀌는 기점이라는 점에서 주목된다.

지금까지 개항기 서울의 도시화에 대한 학문적 관심은 대한제국기 도시개조사업에 치중되었으며[3], 자본주의 도시화의 출발점인 개항 초기의

되지만, 외세의 강요로 문호를 개방한 서울의 도시화는 산업화와 인구집중이 미약한 가운데, 일부 제조업과 도로 정비, 외국공관·학교·병원·상점 건설 등을 주 내용으로 하는 건조환경(built environment)을 중심으로 진행되고 있었다. 또한 자본주의 도시화는 근대화와 맥을 같이하는 개념이다. 전통사회에서 근대사회로 나아가는 과정으로 이해되고 있는 근대화는, 자본주의 경제체제와 밀접한 관련을 맺고 있는 용어이며, 서구화·공업화·합리화·도시화 등 사회 전반의 변화를 담고 있는 다의적 개념으로 사용되고 있다(David Harvey, 최병두·한지연 편역, 「자본주의하의 도시과정」, 『자본주의 도시화와 도시계획』, 한울아카데미, 1989, 72-84쪽 ; Richard Walker, 「교외화 이론 : 자본주의와 도시공간의 건설」, 같은 책, 119-137쪽).

2) 북촌은 종각(鐘閣)이 있는 종로(鐘路) 이북 지역을 가리킨다. 예로부터 서울 도성 안은 종각이 있는 종로를 경계로 하여 그 이북을 북촌이라 하였고, 그 이남을 남촌(南村)이라고 불렀다. 북촌은 궁궐·관청과 양반세도가들이 집중되어 있는 권력지대였고, 남촌은 관청도 별로 없고 권력에서 밀려난 남인 등 비주류의 영역으로 간주되었다(황현, 『梅泉野錄』 제1권, 상). 그러나 식민지 시기에는 청계천이 남촌과 북촌을 가르는 경계선으로 작동했다.

도시화에 대해서는 거의 관심을 기울이지 않았다. 최근 이 시기 서울의 도시화와 공간문제에 주목한 연구가 존재하지만[4], 주민과의 갈등 문제는 다루지 못했다. 그것은 서울의 도시화가 근대화·외세침략과 함께 진행됨으로써 갈등과 저항의 목소리가 반근대·반외세의 함성에 묻혀버려 잘 드러나지 않았기 때문이라 하겠다. 그러나 그것 또한 이 시기 서울 도시화의 특질이라는 점에 주목해야 할 것이다.

이 글에서는 전통적 도시 서울이 자본주의 세계체제 아래에서 어떻게 근대 도시로 재편되어 가는지, 그 내용과 주체 및 공간 문제 등을 함께 살펴보고자 한다. 또한, 도시화 과정에서 나타나는 갈등과 저항을 짚어 보고, 서울에서 발생한 각종 저항운동과의 상관관계도 검토해 보고자 한다. 그럼으로써 서울 도시화의 특성과 의미, 주민과의 갈등 및 저항운동과의 함수관계를 이해하고, 나아가 대한제국기·식민지기를 거쳐 오늘에 이어지는 도시화의 역사적 맥락을 이해하고자 한다.

---

3) 손정목, 『한국개항기 도시사회경제사연구』, 일지사, 1994 ; 김광우, 「대한제국시대의 도시계획-한성부 도시개조사업」, 『향토서울』 50, 1991 ; 이태진, 「18~19세기 서울의 근대적 도시발달 양상」, 『서울학연구』 4, 1995 ; 이태진, 「1897~1904년 서울 도시개조사업의 주체와 지향성」, 『한국사론』 37, 1997 ; 한철호, 「대한제국 초기 한성부 도시개조사업과 그 의의」, 『향토서울』 59, 1999 ; 전우용, 「대한제국기~일제초기 서울 공간의 변화와 권력의 지향」, 『전농사론』 5, 1999 ; 박은숙, 「개항 후 서울 도시 공간의 재편과 성곽 철거」, 『내일을 여는 역사』 33, 2008.

4) 박은숙, 「개항기 한성부 5부의 차별적 변화와 자본주의적 도시화」, 『한국사학보』 36호, 2009 ; 박은숙, 「개항 후 서울의 자본주의 도시화와 공간 재편」, 『향토서울』 74호, 2009.

2. 서울의 자본주의 도시화와 공간 재편

1) 북촌을 중심으로 한 정부 주도의 근대 도시화

개항 후 열강의 침략적 위협에 직면한 조선 정부는 위기를 극복하고 부국강병을 달성하기 위해 근대화정책을 추진했다. 서울 중심으로 추진된 개화정책은 서울의 근대 도시화를 선도했다.

정부는 개화정책을 담당할 조직과 기구를 마련하고, 정치·경제·사회·문화 전반에 걸쳐 근대화사업을 추진했다. 1880년 12월에 개화정책 추진본부인 통리기무아문(統理機務衙門)을 설치했으며, 이것이 임오군란으로 폐지되자 다시 통리군국사무아문(統理軍國事務衙門, 1882～1884)·내무부(內務府, 1885～1894)를 궁궐 안에 특설하고 근대화정책을 추진해 나갔다. 이들 기구는 개화정책과 국정 전반을 총괄하는 최고의 국정의결 및 집행기구로 부상했으며, 고종의 왕권강화 의도와 맞물리면서 막강한 권한을 행사했다.[5] 정부는 신식군대 창설과 신무기 제조, 근대적 학교와 병원의 설립, 신문 발간 등 부국강병을 위한 사업들을 적극적으로 추진해 나갔다.

이러한 개화정책의 흐름 속에서 서울의 근대 도시화를 도모하는 도시계획이 김옥균·박영효에 의해 마련되어 추진되었다. 김옥균은 1882년에 우리나라 최초의 근대적 도시개혁안인 「치도약론(治道略論)」을 썼

5) 전해종, 「통리기무아문 설치의 경위에 대하여」, 『역사학보』 17·18합집, 1962 ; 한철호, 「統理軍國事務衙門의 조직과 운영」, 『이기백선생고희기념 한국사학논총』 하권, 1994 ; 한철호, 「민씨척족정권기(1885～1894) 內務府의 조직과 기능」, 『한국사연구』 90, 1995 ; 장영숙, 「내무부 존속연간(1885～1894) 고종의 역할과 정국동향」, 『상명사학』 8·9합집, 상명사학회, 2003.

다.[6] 치도약론은 도로의 정비와 교통수단의 개량, 위생·환경 개선, 하수·분뇨의 처리와 이용방안, 나무시장 설치 등의 내용을 담고 있다. 도로정비는 길거리 요지에 치도국(治道局)을 설치하고, 필요한 기구와 기계를 마련하여 시행토록 하였으며, 통행을 방해하고 화재 위험이 큰 가가(假家) 철거에 중점을 두었다. 교통수단으로는 가마의 이용을 엄격하게 제한하고 인력거와 마력거 사용을 권장하고, 가마를 운반하는 인력을 공업에 종사하도록 유도하려 했다. 또한, 위생문제를 해결하기 위해 땅밑으로 하수도를 건설하고, 수통(水桶)을 별도로 만들어 사용하도록 했으며, 도성 밖에 대형 분뇨처리장을 만들어 시내에서 수거한 분뇨를 저장하고 농사에 사용하는 방안을 구상했다. 그럼으로써 도로와 위생문제를 한꺼번에 해결하려 했다. 이처럼 치도약론은 교통과 위생·하수도·분뇨·쓰레기 등 도시문제를 해결하기 위한 종합적 도시계획으로, 서울을 중심으로 구상했지만, 장차 전국 도시로 확대 적용하려 했다.

이 계획은 한성판윤 박영효가 열의를 갖고 창덕궁 앞 종로거리로부터 시작했지만, 주민들과 정치권의 반대로 중단되었다. 대한제국기 도시계획이 경운궁 중심으로 진행된 것과 대비된다.

정부는 도시화에 중요한 의미가 있는 제조업과 재정·군사·상업 분야의 근대화사업을 추진했다. 1883년 7월, 정부는 재정문제를 해결하고 근대적 화폐 주조의 필요성을 느껴 전환국(典圜局)을 설치하고 당오전(當五錢)을 주조하기 시작했다. 전환국은 북부 원동(苑洞, 현 원서동)에 있다가 1885년 서부 성밖 북쪽(현 남대문로4가)에 건물을 신축하고 이전했다. 당시 전환국은 단층의 벽돌건물 세 동이었고 60척의 높은 굴뚝이 서

6) 김옥균, 1882, 「치도약론」, 『한성순보』 제26호(1884년 윤5월 11일) ; 김광우, 앞의 논문, 1991 ; 박은숙, 「개항 후 서울의 자본주의 도시화와 공간 재편」, 앞의 논문, 89-93쪽.

있었는데, 서양식 건축물로 주목받았다.[7)]

우리나라 최초의 신식무기 제조공장인 기기창(機器廠) 또한 1883년 북부 성안 삼청동에 건립되었다. 기기창은 중국의 근대 기술문명을 배우기 위해 파견되었던 영선사 일행이 귀국하여 건립하였다. 당시 중국인 기술자 네 명을 데려와 공장을 세우고, 무기와 화약을 생산하였으나, 1894년에 폐지되었다. 1884년 북부 계동(桂洞, 현 종로구 계동)에 직조국(織造局)이 설치되었는데[8)], 이듬해 3월부터 직물을 생산하기 시작하였다. 직조국에서 일하는 공인은 중국에서 모집해 왔으나 조선인도 상당수 고용되었다. 수년간 운영되어 오던 직조국은 1891년 중반기에 가동을 중지한 것으로 보인다.[9)]

정부는 1883년 외국상인의 침투를 막고 보부상을 보호하기 위한 목적으로 혜상공국을 설치하였다. 전국 보부상을 총괄 지휘하는 혜상공국은 한규직·민영익 등 권력의 실세가 총판을 담당하여 권력기구화했기에 1884년 갑신정변 당시 혜상공국의 폐지 주장이 등장했고 1885년 내무부 산하 상리국으로 명칭이 변경되었다.[10)] 전국 세곡 운송을 담당하던 전운서(轉運署)는 1883년 1월에 통리교섭통상사무아문 산하기관으로 설립되었으며, 1884년 전운국으로 개칭되었다. 처음에는 일본과 독일의 윤선(輪船)을 임대하여 세곡을 수송하였으나, 점차 창룡호(蒼龍號) 등 기선을 구입하여 세곡을 운반하였다. 그러나 폐단이 많아 갑오농민전쟁 때 전운사 혁파론이 대두되었고 1894년 갑오개혁 때 혁파되었다.

---

7) 서울특별시사편찬위원회, 『서울육백년사』3권, 1979, 302-303쪽.

8) 김윤식, 『續陰晴史』 고종 32년(1895) 3월 5일, 건양 원년(1896) 2월 8일 ; 국사편찬위원회, 『고종시대사』 고종 32년 3월 13일.

9) 권태억, 「한말·일제초기 서울지방의 직물업」, 『한국문화』 1, 1980.

10) 조재곤, 『한국 근대사회와 보부상』, 2001, 혜안.

근대적 가치관을 함양하고 서울의 도시화를 촉진하는 학교와 전기통신·의료분야의 사업들 또한 추진되었다. 우리나라 최초의 근대적 관립 외국어학교인 동문학(同文學)이 1883년 9월 북부 재동(齋洞)에 세워졌다. 동문학은 영어와 일본어 등 외국어를 가르쳤으며, 새로운 국제관계 속에서 요구되는 일종의 통역관 양성소와 같은 성격을 지니고 있었다.[11] 1886년 서부 정동에 우리나라 최초의 관립 근대학교인 육영공원(育英公院)이 설립되었으며, 영어·산학·지리와 각국의 역사·정치 등을 가르쳤다. 육영공원은 미국인 헐버트(H. B. Hulbert) 등을 초빙하여 근대적 교육을 하였으며, 1890년 독일공사관 부지와 맞교환함으로써 독일공사관이 있던 중부 전동(磚洞, 현 수송동)으로 옮겨갔다가[12] 1894년 정부 재정난으로 폐교했다.

근대적 우편사무를 관장하는 우정총국은 1884년 중부 견평방(堅平坊, 현 종로구 견지동 39)에 설립되어 업무를 개시하였으나, 같은 해 10월 17일 이곳에서 갑신정변이 일어남으로써 폐지되었다. 전기통신을 관장하는 한성전보총국은 1885년 서부(현 세종로)에 설치되어 인천~서울~의주 간을 잇는 서로전선(西路電線)이 개통되었다. 이후 1887년 조선전보총국이 설치되어 1888년에 서울~부산 간 남로전선이, 1891년에 서울~원산 간 북로전선이 가설됨으로써 국내는 물론 중국·일본 등과의 전신 연락이 가능하게 되었다. 조선전보총국은 우정사업을 함께 추진하기 위하여 1893년 8월에 전우총국(電郵總局)으로 개편되었다.[13] 전등은 1885

---

11) 김윤식, 『陰晴史』 하, 고종 19년(1882) 11월 21일, 고종 20년(1883) 4월.

12) 『고종실록』 고종 23년(1886) 7월 11·28일, 8월 1·10일 ; 이광린, 『한국개화사연구』, 1980, 103-133쪽 ; 서울특별시사편찬위원회, 『서울육백년사』 4권, 1981, 344-345쪽.

13) 『고종실록』 고종 22년(1885) 6월 6일, 고종 30년(1898) 8월 17일 ; 체신부, 『전기통신사업80년사』, 1966.

년 말 경복궁에서 발전설비를 이용하여 켰다고 하며, 1887년 3월에 지석영은 정부의 낭비를 지적하면서 "전등을 궁궐 전각에 거는데 밝은 시각이어서 쓸데없는 비용이 많이 든다."[14]고 하였다.

박문국은 박영효의 건의에 의해 1883년 8월에 설치되었는데, 남부 성안 저동(현 을지로2가)에 위치하였다.[15] 이곳에서 우리나라 최초의 근대신문인 『한성순보』가 발행되었으나, 갑신정변 때 방화로 소실되어 폐간되었다. 이후 1885년 다시 박문국을 설치하여 『한성주보』를 발간했으나, 적자운영으로 1888년 7월에 폐간하였다.

근대적 의학에 대한 관심이 많아지면서, 1885년 우리나라 최초 근대적 의료 기관인 광혜원(廣惠院)을 북부 재동에 세워 진료를 시작하였다. 광혜원은 알렌(Horace Newton Allen)·헤론(Heron) 등 외국인 선교의사들이 진료를 담당하였고, 서양식 의료방식을 적용하여 많은 환자들로부터 좋은 반응을 얻었다. 광혜원은 1885년 3월에 제중원으로 이름을 바꾸었으며, 이듬해 부인부를 신설하고 왕녀(王女) 등을 치료하였다. 1886년 3월에는 제중원 부설 의학교를 설치하여 의료교육을 하였으나, 조수양성의 성격을 띠고 있었다.[16] 광혜원은 홍영식의 집터인 북부 재동에 있었으나, 1886년 남부 구리개〔銅峴, 현 을지로〕로 이전하였으며, 갑오 이후 경영권이 미국 북장로교 선교부로 이관되면서 완전 민영화되었다.

민간에서도 외세의 시장 진출에 대응하기 위해 상회사(商會社)를 설립하고 상업·무역활동을 전개하였다. 주로 수출입상품의 유통과 판매에

---

14) 『고종실록』 고종 24년(1887) 3월 29일, 지석영 상소문 "電燈之懸於殿閣也, 時刻之明, 客費重矣".

15) 井上角五郎 저, 한상일 번역, 『漢城之殘夢』(건국대학교 출판부, 1993) ; 이광린, 「한성순보와 한성주보에 대한 일고찰」, 『한국개화사연구』, 일조각, 1980.

16) 『고종실록』 고종 22년(1885) 3월 12일 ; 이광린, 「제중원 연구」, 『한국개화사의 제문제』, 일조각, 1886, 114-117쪽.

주력했던 서울의 상회사는 중부 장통방의 장통상회(長通商會)와 연무국(烟務局)·의신회사(義信會社)·태평회사(太平會社) 등 상당수가 있었다.[17)]

한강의 유통권 장악을 위한 경쟁도 치열했다. 고종 25년(1888) 8월, 조희연(趙羲淵)이 설립한 삼산(三山)회사의 16톤급 용산호(龍山號)와 13톤급 삼호호(三湖號)가 마포~인천 간을 운항하기 시작하면서 한강에 증기선이 처음 투입되었다.[18)] 정부에서도 근대적 증기선을 도입하여 세곡의 운송을 담당했고, 외세 또한 유통업·해운업에 진출하여 주도권 다툼이 심했다. 증기선의 도입은 재래식 목선을 운영해 왔던 경강 선상(船商)에게 타격을 입혔으며, 물류유통의 주도권에 변화가 일어나는 계기가 되었다. 그러나 사적인 미곡 유통영역에서 조선인을 대상으로 하는 경강상인의 유통지배권이 여전히 강고하였다. 경강상인들은 개항 이후 일본인 도정업 진출에 맞서 기계를 도입한 근대적 도정업을 경영하였다. 1890년경 서강 현석리(玄石里, 현 마포구 현석동)에 도정공장을 설립하였다.[19)]

의료·문화 분야에서도 민간의 활동이 전개되었다. 지석영은 서울에 종두장(種痘場)을 개설하고 천연두를 예방하는 우두를 보급했다. 그리고 김용원은 1883년에 남부 저동(苧洞)에 촬영국을 개설하고 사진을 촬영했으며, 지운영(池運永)은 1884년 중부 마동(麻洞, 현 묘동 부근)에 촬영국을 마련했다.[20)]

이와 같이 개항 후 서울에는 근대 도시화를 촉진하는 치도사업과 제조업·상업·유통 및 학교·우편통신·의료 분야의 개화사업이 정부 주도

---

17) 김윤식, 『음청사』 하, 고종 20년(1883) 6월 ; 『한성순보』 제15호(1884. 음 2. 21)

18) 박은숙, 『시장의 역사』, 역사비평사, 2008, 231-236쪽 ; 서울특별시사편찬위원회, 앞의 책, 1979, 108-109쪽.

19) 이헌창, 「개항기 한국인 도정업에 대한 연구」, 『경제사학』 7, 1984, 167-174쪽.

20) 『한성순보』 제15호 1884년 2월 21일(양 3. 18) '撮影局'.

로 추진하였으며, 민간에서도 상업·유통과 의료·사진 분야의 사업들이 자본주의적 이익을 도모하면서 도시화를 촉진하고 있었다. 공간적 측면에서 보면, 정부 주도의 근대화 사업들은 전통적 권력지대인 북부와 중부에 집중되었지만, 남부·서부·동부에도 배치되었으며, 민간의 근대 사업들은 중부·남부와 한강 변을 중심으로 진행되었다. 이러한 근대화 사업들은 재정난과 도시민 저항 등으로 큰 성과를 거두지 못했지만, 서울의 근대 도시화를 촉발했다는 점에서 중요한 의미가 있다.

2) 남촌을 무대로 한 외세 주도의 자본주의 도시화

개항 후 서울에는 침략적 발판을 마련하려는 외세가 몰려들기 시작했다. 피부색과 복장·언어·생활문화가 다른 외국인들은 자국 공관을 세우고 상가와 학교·병원·교회 등을 만들어 활동하면서 서울의 전통적 도시공간을 잠식해 나갔다. 제국주의 외세의 힘을 상징하는 이들 건물과 시설 및 외국인 활동은 서울의 도시화를 촉진하면서 자본주의 도시로의 재편을 주도해 나갔다.

외국인의 거류(居留)가 금지됐던 서울에 외국인의 거류 문제가 공식적으로 언급되기 시작한 것은 1876년의 조일수호조규(朝日修好條規)가 체결되면서부터이다. 이때 조약 제2관에서 일본사신의 '주류(駐留)하는 기간'을 시의에 맞도록 했다.[21] 1880년 11월에 일본 공사 하나부사는 고종을 알현하고 올린 국서(國書)에서 일본 사신의 주경(駐京)을 기정사실화했다.[22] 조선 정부 또한 별다른 이의를 제기하지 않고 일본인의 서울 상

21) 『고종실록』 권 13, 고종 13년(1876) 2월 3일.

22) 『고종실록』 권 17, 고종 17년(1880) 11월 26일.

주를 묵인했다. 외국인의 서울 상주가 공식화된 것은 1882년 4월에 체결된 조미조약(朝美條約)이었으며, 이때 "양국은 병권대신(秉權大臣)을 서로 파견하고 피차의 수도에 주차할 수 있다."[23]고 규정하였다. 이후 외국 공사의 서울 주재가 공식적으로 인정되었다.

서울 상주를 처음 시도한 일본은 서부 성 밖의 청수관(淸水館, 현 천연동)을 공사관으로 삼아 공사와 수행원 등이 상주하였다. 그러나 청수관이 임오군란 때 민중의 공격으로 불에 타버리자 이후 남부 진고개의 이종승(李鍾承)의 집(현 충무로2가)을 임시 공사관으로 사용했다. 임오군란 후 공사관 보호를 명목으로 일본군 1개 중대가 파견되었는데, 일본군은 남부 진고개 일대 3곳에 나뉘어 주둔했다.[24]

일본 공사관은 1883년 중부 경행방(현 경운동)에 있는 박영효의 저택을 매입하여 2층의 서양식 공사관 건물을 지어 1884년 9월 16일(양력 11월 3일) 낙성하였으나, 한 달 후 갑신정변 때 소실되었다. 갑신정변 후 일본은 공사관 부지로 남산 아래(현 예장동) 부지를 확보하고, 1893년 목조 2층의 공사관 건물을 신축하였다.[25] 일본 공관은 도성민의 저항으로 이리저리 옮겨 다니다가 남부 남산 아래에 자리하게 되었다.

중국은 1894년 이전까지 조선에 가장 강력한 외압을 행사한 나라였다. 동아시아 조공체제 아래 의례적인 종주국과 속방의 관계를 유지해 왔던 양국관계는 청군이 1882년 임오군란 진압을 명분으로 조선에 들어와 외압을 가하면서 그 성격이 달라졌다. 중국은 1882년 8월 조중상민수륙무

---

23) 『고종실록』 고종 19년(1882) 4월 6일.

24) 경성부, 『경성부사』 1권, 1934, 516쪽 ; 서울특별시사편찬위원회, 『동명연혁고』 중구편, 1992, 121쪽.

25) 『구한국외교문서』 제1권 日案, 문서번호 200 · 201(1883. 11. 12) ; 경성부, 『京城府史』 2권, 1936, 573-574쪽.

역장정(朝中商民水陸貿易章程)체결을 강제하고 양화진에 청상이 점포를 개설할 수 있도록 했다.[26)]

1883년 9월에 중국 공관이 남부 회현방 낙동(현 명동2가 83)에 건립되었으며, 천수탕(陳樹棠)이 총판조선상무위원으로 부임하였다. 이어 1885년 10월에 위안스카이(袁世凱)가 주차조선총리교섭통상사의로 들어와 1894년 청국공관이 철수할 때까지 조선에 막대한 권한을 휘둘렀다. 위안스카이는 남부 남대문로(현 남대문로2가)에 자국 경찰서를 세우고 40명 이상의 순포(巡捕)를 두어 자국인을 보호하였다.[27)] 임오군란 때 파견된 3천여 명의 청군 또한 대부분 서울에 주둔하였는데, 동부 성 밖의 동관왕묘(현 종로구 숭인동)와 하도감(현 동대문운동장) 자리, 남부 성안 남소영(현 장충동2가) 등지에 주둔했다.[28)] 청군은 갑신정변 후 체결된 한성조약의 규정에 따라 철수하였다.

1882년 4월, 조미조약 체결을 통해 조선과 수교를 맺은 미국은 조선과의 관계를 공식화한 최초의 구미 국가였다. 이듬해 부임한 미국공사 푸트(Lucius Harwood Foote)는 왕실의 도움으로 서부 황화방(현 정동)에 있는 민계호(閔啓鎬) 사저를 사들여 공사관으로 이용하였다.[29)] 이때 건물은 전통 한옥을 개조하여 사용하였다.

영국과의 관계는 1883년 10월, 조영수호조약을 체결하면서 공식화되

---

26) 김기혁, 「개항을 둘러싼 국제정치」, 『한국사시민강좌』7집, 일조각, 1990 ; 『고종실록』 고종 19년(1882) 10월 17일(양 11. 27) ; 이은자, 「개항기 주한 중국공관 연구」, 『개항기의 재한 외국공관 연구』, 동북아역사재단, 2008, 146쪽.

27) 『승정원일기』 고종 22년(1885) 10월 15일 ; 경성부, 앞의 책, 1936, 617-618쪽.

28) 서울특별시사편찬위원회, 앞의 책, 1979, 400쪽 ; 서울특별시사편찬위원회, 『동명연혁고』 중구편, 1992, 519-520쪽.

29) 『고종실록』 고종 19년(1882) 4월 6일(양 5. 22), 고종 20년(1883) 4월 13 · 14일 ; 『승정원일기』 고종 20년(1883) 4월 13일 ; 손정숙, 「한국 주재 미국공사관의 외교전략」, 『개항기의 재한 외국공관 연구』, 동북아역사재단, 2008, 108-109쪽.

었으며, 1884년 4월 영국공사 파크스(Harry Smith Parkes)가 조약을 비준하고, 미국 공사관 바로 옆에 있는 조선인 가옥(현 정동 4)을 사들여 공관으로 사용했다. 이후 1890년, 공사관 건물을 신축하기 시작하여 1892년에 완공하였는데, 아케이드·발코니·베란다 등을 갖춘 2층의 서양식 벽돌 건물로 지어진 영국 공사관은 당시 정동 일대에 그 위용을 떨쳤다.[30)]

독일과의 관계는 1883년 10월, 조덕(朝德)수호조약이 체결됨으로써 시작되었다. 이듬해 부임한 독일 총영사 젬브쉬(Zembsch)는 남부 성안 낙동(현 충무로1가)에 임대로 자리 잡았으며, 1886년, 민겸호의 집이 있었던 중부 전동(현 수송동 종로구청)으로 옮겼다. 1890년, 독일 영사관은 서부 정동(현 서소문동 38·39)에 있던 육영공원과 서로 교환함으로써 정동에 자리하게 되었다. 독일 영사관은 1901년에 서양식 2층 건물을 신축하였다.[31)]

러시아와의 관계는 1885년 윤5월, 조아(朝俄)조약이 체결됨으로써 공식화되었다. 러시아공사 베베르(K. Waeber)는 1885년 9월, 비준서를 교환하고 정동의 한 민가에서 업무를 시작하였다. 이후 주변의 주택 등을 사들여 부지를 확보하고, 1890년에 공사관 건물을 신축하기 시작하여 1895년에 완공하였다. 러시아 공사관은 서양식 르네상스풍의 2층 벽돌 건물로, 언덕 위에 자리하여 중세 유럽의 성채처럼 위용을 자랑하였다.[32)]

---

30) 『고종실록』 고종 20년(1883) 10월 27일(양 11. 26), 고종 21년(1884) 4월 4일 ; 이현주, 「개항기 영국의 대한정책과 주한 영국공관」, 『개항기의 재한 외국공관 연구』, 동북아역사재단, 2008, 210-212쪽.

31) 『고종실록』 고종 20년(1883) 10월 27일(양 11. 26), 고종 21년(1884) 10월 1일 ; 서울특별시사편찬위원회, 앞의 책, 1981, 344-345쪽.

32) 『고종실록』 고종 21년(1884) 윤5월 15일(양 6. 25), 고종 22년(1885) 9월 7일(양 10. 14) ; 홍웅호, 「개항기 주한 러시아공사관의 설립과 활동」, 『개항기의 재한 외국공관 연

프랑스와의 외교관계가 정식으로 수립된 것은 1886년 5월 3일(양 6. 4) 조법(朝法)조약이 체결되고, 이듬해 1887년 윤4월에 플랑시(Victor Collin de Plancy)가 들어와 조약을 비준·교환하면서 시작되었다.[33] 이때 프랑스 공관은 독일 공관의 서편에 인접한 한옥을 사용하였는데, 중부 장통방(현 관수동 126)에 있었다. 1888년에 이르러 플랑시는 공관을 이전하기 위해 서부 정동(현 정동 28, 창덕여중)에 부지를 선정하고 조선 정부에 구입 협조를 요청했으며, 이후 1896년에 이르러 공관을 신축하였다.[34]

각국의 공관은 자국의 민간인을 불러 모으는 구심점이 되었으며, 이에 공관 주변을 중심으로 외국인들이 들어와 상업·유통과 교육·의료·선교 등의 분야에 종사하면서 침략적 진출의 발판을 다지고 있었다. 이는 자연스럽게 자본주의적 경제·문화와 생활양식을 전파하면서 서울의 근대적 도시변화를 촉발하였다.

외국인들은 경제적 이익을 추구하는 상업·유통 활동에 적극적이었다. 일본인들은 자국 공관이 있는 남산과 진고개 일대에 모여들어 상업에 종사했으나, 초기에는 반일감정에 밀려 진고개 일대에서 크게 벗어나지 못했다. 1887년 진고개 일대에 자리한 일본인 상점은 50호 정도로, 성냥과 석유·금건(金巾)·방적사·담배·과자 등을 판매하였고, 사금·우골·홍삼 등을 구입하여 수출하였다. 일본인들은 1887년 2월에 경상업의회(經商業議會)를 발족하고, 자국 상인들의 상거래 활동을 적극적으로 지원하였다.

중국 상인이 서울에 들어온 것은 임오군란 때 청군을 따라 들어온 군역상인(軍役商人) 40여 명이었는데, 조중상민수륙무역장정 체결 이후 청

구』, 2008, 동북아역사재단, 263-267쪽.

33) 『고종실록』 고종 23년(1886) 5월 3일, 고종 24년 윤4월 9일.

34) 서울특별시사편찬위원회, 앞의 책, 1981, 345-346쪽.

상(淸商)은 자국의 적극적 지원에 힘입어 명동과 남대문로 일대를 비롯하여 수표교 일원까지 진출하여 빠른 속도로 성장하였다. 청상들은 홍콩·상하이 등지에서 서양 면직물과 각종 잡화, 중국산 비단, 한약재 등을 수입·판매하였으며, 조선으로부터는 인삼·우피·해산물 등을 구입하여 수출하였다. 청상들은 남부 회현방(會賢坊) 낙동(駱洞)에 상업회의소인 중화회관(中華會館)을 건립하고 자국 상인들의 활동을 적극적으로 지원하였다.

한강 변에도 청·일 상인의 진출이 활발했다. 용산 강기슭에서 마포진에 이르는 곳에는 길이 3리·너비 1리의 각국인 공동거주지가 형성되었는데, 용산 쪽은 일본인이, 마포 쪽은 청국인이 우세를 보였다. 청국은 자국의 늘어나는 상인을 보호하기 위해 1892년 마포나루에 경사국(警査局)을 설치하기도 했다.[35] 한강의 수운을 둘러싼 각축도 벌어졌다. 1889년 독일계의 세창양행이 35톤급 제강호(濟江號)를, 1891년에는 미국상인 타운센트가 순명호(順明號)를 투입하여 운영하였다. 1893에는 청국의 동순타이(同順泰)가 용산에 화물마차회사를 설립하여 육운(陸運)의 선취권을 장악하는 한편, 한양호를 용산~인천 간 수운에 투입하였다. 일본도 기선 운항에 뛰어들어 경쟁하였다.

외국의 민간인들은 교육·의료와 종교 보급에도 힘썼다. 미국 북감리회 선교사 아펜젤러(H. G. Appenzeller)는 서부 정동에 배재학당을 설립했다. 배재학당은 외국인이 세운 최초의 근대적 사학으로 영어·한문·지리·수학·물리·성경 등을 가르쳤으며, 처음에는 한옥을 이용하다가 학생들이 늘어나자 1887년 학교 건물을 신축하였다. 이때 학교건물은 벽돌 단층의 100여 평 되는 건물로 서울에서는 가장 초기의 벽돌 건물

35) 경성부, 앞의 책, 1936, 1004쪽.

에 해당한다.

미국 감리교 선교사 스크랜튼(M. F. Scranton) 부인은 1886년 서부 정동에 이화학당을 세우고, 1명의 여성을 대상으로 교육을 시작했다. 이것이 바로 우리나라 최초의 여성교육기관의 시발점이었다. 이듬해 왕비가 '이화학당'이라 교명을 하사하였으며, 이후 이화학당은 명실공히 여성교육의 산실이 되었다.

경신학교는 미국 북장로회 선교사 언더우드(H. G Underwood)에 의해 세워졌다. 1885년 언더우드는 서부 정동에 있는 자신의 집에서 학생들을 모아 영어·국어 등을 가르쳤으며, 1886년 3월에 옆 건물을 빌려 고아원 형식의 학교를 설립하고 언더우드학당이라고 불렀다. 이것이 곧 경신학교의 시작이다. 1901년에 교사를 연지동으로 옮기고 경신소학교를 부설하였으며, 1905년 학교 이름을 경신학교로 개칭하였다.[36]

일본인들은 일본인 자녀 교육을 위해 1889년 남부 훈도방(현 주자동)에 소학교를 세웠다가 1890년 진고개의 본원사(本願寺) 안으로 옮겼으며, 1892년 재경성공립일본소학교(在京城公立日本小學校)로 개칭했다.

서구인들은 선교 수단의 하나로 의료 활동을 병행하는 경우가 많았다. 스크랜턴은 1885년 정동에서 진료소를 열어 환자들을 치료하였으며, 1886년에는 시설을 갖추고 병원 이름을 시병원(施病院)이라고 했다. 1894년 남대문 근처 서부 성안 상동으로 병원을 옮겼으며, 전염병 환자와 고아 등을 집중 치료하였다.[37] 또한, 스크랜턴은 남녀가 유별한 조선의 풍습상 여성들의 치료가 어려운 점을 고려하여 미국에 여의사를 파견해 달라고 요청하였으며, 1887년 하워드(M. Howard)가 오자, 정동에 있

36) 경성부, 앞의 책, 603, 606, 612쪽.

37) 서울특별시사편찬위원회, 앞의 책, 1979, 437-449쪽 ; 손정목, 『한국개항기 도시변화과정연구』, 일지사, 1994(초판 1982), 213-223쪽.

는 이화학당 구내에서 여성 환자를 치료하기 시작하였다. 이것이 바로 우리나라 최초의 여성병원인 보구여관(保救女館)이다. 처음에는 한옥을 개조하여 병원으로 꾸몄으며 입원실은 온돌방이었다. 보구여관은 1892년 동대문분원을 설치하여 약국을 개설하고 동대문교회를 시작하였는데, 이것이 오늘날 이화여대 의과대학 부속병원으로 발전하였다.

일본인들도 1890년 무렵, 거류민 치료를 위한 피병원(避病院) 설치를 건의하였다. 1891년에는 위생사(衛生社)를 조직하여 매달 집집이 돈을 거둬 각 집에서 나오는 쓰레기를 처리하고 도로 청소를 하였다.[38)]

서구의 선교사들은 교육과 의료사업을 병행하여 반감을 줄이면서 기독교 전파를 위한 발판을 다져갔다. 개항 후에도 기독교는 사교로 규정되어 포교가 금지되어 있었지만, 외국인들의 신앙과 전례의식은 허용했다. 서구인의 의료·교육활동이 활발해지면서 기독교에 대한 의구심이 약화되어 갔고, 고종의 친서구정책에 힘입어 기독교 전교와 교회설립이 묵인되었다.[39)]

1887년 미국 장로교 선교사 언더우드는 서상륜·백홍준과 함께 서부 성안(현 신문로1가)에 새문안교회를 설립하고 선교활동을 본격화했다. 같은 해 미국 감리교 선교사 아펜젤러(H. G. Appenzeller)는 서부 성안 정동에 베델예배당(Bethel Chapel, 현 정동교회)을 세웠다. 처음에는 소규모 기와집에서 시작했으나 신도가 늘어남에 따라 1895년 새로운 건물을 착공하여 1898년에 완공하였다. 미국 북감리회 스크랜턴(W. B. Scranton) 목사는 남대문 근처에 약국과 병원을 차리고 선교를 겸했는데, 곧 상동교회의 시작이다. 1893년 정식으로 구역회로 승격되어 스크

38) 경성부, 앞의 책, 1936, 606·609쪽.

39) 『고종실록』 고종 20년(1883) 10월 27일 ; 이광린, 「개화파의 개신교관」, 『한국개화사상연구』, 일조각, 1992, 199-238쪽 ; 손정목, 앞의 책, 213-229쪽.

랜턴이 담임목사로 임명되었다.

천주교의 상징인 명동성당은 남부 성안 명동에 들어섰다. 서울의 궁궐과 장안을 빤히 내려다볼 수 있는 종현(鐘峴) 등성이를 깎아 그곳에 성당을 세우는 작업이 1887년부터 진행되었으며, 1890년에 주교관을 완성하고 본당은 1898년 5월에 완공되었다. 뾰족아치를 이룬 고딕식 모양의 약현성당은 1892년 서부 성 밖(현 중구 중림동)에 세워졌다. 서부 성 밖 군자감 터(현 원효로4가 1)에는 성직자 양성을 위한 용산신학교가 2층 벽돌 건물로 들어섰으며, 1891년 5월 정초식을 하고 1892년 완공되었다.

개항 통상으로 공장제 면포와 성냥·석유·궐련·약품류 등 자본제적 상품이 들어와 생활문화의 대변혁을 불러일으키기 시작하였다.[40] 커피나 맥주 또한 외국인들의 거주가 늘어나면서 들어오기 시작했다. 의복에도 변화의 바람이 불기 시작했는데, 양복 입은 외국인들이 드나들면서 양복과 구두가 등장했다. 개화파인 서광범, 김옥균 등은 일본에 사신으로 파견되어 양복을 입었다.

이처럼 개항 후 서울에는 외세가 속속 들어와 공관을 세우고 상주하기 시작했다. 외국 민간인들은 자국 공관 주변에 모여들어 경제적 이익과 문화·종교적 가치의 전파를 위해 적극적으로 활동했다. 중국과 일본의 민간인들은 경제 침탈에 주력하였지만, 서구의 민간인들은 교육과 의료·선교 사업에 힘을 쏟았다. 이러한 외세 주도의 근대화·도시화는 조선인의 기득권을 약화시키거나 박탈해 가는 측면이 있었지만, 한편으로는 새로운 성장·발전의 동력이 되기도 했다는 점에 주목할 필요가 있다. 공간적으로 외세는 모두 변두리에 속했던 남촌에 자리했는데, 일본과 중

40) 박은숙, 앞의 책, 2008, 253-259쪽 ; 『하재일기』 신묘(1891) 1월 18일, 1월 22일 등 ; 경성부, 앞의 책, 1936, 589쪽.

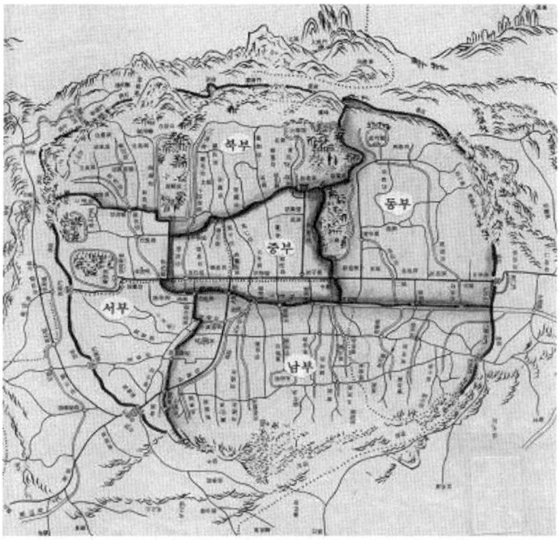

〈그림 1〉 개항 무렵 한성부 5부의 도성 안 구역도

국은 남부의 진고개·명동 일대에, 구미 국가들은 서부 정동에 밀집해 있었다. 자본주의적 경제체제와 가치관 및 생활양식은 서부 정동과 진고개로부터 불어와 자본주의 도시화를 촉진하면서 전통적 도시구조를 자본주의적 체제로 재편하기 시작했다.

3) 자본주의 도시화와 공간 재편의 성격

조선시대 서울은 방위를 기준으로 중부·동부·서부·남부·북부의 5개 행정구역으로 나뉘어 있었으며, 5부는 서울성곽을 기준으로 성안과 성 밖으로 구별되었다(〈그림 1〉 참조). 북부 성안은 궁궐과 관청 및 양반 세도가들이 즐비한 권력지대였고, 중부는 통치기구와 시전이 밀집된 정치·경제의 중심지였으며, 서부는 상업·유통이 발달했고, 남부와 동부는 상대적으로 소외되어 있었다.[41]

개항 후 서울은 조선 정부의 개화정책 추진의 중심 무대이자 외세 침략의 요충지가 되어 근대 도시로의 변화가 시작되었다. 이때 서울의 도시변화는 전통적 공간구조를 새로운 자본주의 도시공간으로 재구성하기 시작했다는 점에서 주목된다.

이 시기 서울의 도시화는 외세의 침략적 진출과 그에 대응하는 개화정책의 하나로 진행되었으며, 따라서 근대화 및 외세 침탈과 함께 동시적으로 진행되고 있었다. 또한, 산업화와 인구집중에 따른 전형적 자본주의 도시화 양상과는 달리, 근대적 관청과 학교·병원의 등장, 자본주의 시장의 조성과 자본제 상품의 유입, 외국 공관 및 교회 건립 등과 같은 건조환경 중심으로 진행되었다.

서울의 도시화는 통치권을 가진 조선 정부와 강력한 외압을 행사한 외세가 주도하는 양상을 띠었으며, 이 시기 도시화의 성격을 규정짓는 결정적 요인이 되었다. 정부의 개화정책은 군사·경제·도로·교육·문화 등 다양한 분야에 걸쳐 추진되면서 근대 도시화를 촉진했지만, 재정난 등으로 순조롭게 진행되지 못했다. 외세는 경제·교육·종교 등 특정분야에 집중하여 자본주의 도시화를 선도했는데, 중국·일본은 주로 군사적·경제적 침투에 중점을 두었고, 서구 열강은 교육·문화를 내세운 종교적 목적이 강하게 작용했다.

공간적 측면에서 정부 주도의 근대화·도시화는 주로 북부 성안과 중부지역, 곧 전통적 권력지대인 북촌 중심으로 진행되었다. 반면 외세의 자본주의 도시화는 주변부에 속했던 남촌 중심으로 진행되었는데, 중국인의 명동, 일본인의 진고개, 서구인의 정동 일대는 외국인들의 신시가지가 조성되어 이방인의 공간으로 재구성되고 있었다. 외세가 이들 공간

---

41) 조선시대 서울의 행정구역과 전통적 공간구성에 대한 자세한 내용은 다음 글을 참고했다. 박은숙, 「개항기 한성부 5부의 차별적 변화와 자본주의적 도시화」, 앞의 책, 2009 ; 서울특별시사편찬위원회, 『서울육백년사』 제1권, 1977.

에 주목한 것은 기득권 세력이 상대적으로 미약하여 외세에 대한 저항이 상대적으로 적고, 조선의 관청·시장과의 거리도 비교적 가까웠기 때문이다.

중국과 일본·서구인의 공관과 시설 등은 대부분 남대문로 좌우에 배치되어 있었는데, 그것은 남대문로가 한강에서 남대문을 거쳐 도성 안으로 들어오는 가장 중요한 간선도로이자 물화(物貨)의 유통로였고, 남대문로 좌우에 상권이 발달해 있었기 때문이다. 외세는 중심부와의 접근성과 경제성, 그리고 도성민의 저항이라는 정치적 측면을 고려하여 이들 공간을 선택하여 공략한 것이었다.

이처럼 개항 초기 서울의 근대화·도시화 과정에서 조선-북촌, 외세-남촌이라는 공간적 이원화 양상이 나타나기 시작했으며, 이러한 현상은 일제강점기에 들어와 조선인의 북촌, 일제의 남촌으로 고착화되었다.

정부와 외세의 주도 아래 진행된 서울의 도시화는 지역 간 불균등과 차별화로 이어졌으며, 특히 외세의 권력과 자본은 특정 분야와 지역에 편중되어 있어 지역 간 격차를 심화시켰다. 1890년 영국영사의 보고에 의하면, "서울의 집값은 12개월 전보다는 이미 배액(倍額)이 오르고, 외국인과 처음으로 교섭을 갖게 된 당시보다는 5배나 비등하게 되었다."[42]고 했는데, 정동 일대의 주택가격 실태로 보인다.

갑오 이전까지 서울의 정치·경제·사회·문화의 중심은 여전히 중부와 북부 성안의 북촌지역이었으나, 외국 공관과 외국인 상가 등이 조성된 명동·충무로·정동 일대의 남촌지역이 새로운 중심지로 떠오르고 있었다. 남촌의 부상은 외세에 의해 일방적으로 촉발된 것이 아니라, 외세

42) British Consular Reports, Foreign Office(1891), *Annual Series*, No.918, Report for the Year, 1890(한우근, 『한국개항기의 상업연구』, 일조각, 1979, 53쪽에서 재인용).

의 침략에 맞서 기득권을 지키려는 북촌과 도성민의 저항이 함께 작용하여 이루어진 산물이었다는 점을 주목해야 한다. 남촌이 중심 공간으로서의 위상을 확실히 다지게 된 계기는 1897년 고종의 덕수궁 환궁이었으며, 이후 서울의 도시계획사업이 남촌의 덕수궁 중심으로 진행되면서 도시공간의 주도권이 북촌에서 남촌으로 넘어가게 되었다.

이처럼 조선 정부와 외세가 주도한 서울의 도시화는 양자의 세력관계 속에서 진행되었으며, 공간권력의 주도권이 북촌에서 남촌으로 이동하는 기반을 조성하고, 전통적 공간구조를 자본주의 도시공간으로 재편하기 시작했다는 점에서 매우 중요한 역사적 의미를 지니고 있다.

3. 도시화에 대한 사회적 갈등과 저항

1) 정부의 근대 도시화와 주민 갈등

침략적 외세가 밀려오고 개화정책이 추진되던 서울에서는 새롭고 낯선 변화에 대한 갈등과 저항이 잇따랐다. 당시 서울의 도시변화는 조선의 근대화 및 외세의 진출과 함께 진행되었기 때문에 도시화에 대한 갈등 또한 反근대·反외세운동과 착종되어 나타났다. 따라서 도시화를 둘러싼 갈등문제는 근대화 및 외세 문제와의 상관관계 속에서 이해할 필요가 있다.

서울의 도시화를 둘러싼 대표적인 갈등은 한성판윤 박영효가 추진한 치도(治道)사업 과정에서 나타났다. 김옥균에 의해 구체화된 도시계획은 개화당 동지 박영효에 의해 곧바로 실행에 옮겨졌다. 1882년 12월 29일 한성부 판윤에 임명된 박영효는 치도국·순경국·박문국의 설치를 적극적으로 추진하였으며, 이후 고종의 지원을 등에 업고 가가(假家)철거 등 치도사업을 열정적으로 추진해 나갔다.

당시 박영효가 추진했던 치도사업은 종묘 앞 종로거리로부터 시작되었다.[43] 그것은 고종이 창덕궁에 있었기 때문에 가까운 종묘 앞에서부터 개시한 것이고, 종로거리는 서대문과 동대문을 잇는 서울의 가장 중요한 간선도로이자, 서울 경제의 핵심인 종로시전과 리현(梨峴)시장이 자리하고 있는 경제적 통로였기 때문이다. 박영효는 도로를 침범한 가가를 철거하고 열정적으로 치도사업을 추진해 나갔으나, 철거민의 저항과 이를 빌미로 한 정치적 공세에 부딪혀 좌절되었다. 박영효의 상소문을 보자.

> 길을 범한 가가(假家)들을 한꺼번에 훼철(毁撤)하였는데, 시정(市井) 소민(小民)들이 얼굴에 기뻐하지 않는 무리들이 있었습니다. 또 길가에 실(室)을 축조한 것은 비록 핍박하였으나 훼손하지는 아니한 것은 인민(人民)을 옮기는 것을 중하게 여겼기 때문입니다. 이고 지고 이산(離散)하여 도성이 공허하다는 것은 기뻐하지 않는 자들의 선동과 유언비어가 아니겠습니까? 대경장(大更張)을 할 때에는 비방과 원망을 초래하지 않을 수가 없으며, 신이 비록 지극히 어리석으나 어찌 이것을 염려하지 않았겠습니까?[44]

이처럼 가가 철거는 도로정비를 위해서는 필수적인 작업이었지만, 그로 인해 불이익을 받는 사람들이 개혁사업을 원망하고 비방했다. 결국, 박영효는 주민들의 불만과 이를 빌미로 한 정치적 공세에 밀려 판윤을 사임하기에 이르렀다.

---

43) 김진규, 「이규완의 김옥균·박영효 평」, 『삼천리』 제3권 제12호, 1931. 12.

44) 『일성록』 고종 20년(1883). 3. 22.

서울 주민의 근대화·도시화에 대한 저항은 임오군란·갑신정변 때에도 잘 드러나 있다. 군인들의 밀린 급료 지급 과정에서 폭발한 임오군란은 군제개혁을 포함한 개화정책 전반에 대한 저항운동으로 확산되면서 수만 명의 서울 하층민들이 참여했으며, 종국에는 반일저항운동으로 귀결되었다. 이때 서울의 군민(軍民)들은 신식군대를 양성하던 하도감(下都監)을 습격하여 신식무기를 파괴하고 조선인과 일본인 교련관을 살해했으며, 천연두를 예방하는 우두 보급을 위해 설치했던 종두장을 공격하여 방화했다. 갑신정변 때 서울 주민들은 근대 도시화를 선도하던 박문국·사진관 등을 방화하여 파괴했으며, 개화당 인사들과 일본인들을 닥치는 대로 살해했다. 그럼으로써 정부의 개화정책과 일본의 침략적 진출을 타도하려 했다.

이처럼 정부와 민간의 근대 도시화 사업은 주민들과의 갈등과 저항에 부딪혀 난항을 겪었다. 서울 주민들은 직접적 손해를 입었던 치도사업과 군제개혁에 저항했을 뿐만 아니라, 임오군란·갑신정변 때는 누적된 정서적 반감을 폭력적으로 표출했다. 그것은 근대화·도시화사업이 실직과 경제적 손실을 불러오고, 침략적 외세의 손길과 함께 진행되었기 때문이며, 새로운 변화와 이질적 문명에 대한 경계와 두려움의 반영이라 하겠다.

2) 외세의 자본주의 도시화에 대한 갈등과 저항

외국인의 상주가 허용되지 않았던 서울에 개항 후 피부색과 언어·복장이 다른 외국인들이 들어오고 있었다. 외국인들은 도시 공간을 잠식해 가면서 정치·군사·경제적 측면에서 침략적 손길을 뻗치기 시작했는데, 진고개와 명동·정동 일대는 외국인의 침략적 진출과 함께 자본주의 도시화가 활발히 전개되고 있었다. 외세 주도의 이질적 도시화는 국권을 훼손시키고 서울 주민의 경제적 이권을 침탈했으며, 문화적 자존심에 상처를 입혔다. 따라서 서울 주민들은 외세의 침략적 진출과 도시화에 반감을 드러내며 격렬하게 저항했다.

침략세력을 상징하는 외국 공관과 군사 시설에 대한 서울 주민의 반감이 컸는데, 서울에 가장 먼저 공관을 두고 상주하기 시작한 일본에 대한 갈등과 마찰이 가장 심했다. 서울 주민들은 서부 성 밖, 청수관에 공관을 두고 왕래하는 일본인들을 향해 "손가락질을 하거나 심지어 옷을 잡아당기기도 하고, 돌을 던지기도"[45] 했다. 서울 주민들은 조선의 개화정책과 도시화 과정에 개입된 일본을 매우 싫어했다.

> 일본인 호리모도 레이조(堀本禮造)가 교사로 되었고, 남산 골짜기에 교습장을 만들었다. 총을 메고 뛰면 먼지가 하늘을 덮었다. 도성 사람들이 처음 보고 해괴하게 여기지 않는 사람이 없었다. 또 개화 이래 이해를 가리지 않고 일본에 가까이하면 이를 악물고 죽이려 했고, 일반 백성은 더욱 심했다.[46]

이처럼 신식군대 양성에 관여한 일본을 적대시하고 심지어 일본인을 죽이려 했다. 또한 일본식 훈련을 받는 별기군을 '왜별기(倭別技)'라 부르면서 미워했다.[47] 이러한 반일정서는 임오군란 때 폭발하였다. 임오군란 때 서울의 군민들은 일본 공관인 청수관을 불태워 버리고 '왜인을 모두 죽이자'[48]고 고함치면서 돌과 총탄을 쏘면서 공격했다. 심지어 도망

45) 『承政院日記』 고종 16년(1879). 윤3. 22 ; 『右捕盜廳謄錄』 28책, 같은 날.
46) 황현, 『梅泉野錄』 권1, 상.
47) 『고종실록』 고종 19년(1882) 3월 29일 송근수 상소문.
48) 어윤중, 『從政年表』 고종 19년(1882). 6. 18.

가는 일본공사를 추격하여 수백 명의 군병들이 인천까지 뒤쫓아 내려갔으며, 이 과정에서 일본인 6명이 죽고, 2명이 부상당했다.

이후 일본은 공사관 보호를 명목으로 1개 중대의 군사를 파견하여 진고개 일대에 분산 주둔시켰다. 그러자 1882년 말 안봉순(安奉順)은 '분격'하여 일본군이 주둔하고 있는 장악원에 4발의 화살을 쏘았다.[49)]

임오군란 후 일본은 진고개에 임시 공관을 마련했다가 중부 경행방(현 경운동)에 있는 2천여 평에 달하는 박영효의 집을 사들여 2층의 서양식 공사관 건물을 지었다. 공사관 건물은 당시 서울 최초의 2층 서양식 건물로,[50)] 도성 공간에 일장기를 휘날리며 위세를 떨치고 있었다. 그러나 이 공사관 건물 또한 갑신정변 때 성난 주민들의 공격으로 소실되었다. 당시 서울 주민들은 정변에 일본인이 개입되었다는 점에 통분하여 일본인을 보기만 하면 살상하려 했으며, 30명 이상의 일본인이 살해되었다.[51)]

중국은 임오군란 때 3천여 명의 군대를 거느리고 와서 각처에 주둔시키고 조선의 내정에 간섭하기 시작했다. 명동에 청국 공관이 세워지고 천수탕(陳樹棠)이 총판조선상무(總辦朝鮮商務) 자격으로 부임하여 위세를 부렸지만, 서울 주민의 청국 공관이나 군대에 대한 직접적 공격은 드러나지 않았다. 다만 청군 주둔이 길어지면서 도성민과 시비가 붙어 살인사건이 발생하거나 양민을 학대하고 부녀자를 희롱하는 일이 있었다.[52)] 1884년 1월에는 청군이 광통교 옆 최택영약국(崔宅英藥局)에 들어가 약재를 사고 값을 지불하지 않자, 약국 주인 아들이 약재값과 밀린 외

---

49) 『좌포도청등록』 제18책, 癸未(1883). 1. 25, 安奉順 공안.

50) 경성부, 앞의 책, 1936.

51) 『구한국외교문서』 日案 제1권, 문서번호 421 附1, 부2 ; 박은숙, 『갑신정변 연구』, 역사비평사, 2005, 526-527쪽.

52) 井上角五郎, 『漢城之殘蒙』.

상값을 갚으라고 요구했다. 그러자 청군이 권총을 쏘아 아들은 죽고 아버지는 부상을 당한 사건이 일어났다.[53] 이 사건은 한성순보에 게재되어 도성 내에 알려졌으나, 주민들의 직접적 보복 행위는 나타나지 않았다.

최초의 서구세력인 미국 공사관은 서부 성안 정동에 자리 잡았고, 그 옆에 영국 공관이 들어섰으나, 서울 주민의 적대적 대응은 거의 보이지 않았다.

서울의 도시화와 공간 변동에 중요한 역할을 했던 외세의 상권 침탈은 서울 주민의 이해관계에 직접적 영향을 미치는 문제로, 이에 대한 갈등과 저항이 컸다. 이 시기 서울의 상권에 가장 위협적인 세력은 중국이었다. 이미 1884년 단계에 "청상들이 도성 내에서 점포를 개설한 자의 수가 매우 많았으며, 우리 상민(商民)들의 이익을 빼앗아 많은 사람이 원망하고 미워했다."[54]는 기록이 있다.

청상들은 자국의 보호와 지원을 기반으로 성장해 나갔으며, 1884년에 자본을 출자하여 세도가인 이경하(李景夏)의 아들인 이범조(李範祖)·이범대(李範大)의 주택을 사들여 청국 공관을 확장하고, 청상회관을 건립했다.[55] 그러나 이범진(李範晉)은 청상들에게 주택과 땅을 팔지 않았다. 이로 인하여 청상회관의 통로가 막히게 되자, 청상들은 이범진을 마구 두들겨 패고, 청국 공관으로 끌고 가 강제로 진술서를 쓰도록 했다. 조선의 양반관료에 대한 폭력행사는 양국 간의 외교문제로 비화하였으며, 결국 천수탕이 사과함으로써 일단락되었으나, 이후 이범진의 가옥과 대지는 청에 팔렸다.[56] 양반세도가였던 이범진에 대해서도 그러한 강제와 폭

53) 『한성순보』 제10호, 1884. 1. 3(양 1. 30) ; 井上角五郎, 『漢城之殘夢』 ; 『구한국외교문서』 清案 1, 문서번호 94·95번(1884. 3. 18) ; 윤치호, 『윤치호일기』 1884. 1. 3.

54) 정교, 『대한계년사』 고종 21년(1884).

55) 『統署日記』 1권, 1884. 5. 22.

력이 행사되었던 점을 감안하면, 집의 매매와 관련하여 일반 민중이 받았을 폭력성은 짐작하고도 남음이 있다.

청상들은 자국의 힘을 빙자하여 서울 주민에 대한 횡포를 서슴지 않았다. 무고한 주민을 도둑으로 몰아 고문을 하고 거짓 자백을 강요하기도 하였다. 1884년 5월에는 포전가(布廛街) 청상 가게에 도둑이 들었는데, 청상은 김성운(金聖云)·김경노(金敬老) 등을 붙잡아 독한 매질을 하여 거짓 진술을 받아내었다. 그러나 뒤에 진범인 화적 일당이 붙잡혀 누명을 벗기도 했다.[57)]

일본 상인들 또한 서울에 들어와 상업 활동을 시도했으나, 임오군란·갑신정변의 과정에서 생명의 위협을 느껴 귀국하고 한동안 저조했다. 일본 상인들은 1885년 이후 다시 서울에 들어오기 시작했으며, 1887년에 경상업의회(經商業議會)를 발족한 이후 성장일로에 있었다. 진고개와 남산 일대에 자리 잡고 있었던 일본상인들은 상권 중심지인 칠패와 종로 등지에 진출하고자 하였으나, 조선 상인들의 반대에 부딪혀 성과를 보지 못하였다. 1888년에는 일본인 모리도우(森謄)가 조선인을 내세워 칠패에 점포를 임대 개설하려다 상인들의 집단 반발에 부딪힌 적이 있었다. 그러나 남대문로 구간에서 노점을 열고 상당한 이익을 보기도 했다.[58)]

청·일 상인의 진출에 견줄 바는 아니었지만, 서구 상인도 성장 일로에 있었다. 1890년 정부 기록에 의하면 "서양 상인 점포는 나날이 새로워지고 다달이 번성하고" 있었다.[59)]

---

56) 『구한국외교문서』 清案 1, 문서번호 262(1884. 8. 4), 문서번호 267(1884. 8. 9).

57) 『구한국외교문서』 清案 1, 문서번호 159(1884. 5.18), 문서번호 160·168·169·179·199·200·201·207·210번 참조 ; 『統署日記』 1884. 윤5. 3.

58) 경성부, 위의 책, 1936, 589-590쪽, 612-613쪽 ; 『각사등록』 1888. 4. 15, 所志 '남대문 市民들의 고발과 그 처분' (http://www.history.go.kr).

59) 『구한국외교관계부속문서』 제4권(통서일기 2), 고종 27년(1890) 2월 2일

청상의 폭력적 시장 침탈과 일상의 진출로 큰 손실을 본 서울 상인들은 상회사를 세워 청·일 상인의 진출에 대응하는 한편, 정부에 외국 상인의 도성 철수를 요구했다. 이에 정부에서는 1885년부터 청국과 일본·서구 공관에 상인 점포의 도성 철수를 제의했다. 청·일 등은 원칙적으로 조선 정부의 제안에 동의하면서 토지·가옥 등에 대한 보상을 전제하였다. 조선 정부의 취약한 재정을 잘 알고 있었던 외세가 역으로 보상 문제를 제기함으로써 도성 철수 요구를 좌절시키고자 한 것이다.[60)]

결국 외국 상인의 도성 철수는 성사되지 않고 청·일 상인의 상권 침탈이 심화되자, 상인들은 철시 등 시위투쟁에 돌입했다. 1887년과 1889년·1890년 세 차례에 걸쳐 청·일 상인의 도성 밖 철수를 주장하면서 철시를 감행하고, 연좌시위를 벌여 자신들의 입장을 전달하였다.[61)] 특히 1890년 시위는 상인 수천 명이 외아문 앞에서 7일 동안이나 연좌 시위하였다. 그러나 정부의 조정과 청국의 회유에 굴복함으로써 실패로 끝났으며, 정부의 특권에 안주하여 약탈적 자본주의 시장체제에 대한 대응이 미숙하여 이후 종로시전은 상권 중심지로서의 위상을 잃어가게 되었다.

이러한 적극적 투쟁 이외에 청상 가게를 대상으로 한 강절도 사건도 빈번하게 발생하고 있었다. 1884년에만 해도 세동(細洞, 현 돈의동)에 있는 영래성행호(永來盛行號)에 명화적이 들어와 포(布)와 양침(洋針) 등을 빼앗아 갔고, 이궁(二宮)의 화흥순호(和興順號) 등에도 도둑이 들어와 돈과 물건들을 훔쳐갔다.[62)] 청상을 대상으로 한 강·절도가 빈발하자 청국은 그 손실을 배상할 것을 조선 정부에 계속 요청했으며 외교문제로 비

60) 도면회, 「개항 후의 국제무역」, 『한국사』39, 국사편찬위원회, 179-180쪽.

61) 경성부, 1936, 앞의 책, 646쪽 ; 김정기, 「1890년 서울상인의 철시동맹파업과 시위 투쟁」, 『한국사연구』 67호, 1989.

62) 『구한국외교문서』 清案 1, 문서번호 134(1884. 4. 26), 265(1884. 8. 8), 266(8. 9) 등

화되었다.

조선 상인과 주민들의 청·일상에 대한 저항운동은 외세의 경제적 침탈에 대한 항쟁이자, 공간 침투에 대한 반감과 경제적 공간주도권 상실에 대한 우려 때문이라 하겠다.

서울에 매우 의미 있는 변화를 불러온 교육·의료·종교 활동은 주로 미국인 선교사가 주도했다. 서구인들은 최초로 근대적 사학을 세우고 서구식 교육을 하고, 병원과 고아원을 운영하면서 기독교 전파의 길을 닦았다. 서구인들이 조선의 전통을 존중하면서 조심스럽게 자국 문화와 종교를 전파했기 때문인지, 이에 대한 갈등과 저항은 크지 않았다.

1883년 10월에는 프랑스인 쥬낭(Genin)이 사업을 위해 서울에 왔는데, 도중에 휴대하고 있던 총이 발사되어 가마꾼의 어깨를 다치게 하는 사건이 발생했다.[63] 경우에 따라서는 주민들의 거센 반발을 살 수 있는 사안이었지만, 수백 명의 사람들이 전동(磚洞, 현 종로구 수송동)까지 따라왔을 뿐 큰 충돌 없이 지나갔다. 갑신정변 때도 서양인에게는 아무런 위해도 가하지 않았다.[64]

기독교 전교는 사회적으로 매우 예민한 문제였다. 조선 정부는 그간 천주교를 사교(邪敎)로 규정하여 금지해 왔으며, 개항 후에도 보수적 지배층은 기독교의 화가 '홍수나 맹수'보다 심하다고 공박했다.[65] 구미세력과 조약을 체결한 후 서구인의 종교생활은 묵인했지만, 조선인을 상대로 한 선교가 공인된 것은 결코 아니었다. 점차 기독교로 귀의하는 자가 늘어나고 정부의 반대에도 불구하고 명동성당 건립공사가 강행되자, 조선 정부는 1888년 2월에 외국인의 교회와 학교 설립을 금지하는 조치를

---

63) 穆麟德夫人 편(高柄翊 번역), 「穆麟德의 手記」, 『진단학보』 24호. 1963, 169-170쪽.

64) 해링튼 저, 이광린 역, 『개화기의 한미관계』.

65) 『고종실록』 고종 19년(1882) 3월 29일.

취하였다.[66] 그러나 서구세력의 설득과 위세에 밀려 흐지부지되었으며, 이후 교회 건립과 전교활동이 활발해졌다.

1888년에 들어서면서 외국인이 조선 아이를 잡아간다는 '실아(失兒)' 소동이 일어났다. 서양 사람들이 아이를 잡아다 삶아 먹는다는 소문이 삽시간에 퍼졌으며, 이에 민가에서는 아이를 지켜보며 밖으로 내보내지 않을 정도였다.[67] 심지어 자기 아이를 업고 가던 사람이 아이도둑으로 몰려 맞아 죽는 상황에까지 이르렀으니,[68] 이 시기 한성부민들의 외국인에 대한 불신과 불안감이 어느 정도였는지 짐작할만하다.

개항 후 외세의 침탈과 그에 따른 자본주의 도시화에 대한 서울 주민의 대응은 외세의 조선정책 및 태도, 침략의 내용 및 활동과 밀접한 관련을 맺고 있었다. 공간적으로는 북촌의 중부와 외세가 자리한 남촌에 집중되어 있었으며, 계층적으로는 상인·군인 등 민중계급이 주도하는 양상을 띠었다. 외세의 공관과 군대에 대한 저항은 일본에 그치고 있었으며, 초기 단계인 1880년대 전반기에 집중되어 있었다. 상권 침탈과 상가 조성에 대한 갈등은 청·일상을 주요 대상으로 하였으며, 1880년대 하반기에 몰려 있었다. 교육과 의료·종교 등 문화적 활동에 치중한 서구세력과의 갈등은 크게 드러나지 않았다. 이러한 현상은 서울 주민들이 개항을 강제한 일본을 침략자로 인식하고 물리치려 했던 반면, 식민지적 외압을 행사한 중국은 전통적 종주국의 범주에서 이해했기 때문이며, 서구세력은 문화적 측면에서 조심스럽게 접근했기 때문이라 하겠다. 이는 중국·일본과 서구세력의 중층적 외압을 받았던 조선사회의 특징을 보여

66) 『구한국외교문서』 제17권, 俄案 1권, 문서번호 135[1888. 3. 12(양 4. 22)] ; 손정목, 앞의 책, 1994, 219쪽.

67) 황현, 『매천야록』 권1, 상.

68) 『좌우포도청등록』 제1책, 무자(1888), 5.

주는 것이며, 주도적으로 외압을 행사한 중국·일본과 서구세력이 다른 점이라 하겠다.

3) 각종 저항운동과 도시화의 함수관계

개항 후 근대화와 외세침략의 중심 무대가 된 서울은 주민들의 저항운동이 격렬하게 일어나고 있었다. 도시화에 대한 직접적 저항은 제한적이었지만, 이들 저항운동에는 도시화에 대한 입장이 담겨 있다. 따라서 이 시기 서울 주민의 각종 저항운동을 검토함으로써 도시화의 공간과 저항운동 공간의 상관관계를 검토해보려 한다. 1876~1894년 사이에 발생한 서울 주민의 저항운동을 정리해 보면 다음 표와 같다.[69)]

자료를 통해 파악된 한성부민의 저항운동은 32건인데, 같은 기간에 일어난 전국적 농민항쟁이 52건이었던[70)] 점을 고려하면 당시 서울 도시민의 저항이 얼마나 치열하게 전개되었는가를 알 수 있다.

저항운동은 1882~1884년의 3년간에 13건(40%)이 집중되어 있고, 임오군란 등 수백·수천·수만 명의 대규모 항쟁이 많았다는 점에서 저항운동이 최고조에 달했던 시기라고 하겠다. 갑신정변 이후에는 잠시 소강상태를 이루다가 1887~1892년의 6년 동안에 매년 2회 이상 16건(50%)에 달하였다. 그러나 이때의 저항운동은 그 규모가 수십 명 선을 넘지 않았으며, 청·일상의 경제 침탈과 하례 상호 간의 충돌 사건이 많았다.

당시 한성부민들이 징치(懲治)하려 했던 대상은 정부와 외세가 중심을 이루고 있었다. 정부와 관청의 말단에 편입되어 직접 주민을 상대한 하

---

69) 박은숙, 「개항기 한성부 하층민의 저항운동과 그 성격」, 『한국사연구』 105, 1999.

70) 김양식, 「고종조(1876~1893) 민란 연구」, 『용암화갑기념사학논총-한국사의 이해』 근현대편, 1990.

〈표 1〉 개항기(1876~1894) 한성부 하층민의 저항운동

순번	연도	저항	참가층	규모	저항대상	발생지역
1	1877. 8.	훈련도감 병정 시위	군인		정부	
2	1879.윤3.	일본공사에 대한 投石 규탄	閑雜之類	十百	일본인	
3	1880.12.	掛書 사건				
4	1882. 2.11	養士洞民의 저항	주민, 군인	수백명	포도청	동부 성안
5	1882. 6.	春房軍士·使令의 포교 구타	군인, 下隷		포교	
6	1882. 6. 9	임오군란	군인,소상인 수공업자 등	수만명	개화파· 일본인	동부 성 밖
7	1882. 9.19	司僕寺 巨達의 포도청 습격	거달배		포도청	
8	1882.12.	安奉順의 掌樂院 放箭	無恒業者	1명	일본군대	남부 성안
9	1883. 1	治道사업에 대한 비판	상인 등		정부	중부
10	1883.10. 5	泮人의 동료 구출 사건	현방종사자	수백명	포도청	동부 성안
11	1884. 1.	左營 병정의 포도청 습격	군인	50~60명	포도청	
12	1884. 1.	포교의 무예별감 구타	포교, 군인		하례간 충돌	
13	1884. 3.	종각 괘서 사건			집권세력(?)	중부
14	1884. 8.	의금부 나장의 포도청 습격	나졸	수백명	포도청	
15	1884.10.	갑신정변 시 한성부민 시위	수천명		개화파 일본인	서울 전역
16	1884.11.	일본使丁 추적	군인	수십명	일본인	서부 성 밖
17	1887. 2. 3	상인동맹파업	시전상인, 소상인		일상·청상	중부
18	1887. 4.15	加出使令의 待漏院 난입	사령	수명	집권층	
19	1888. 9.26	淸人 市肆 放火		청상		남부 성안
20	1888.11.	일본商民 구타	군인	수십명	일상	
21	1889. 8. 6	貴農串里 동민의 저항	농민, 상인	20여명	양반	
22	1889.12.	상인동맹파업	시전상, 소상인 등		일상·청상	중부
23	1890. 1.	내각사령의 別監 구타	사령		하례간 충돌	
24	1890. 1.29	상인동맹파업	시전상인, 소상인 등	수천명	일상·청상	중부
25	1890. 8.24	轝事軍 作鬧	반인, 마포동민		동민간 충돌	
26	1891. 6.	玉堂下隷의 兵曹書吏 구타	하례		하례간 충돌	
27	1891. 6.	泮人의 무예별감 구타	반인	2명	무예별감	
28	1891.11.17	통위영 병정의 포도청 습격	군인	14명	포도청	
29	1892. 3.	院隷의 양반가 돌입 작료	하례		양반	
30	1892. 4. 7	趙召史致死獄事 관련 守門軍 구타	왕십리 동민	수명	군인	동부 성 밖
31	1892.12.	院隷의 별감 구타	하례		하례간 충돌	
32	1892.12.	한강변 청인살해	黨賊	2명	청국인	서부 성 밖

속들 또한 주된 저항의 대상이 되었다. 외세에 대한 저항은 임오군란·갑신정변 때 일본인 타도 목소리가 높았던 점을 고려하면 실제 비중은 훨씬 높다고 할 수 있다. 한성부민의 저항운동은 정부와 외세에 대한 비판과 타도로 집약되고 있으며, 반개화·반침략의 성격을 띠고 있었다.

서울 주민의 저항운동을 지역별로 정리해 보면 다음 표와 같다.

〈표 2〉 한성부민 저항운동의 지역별 발생 현황 (1876~1894)

부별	총계	중부	동부		서부		남부		북부	
			성안	성 밖	성안	성 밖	성안	성 밖	성안	성 밖
건수	13	5	2	2	-	2	2	-	-	-

발생지역이 확인된 13건 가운데 중부 5건, 동부 4건으로 전체 저항운동의 2/3를 차지하고 있으며, 서부 성 밖과 남부 성안이 각 2건으로 나타나 있다. 중부의 저항은 대부분 상권을 둘러싼 문제로 청·일상의 상권 침탈에 대한 반발이었다. 개항 이전과 이후 근대화·도시화 과정에서 철저히 소외된 동부의 저항은 관청의 부당한 수탈에 대한 항거였고, 임오군란을 비롯하여 수백·수천의 주민이 동참하는 항쟁의 전형을 보여주었다. 서부 성 밖과 남부 성안의 저항은 모두 일본인과 청국인을 대상으로 한 것으로, 민족적 적개심과 시장 잠식에 대한 적대감이 표출된 것으로 보인다.

이 시기 서울 주민의 저항운동은 외세와 정부가 주요 대상이었으며, 시기적으로는 1882~1884년, 공간적으로는 도성 안에 집중되어 있었다. 공간적 측면에서 두드러진 점은 도성 안에 전통적 상권 중심지대인 중부와 가장 낙후되고 소외된 동부지역의 저항이 가장 컸으며, 조선 정부의 근대화정책이 집중된 북부 성안과 서구세력의 자본주의 도시화가 진행된 서부 성안의 저항이 거의 없었다는 점이다. 경제적 피해가 컸던 중부와 근대화·도시화 과정에서 철저히 소외된 동부가 저항운동의 중심이었음을 보여주고 있다. 이는 근대화·도시화 과정에서 발생하는 성장의 혜택이 특정지역에 집중되고, 그로 인한 피해 지역과 상대적으로 소외된 지역의 불만이 높았기 때문으로 이해된다.

4. 개항기 도시화에 대한 다양한 저항

지금까지 자본주의 세계체제에 편입된 개항기(1876~1894) 서울의 도시화와 공간재편 문제를 검토해 보고, 도시화에 대한 주민들의 대응과 갈등, 각종 저항운동과의 상관관계를 짚어보았다.

이 시기 서울의 도시화는 국가권력을 행사한 정부와 폭력적 외압을 동원한 외세가 주도하고 있었다. 정부의 개화정책 및 외세의 침략적 진출과 함께 진행된 서울의 도시화는 근대화·외세침략이라는 코드와 함께 이해되었으며, 도시화를 둘러싼 갈등 또한 근대화 및 외세에 대한 문제 속에 함축되어 나타났다.

이때 서울의 도시화는 산업화와 인구집중에 따른 전형적 자본주의 도시화 양상과 달리, 근대적 관청과 학교·병원·교회의 등장, 자본주의 시장의 조성과 자본제 상품의 유입 등과 같은 건조환경 중심으로 진행되었다. 이는 외세 침략에 대응하는 과정에서 근대화·도시화가 진행된 조선의 현실이 그대로 반영된 것이라 하겠다.

서울의 도시화를 이끌었던 정부의 개화정책은 정치·군사·경제·통신·교육 등 다양한 분야에 걸쳐 추진되었으며, 전통적 중심지인 북부 성안과 중부, 곧 북촌을 중심으로 진행되었다. 반면 외세의 도시화는 경제·문화·종교라는 제한된 분야에 집중되었으며, 주변부에 속했던 서부 정동과 남부의 명동·진고개 일대, 곧 남촌의 특정지역을 중심으로 이질적 신시가지를 조성해 나갔다.

이처럼 도시화의 과정에서 조선-북촌, 외세-남촌이라는 공간적 분리 현상이 나타났으며, 조선과 외세의 세력관계가 작동하면서 공간구조에 변화를 가져왔다. 이에 따라 조선왕조 500여 년간 지속되어 온 북촌 중심의 공간구도가 남촌 중심의 자본주의 공간구도로 재편되기 시작했으며, 북촌시대에서 남촌시대로의 대변동을 예고하고 있었다. 1897년 고종의 덕수궁 환궁은 서구세력이 조성한 정동이라는 남촌의 공간권력에 의지하는 것이었으며, 이후 대한제국기·식민지기를 거치면서 남촌 우위가 확고해졌다.

서울의 도시화가 근대화·외세침략과 동시적으로 진행되었기 때문에 도시화에 대한 주민들의 저항과 갈등 또한 반근대·반외세운동과 착종되어 나타났다. 최초의 근대 도시계획을 실행한 치도사업은 주민들의 비난과 정치적 공세로 중단되었으며, 임오군란과 갑신정변의 와중에서 분노한 민중들은 일본 공사관과 종두소·사진관·박문국 등을 공격하여 파괴해 버렸다. 또한 상권 침탈의 주범인 청·일상의 도성 축출을 주장하는 시위를 전개하였으며, 그 외에 외국인을 대상으로 강절도를 하거나 근거 없는 소문을 퍼뜨리기도 했다. 이로써 근대화와 외세침략과 함께 진행되는 도시화에 대한 불만을 표출했다. 도시화에 대한 갈등은 전통적 상권지대인 중부와 외세가 자리한 남촌에 집중되어 있었다.

한편, 도시화에 대한 직접적 저항은 아니지만, 이 시기 서울에서는 각종 저항운동이 활발하게 일어났으며, 그중에서도 경제적 피해가 심했던 중부지역과 가장 소외되고 낙후된 동부지역의 저항운동이 잦았다. 특히 근대화·도시화 과정에서 철저히 소외된 동부지역에서 임오군란과 같은 대규모 저항운동이 폭발하였고, 외세의 자본주의 도시화가 활발했던 서부·남부 성안의 저항운동이 적었던 점 또한 주목된다. 이는 자본주의 도시화 과정에서 발생하는 성장의 혜택이 특정지역에 집중됨으로써 지역 간 사회·경제적 격차를 심화시켜 소외지역의 불만이 가중되었기 때문으로 풀이된다.

이처럼 개항 후 서울은 자본주의 도시화가 숨 가쁘게 진행되고 있었다. 정부와 외세가 주도한 서울의 도시화는 북촌 중심의 전통적 도시구조를 남촌 중심의 자본주의 공간으로 재구성하기 시작했다. 이러한 변화는 민족갈등과 지역별 격차, 땅값 상승 등의 문제를 양산하면서 그에 대한 저항과 갈등을 불러왔다. 이 시기 서울은 외세의 침략적 진출과 근대화·도시화가 동시적으로 진행되면서 격렬한 변화와 갈등의 소용돌이에서 몸부림치는 시련의 무대였다.

참고문헌

『고종실록』, 『승정원일기』, 『일성록』, 『六典條例』, 『포도청등록』
『한경지략』, 『東國輿地備攷』, 『宮闕志』, 『구한국외교문서』, 『統署日記』
『梅泉野錄』, 『陰晴史』, 『荷齋日記』

경성부, 『京城府史』 1권(1934), 2권(1936).
고동환, 『조선후기 서울상업발달사 연구』, 지식산업사, 1998.
______, 『조선시대 서울도시사』, 태학사, 2007.
권태억, 「한말·일제초기 서울지방의 직물업」, 『한국문화』 1, 1980.
김경태, 「갑신·갑오기의 상권회복문제」, 『한국사연구』 50·51합집, 1985.
김광우, 「대한제국시대의 도시계획－한성부 도시개조사업」, 『향토서울』 50, 1991.
김정기, 「1890년 서울상인의 철시동맹파업과 시위투쟁」, 『한국사연구』67, 1989.
동북아역사재단, 『개항기의 재한 외국공관 연구』, 2008.
마이크 세비지·알렌 와드 저, 김왕배·박세훈 역, 『자본주의 도시와 근대성』, 한울, 1996.
박은숙, 「개항기 한성부 하층민의 저항운동과 그 성격」, 『한국사연구』 105, 1999.
______, 「개항 후 서울 도시 공간의 재편과 성곽 철거」, 『내일을 여는 역사』 33, 2008.

______, 『시장의 역사』, 역사비평사, 2008.
______, 「개항기 한성부 5부의 차별적 변화와 자본주의적 도시화」, 『한국사학보』 36호, 2009.
______, 「개항 후 서울의 자본주의 도시화와 공간 재편」, 『향토서울』 74호, 2009.
비숍 지음, 신복룡 역주, 『조선과 그 이웃나라들』, 집문당. 2000.
서울특별시사편찬위원회, 『서울육백년사』 1~3권, 1977~1979.
____________________, 『서울건축사』, 1999.
____________________, 『서울지명사전』, 2008.
손정목, 『한국개항기 도시사회경제사연구』, 일지사, 1982.
이광린, 『한국개화사연구』, 일조각, 1980.
______, 『한국개화사의 제문제』, 일조각, 1886.
______, 『개화기연구』, 일조각, 1997.
이태진, 「18~19세기 서울의 근대적 도시발달 양상」, 『서울학연구』 4, 1995.
______, 「1897~1904년 서울 도시개조사업의 주체와 지향성」, 『한국사론』 37, 1997.
이헌창, 「1882~1910년간 서울시장의 변동」, 『서울상업사연구』, 서울학연구소, 1998.
이현종, 「고종때 감생청설치에 대하여」, 『김재원박사회갑기념논총』, 1969.
이효재 · 허석렬 편, 『제3세계의 도시화와 빈곤』, 한길사, 1983.
장규식, 「개항기 서울의 개화 · 개혁운동 공간」, 『전농사론』 5, 1999.
전우용, 「대한제국기~일제초기 서울 공간의 변화와 권력의 지향」, 『전농사론』 5, 1999.
조선총독부, 『경성상공업조사』 56쪽, 1913.
조재곤, 『한국근대사회와 보부상』, 혜안, 2001.
최병두, 『근대적 공간의 한계』, 삼인, 2004.
최병두 · 한지역 편역, 『자본주의 도시화와 도시계획』, 한울아카데미, 1997.
한우근, 『한국개항기의 상업연구』, 일조각, 1979.
한철호, 「대한제국 초기 한성부 도시개조사업과 그 의의」, 『향토서울』 59, 1999.

2장

일제하 서울지역의 도시계획과 빈민주거문제

| 염복규 |

1. 일제하 도시화와 도시빈민 문제

일제하 많은 농민들은 농토를 잃고 도시로 흘러들었다. 이들에게 닥친 생활상의 어려움은 한둘이 아니었지만, 이들은 무엇보다 먼저 모든 생활의 전제인 주거문제를 해결해야만 했다. 현대 한국의 1세대 도시빈민층을 형성한 이들은 재력도 연고도 없었기 때문에 대부분 "하천이나 제방, 산림, 다리 밑 등의 국유지 혹은 사유지를 무단 점거하여 소주택을 이루고"[1] 정착했다.

식민정책의 대표적 희생자라고 할 수 있는 이들의 주거문제에 대해서는 비교적 그 실체가 뚜렷한 '경성부 토막민'을 중심으로 어느 정도 연구가 이루어졌다. 이 연구들을 통해 토막민의 형성배경과 형성과정, 생계

1) 京城帝國大學 衛生調査部, 『土幕民の生活 衛生』, 岩波書店, 1942, 44쪽.

활동과 생활상, 토막의 입지와 분포적 특징 등이 밝혀졌다.[2] 그러나 기존 연구들은 토막민의 형성과 추이에 대한 분석에 집중하여 상대적으로 그에 대응한 일제의 빈민주거대책에 대한 분석은 부족한 편이다. 대체로 일제는 빈민주거문제에 대해 근본적인 대책을 세울 의지도 능력도 없었으며, 대부분 일제의 정책수행은 빈민주거를 박탈하는 방향이었다고 결론지었는데, 이는 연구의 결과가 아니라 연구의 전제가 되고 있다. 따라서 일제의 빈민주거대책의 추이나 그 의미는 애초부터 분석 대상으로 상정될 수 없었다.

그러나 일제하 경성에서 처음이자 마지막으로 시행된 '법정도시계획'인 경성시가지계획(京城市街地計劃)(1937～45)과 관련하여 이 문제는 좀 더 다양한 변수들을 고려하여 살펴볼 필요가 있다. 도시계획의 시행은 도시 토지 전체의 합리적 이용 및 도시사회의 안정적 재생산을 도모하려는 국가와 자기 소유지의 잠재적 가치를 최대한 실현하고자 하는 토지소유자들 간의 이해관계가 일정하게 엇갈리면서 빈민주거문제의 개선과 악화라는 두 가지 가능성이 병존하는 상황을 만들기 때문이다.[3]

---

2) 경성부 토막민에 대한 선행연구로는 김경일, 「일제하 도시빈민층의 형성」, 『한국의 사회신분과 사회계층』, 문학과지성사, 1986 ; 강만길, 「토막민의 생활」, 『日帝時代 貧民生活史 硏究』, 창작사, 1987 ; 남영우, 「日帝下 京城府의 土幕村 形成」, 『문화역사지리』, 1, 1989 ; 손정목, 『日帝强占期都市生活相硏究』, 一志社, 1996, 251-281쪽 ; 현종철, 「일제지배하 도시빈민 생활 연구」, 경희대학교 사학과 석사학위논문, 1996 ; 하명화, 「일제하(1920～30년대 초) 도시주거문제와 주거권 확보운동」, 부산대학교 사학과 석사학위논문, 2000 ; 이선민, 「1930년대 都市 勞動者의 住居難과 住居樣態의 變化」, 가톨릭대학교 국사학과 석사학위논문, 2001 등 수 편이 있다.

3) 초기 사회주의자들의 급진적 이상주의에 기반을 둔 탈자본주의적 공동체 구상에서 출발한 서구 근대 도시계획은 19세기 중반 계급투쟁에서 노동자계급의 결정적 패배와 더불어 점차 부르주아 국가의 행정제도로 흡수되어 도시에서 혁명적 위기를 미연에 방지하는 '빈민문제의 기술적 해결책', 즉 이른바 '順治의 사회적 기술'로 정립되었다. 예컨대 1848년 파리의 노동자봉기 진압 이후 1880～1910년에 걸쳐 유럽에서는 마치

이러한 상황은 일제의 대륙침략전쟁 도발과 그에 따른 '공익주의'라는 외피에 둘러싸인 파시즘적 동원체제가 확립되어가는 1930~40년대 경성시가지계획에서는 더욱 복잡한 양상으로 나타났다. 이 글에서는 이를 염두에 두고 선행 연구의 다소 단순한 구도 속에 가려져 있었던 당대의 구체적 실상에 조금 더 가까이 접근해보면서 일제하 경성의 도시빈민 문제를 고찰하고자 한다.

2. 경성지역 빈민주거의 실태

'토막에 사는 사람'이라는 명칭이 보여주듯이 토막민은 그 주거형태에 따른 지칭이다. 식민당국은 도시빈민층의 주택을 "지면을 파서 그 단면을 벽으로 삼거나 혹은 땅 위에 기둥을 세우고 거적 등으로 벽을 삼고 양철이나 판자로 지붕을 만든 원시주택"인 '토막'과 그것을 개조하여 어느 정도 주택의 형태를 갖춘 '불량주택'으로 구분했지만, 토막이나 불량주택에 거주하는 사람들을 대략 토막민으로 통칭했다.[4]

이렇게 토막민은 토막이라는 주거형태에 기인한 지칭이기는 하지만, 토막은 대부분 국유지나 타인의 사유지에 지어졌으므로 사회적으로 토

유행처럼 빈민가에 대한 사회조사, '노동자주택법', '주택 및 도시계획법' 등의 제정이 이루어졌다(Peter Hall, *Cities of Tomorrow An Intellectual History of Urban Planning and Design in the Twentieth Century*, 1994 ; 임창호 역, 『내일의 도시-20세기 도시계획지성사』, 한울, 2000 참고.). 그러나 토지사유가 공리인 자본주의사회에서 결국 '사유지에 대한 국가적 개입'인 도시계획은 국가권력의 의지대로만 수행될 수 없으며, 개별 토지소유자들의 이해관계는 어떤 식으로든 도시계획의 과정과 결과에 영향을 미치게 된다.

4) 강만길, 앞의 책, 238쪽.

막민은 남의 땅에 집을 지은 사람, 즉 '토지의 불법 점유자'로 인식되었다. 그러므로 토막민의 발생은 1910년대 이래 토지조사사업으로 일물일권(一物一權)의 토지소유권이 확립되는 과정과 짝을 이루는 것이기도 했다. 토막민화한 사람들은 대개 농촌에서 이입한 사람들이거나 원래 도심부에 거주하다가 경제적으로 몰락하여 외곽으로 밀려난 사람들이었는데, 그 형성 배경이 어떠하든 이들은 도시 주변부의 불법 거주자였던 것이다. 다음의 두 기사는 토막민의 형성 배경과 존재양태를 잘 보여준다.

> 토막민(土幕民) 발생(發生)의 원인(遠因)을 역사적(歷史的)으로 보면 과거(過去) 조선(朝鮮)의 도시(都市)에는 토막민(土幕民)이라는 명칭(名稱)의 주민(住民)은 존재(存在)하지 않았다. 따라서 그 명칭(名稱)은 일한병합(日韓併合) 이후(以後)의 것인데, 사실(事實)은 대정(大正) 초기(初期)(1910년대 초 : 필자)에 행(行)해진 조선(朝鮮)의 토지조사(土地調査) 무렵에 소유권(所有權)의 확립(確立)과 함께 발생(發生)하기 시작(始作)했다.[5]

> (토막민은 : 필자) 소위(所謂) 도덕(道德)의 범위(範圍)를 넘는 일도 모험(冒險)이라고 생각지 않은 사람들이 많으니 땅만 비었으면 내 땅 같이 집을 짓고 (중략) 그러나 그들 중에서도 여러 가지 사람들이 있다. 시내(市內)에서 살 수 없어 쫓겨나온 사람도 있고 시내(市內)에서 이러저럭 살 수는 있되 이 사람, 저 사람의 귀찮은 하대(下待)나 간섭(干涉)이 싫어 자유천리(自由千里)를 찾아나온 사람도 있고 또 지방(地方)에서 벌어먹겠다고 서울을 찾아는 왔으나 몸을 붙일 곳이 없어 모인 사람, (후략)[6]

---

5) 長鄕衛二, 「土幕民の話」, 『朝鮮新聞』, 1939년 5월 11일.

6) 「大京城候補地엿보기巡禮(六)」, 『朝鮮日報』, 1933년 10월 5일.

그렇다면 식민당국이 토막민에 대해 어떠한 대책을 세우기 시작한 것은 언제부터일까? 경성부는 1920년대 말부터 토막민 통계를 내기 시작했다. 통계를 낸다는 것은 토막민에 대한 정의를 내리기 시작했다는 뜻인데, 그것은 '토지의 불법 점유자'라는 것과 '도시 미관을 해치는 자'라는 두 가지로 볼 수 있다. 여기에서 좀 더 나가면 토막민은 "사회에 대한 반항적 감정이 있는 무식한 빈민이 주이며 일부 좌경적 사상의 보지자(保持者)", 즉 일종의 '위험 분자'로 인식되기도 했다.[7] 그러나 이러한 인식에도 불구하고 경성부나 총독부는 1930년대 초까지 토막민에 대한 어떠한 적극적인 대책을 시행하지는 않았다. 오히려 토막민의 존재는 어느 정도 묵인되어 '불법 주거' 일망정 상대적으로 안정성을 가지고 유지되었다. 다음의 두 기사는 이 점을 잘 보여준다.

① 토막민(土幕民)은 가옥(家屋)이라고는 국유지(國有地)나 사유지(私有地)에 허락(許諾)도 없이 지은 보잘것없는 주택(住宅)이라고는 하나 그 중에는 사, 오년(四, 五年) 내지 십수년(十數年)씩 장구(長久)한 시일(時日)을 두고 생활(生活)의 근거(根據)를 잡아오던 곳들이라 그들 토막민(土幕民)으로서는 다시 없는 재산(財產)이 되어 있는 만큼 그들을 일시(一時)에 이천호(二千戶)나 시외(市外) 먼 곳으로 이주(移住)시킴에는 여러 가지로 문제(問題)가 일어날 모양이다. 그들은 토지소유자(土地所有者)의 허락(許諾)도 없이 집을 짓고 있었다고 하나 그동안 지주(地主)로서는 한 말도 없었던 만큼 그중에는 지주(地主)와의 사이에 평온리(平穩裡)에 일종(一種)의 점유(占有)형태를 짓게 되었고 (중략) 그뿐 아니고 주택(住宅)으로서 토막민(土幕民) 간(間)에 임대관계(賃貸關係)가 엄연히 있는 이상(以上) (후략)[8]

---

7) 越隈瑞生, 「土幕生活者(七)」, 『朝鮮每日新聞』, 1928년 9월 10일.

8) 「二千戶 土幕民을 今春에 强制移轉」, 『朝鮮日報』, 1936년 3월 11일.

② 소화십삼년(昭和十三年)(1938년 : 필자) 말(末) 현재(現在) 경성부(京城府)의 순수 토막(土幕)은 3,316호 중 442호 정도에 불과하며 보존등기(保存登記)가 된 것이 848호, 가옥세(家屋稅) 납부(納付)가 863호, 전등(電燈) 설비(設備)가 1,901호, 상수도(上水道) 사용이 77호, 우물 사용이 3,215호, 하수도 사용이 24호 등이다. (중략) 보존등기(保存登記)가 되어 있고 가옥세(家屋稅)를 납부(納付)하는 토막(土幕)은 주로 관유지(官有地)에 건설된 것으로 그중에는 백원(百圓)에서 수백원(數百圓)까지 저당권(抵當權)이 설정(設定)된 것도 있다.[9]

①은 행정구역 확장을 앞둔 1936년 3월의 신문기사로 그동안 사유지를 점유한 불법 주거에 대해 토지소유자 측이 별다른 문제 제기를 하지 않아 왔음을 보여준다. 이것은 소유지의 이용 가치가 별로 없었기 때문이었다. ②는 1938년 말 경성부의 토막민 조사 결과이다. 그에 따르면 전등 사용 호수가 전체의 60%에 가까우며, 극소수이지만 상·하수도를 사용하는 가구까지 있다. 또 보존등기 호수와 가옥세 납부 호수가 전체의 25% 전후이다. 특히 후자는 주로 국유지의 토막이었는데, 그렇다면 이는 경성부 자신이 토막민의 불법 주거를 묵인하고 징세를 했다는 뜻이 된다. 그 결과 토막은 수백 원 단위의 저당권의 대상, ①의 표현을 빌리면 "다시 없는 재산"이 되기에 이르렀던 것이다. 이렇게 상당한 기간 토막민은 식민당국으로부터 어떠한 "구제적 시혜도 받지 못했지만 반대로 적극적 취체(取締)도 당하지 않는" 이중적 의미에서 권력의 무관심 혹은 무통제 상태에 놓여 있었던 것이다.[10]

---

9) 長鄕衛二,「土幕民の話(六)」,『朝鮮新聞』, 1939년 5월 30일.

10)「朝鮮人貧民の生活狀態」,『朝鮮及滿州』, 1936년 12월호, 60쪽 ; 1931년 초 발생한 신당리 소재 경성부 학교조합 소유 임야 1만 2천여 평의 토막민 문제에서 식민당국의 방관적 태도를 엿볼 수 있다. 이즈음 학교조합 소유 임야에 거주하는 토막민은 500여

그러나 식민당국도 점차 증가하는 토막민에 대해 아무런 대책도 세우지 않을 수는 없었다. 경성부는 토막민 문제가 임계점에 다다른 1930년대 들어 대략 두 차례의 토막민 대책을 시행했다. 먼저 1933년 2월, 고양군 연희면 아현리의 면유림 2만여 평을 매입하여 곳곳에 산재한 토막민을 이주시키려고 했다. 이주한 토막민의 관리는 일본 불교 정토종(淨土宗) 계열의 사회복지단체 화광교원(和光教園)에 맡길 예정이었다. 1935년에는 역시, 일본 불교 계열의 경성불교연합단(京城佛教聯合團)이 운영하는 향상회관(向上會館)이 고양군 은평면 홍제리의 국유임야를 대부받아 토막민 1천여 호, 5,500여 명을 이주시킨 향상대(向上臺) 사업이 시행되었다.[11)]

이 두 대책은 재정적 여력이 없는 경성부가 종교단체를 동원한 것으로[12)] 대책 시행의 체계성과 지속성 그리고 장기적 성과를 기대하기 어려운 일회성 사업이었다. 게다가 경성부의 입장에서 이 두 대책의 초점은 행정구역 밖, 원거리에 집단수용지를 만들어 토막민을 경성부 안에서 구축(驅逐)하는 것에 맞추어져 있었다. 이는 더욱 실효를 거두기 어려운 것이었다. 도시 안에서 직업적 근거를 찾을 수밖에 없는 빈민의 특성상 토

호, 2천여 명의 "대부락"이었는데, 학교조합의 토막민 처리 요청에 대해 경성부는 "방금 조사만 할 뿐이지 그 구축방법에 대해서는 아무 것도 결정이 되지 못하였습니다. 언제까지나 구축을 하느냐고요? 글쎄 그것도 작정이 안 되었는데 할 수 있는 대로 속히 해결할 생각입니다." 라고 답변했다. 다분히 현상유지적인 태도가 보인다(「모혀드는 土幕民 驅逐方法을 研究」, 『朝鮮日報』, 1931년 4월 28일). 또 1932년 5월 『매일신보』 사설도 "현재의 경성부로서는 如斯한 시설(토막민 구제 시설 : 필자)을 행할 역량이 존치 아니하"다고 했다(「社說 : 土幕民問題」, 『每日申報』, 1932년 5월 18일).

11) 손정목, 앞의 책, 268-272쪽.

12) 당시 일본 불교 계열의 사회복지단체들은 비교적 재정이 풍족할 뿐 아니라 총독부에도 일정한 영향력을 가지고 있었다(椛山哲宏, 「日帝下 社會福祉館事業의 展開와 性格」, 서울시립대학교 국사학과 석사학위논문, 2000, 26-29쪽).

막민은 일단 강제 이주를 당하더라도 곧 수용지를 이탈하여 원래 거주지로 모여들었기 때문이다.[13)]

게다가 1936년 행정구역이 확장되면서 고양군 연희면 아현리나 은평면 홍제리의 일부는 경성으로 편입되었다. 이것으로 '부외'라는 수용지의 의미도 없어지게 되었다.[14)] 여기에 더하여 행정구역 확장은 시가지계획의 첫 단계였다. 그리고 시가지계획의 시행은 그때까지의 빈민주거문제에 대한 미봉적 처리를 불가능하게 만들었다. 경성시가지계획의 주요 개발 대상은 외곽의 신편입지역, 즉 토막민의 주요 분포지였기 때문이다. 특히 문제는 동부지역이었다.[15)] 1935년 초 경성부 내외 토막 2천여

---

13) 여러 자료와 선행 연구에 따르면 토막민의 직업은 짐꾼, 토공 인부, 공장 직공, 상점 雇人, 관공서 고인, 행상인, 노점상, 인력거꾼 등 대개 日傭으로 이들은 조선은행 앞을 비롯하여 도심부 몇 군데의 노동시장에서 매일 일거리를 구했다(김경일, 앞의 글 참고). 따라서 토막민은 아직 개발의 손길이 미치지 않은 외곽지역 중에서도 되도록 도심부와 교통 연결이 잘되는 지역에 거주하려고 했다(남영우, 앞의 글 ; 김제정, 「일제 식민지기 京城지역 電氣사업과 府營化 운동」, 서울대학교 국사학과 석사학위논문, 1999, 10쪽). 이는 이후에도 계속 마찬가지였다. 앞에서 인용한 1936년 3월의 기사에서는 "현재 그들 중에는 일정한 직업을 가진 것도 있으니 그 직업처소는 모두 부근 시내인 만큼 이것을 시내에서 멀리 내쫓는다면 직업을 잃게 하는 결과를 맺게도 될 터이라"고 했으며(「二千戶 土幕民을 今春에 强制移轉」, 『朝鮮日報』, 1936년 3월 11일), 1938년의 한 기사에도 "그들(토막민 : 필자)은 대부분이 그날그날 품을 팔아서 먹고 살아가는 이들이라 정릉리나 돈암리의 산중 허리로 옮겨가면 그들이 품팔이하기에 불편할 뿐 아니라 일을 얻을 기회가 없어지므로 생도가 없는 것"이라는 우려가 반복되고 있다(「東部京城 繁榮記②」, 『朝鮮日報』, 1938년 5월 4일).

14) 행정구역 확장에 즈음한 조선일보사 주최 좌담회에서 한 참석자가 "토막민이 항상 문제였는데 전에 시내에 모여있던 토막민을 시외로 내보냈다고 하더니 이번 구역확장에 따라서 다시 시내에 들어오게 된 모양"이라고 한 것이나(「大京城出産前夜公論(四)」, 『朝鮮日報』, 1936년 2월 26일), 1936년 말 한 기사의 "區域擴張으로 舊京城府는 細窮民陣에 포위되었다"는 표현(XYZ, 「朝鮮人貧民の生活狀態」, 『朝鮮及滿洲』, 1936년 12월호) 등은 이 점을 잘 보여준다.

15) 경성시가지계획에서 동부 외곽지역은 대규모 주거지역 및 일부 경공업지역으로 개발할 예정이었다. 이에 대한 상세한 내용은 염복규, 「日帝下 京城도시계획의 구상과

호의 분포를 각 경찰서 관내 별로 보면 종로경찰서 8호, 동대문경찰서 1,653호, 용산경찰서 130호, 서대문경찰서 236호로 동대문경찰서 관내가 압도적이었다.[16] 다음 그림도 이러한 상황을 단적으로 보여준다.

〈그림 1〉에서 토막은 경성 내 곳곳에 산재해 있으나, 대부분 몇 호 내지는 몇십 호 단위인데 반해 동부지역에는 몇백 호 혹은 1천 호 이상의 집중 분포지가 있음을 볼 수 있다. 이렇게 시가지계획사업으로 개발해야 할 지역의 "무질서한 발전"은 식민당국의 입장에서는 "도시계획상 발전으로 본다면 괴로운 문제"였다. 그리고 이러한 국면에서 그동안 유지되었던 빈민주거의 상대적 안정성은 더 이상 기대하기 어려운 것이었다. 경성 편입을 앞둔 돈암리와 신설리의 상태를 묘사한 1933년의 한 신문기사는 이 점을 생생하게 보여준다.

〈그림 1〉 1936년 행정구역 확장 이후 경성지역의 토막민 분포

* 출전 : 〈町別土幕民分布狀況圖〉

* 비고 : 조사 시점은 1936년 4월 이후이나 정확하게는 알 수 없음.

시행」, 서울대학교 국사학과 박사학위논문, 2009, 제2장 참고.

16) 「貧民 新都市計劃」, 『東亞日報』, 1935년 2월 14일.

주택지(住宅地)로서의 발전(發展)은 돈 많은 시민(市民)을 상대(相對)할 때에는 이상적(理想的) 발전(發展)을 하지마는 그렇지 못한 세민계급(細民階級)들에게는 지역(地域)과 장소(場所)를 가리지 않고 무질서(無秩序)하게 늘어나가 도시계획상(都市計劃上) 발전(發展)으로 본다면 괴로운 문제(問題)의 근거(根據)가 되는 때가 많다. 그러나 어떠하랴. 그 무질서(無秩序)한 발전(發展)이 당국자(當局者)로서는 괴로운 문제(問題)일 것이나 시내(市內)에서 살기 힘들어 만부득이(萬不得已) 시외(市外)로 간편(簡便)한 살림을 하기 위(爲)하야 몰려나오는 사람들을 어떻게 막을 수 있으랴.[17]

3. 경성시가지계획 시행과 빈민주거 박탈

그렇다면 시가지계획의 시행은 구체적으로 빈민주거에 어떠한 영향을 미쳤을까? 시가지계획이 시행될 것이라는 예정은 지가 상승을 가져왔다. 당연한 개발에 대한 '기대감' 때문이었다. 그리고 이것은 토지소유자들이 그동안 소홀히 했던 소유권을 제고하게 만들었다. 이것이 시가지계획 시행이 빈민주거 박탈을 가져온 첫 단계의 국면이었다.[18] 대략 행정

17) 「大京城候補地선보기巡禮(8)-敦岩里, 新設里」, 『朝鮮日報』, 1933년 10월 10일.

18) 시가지계획 시행이 빈민주거 박탈로 이어질 일반적 가능성은 1934년 도시계획법령인 朝鮮市街地計劃令(이하 시가지계획령)이 제정될 때부터 제기되었다. 예컨대 "(시가지계획을 시행하면 : 필자) 현재의 컴컴한 뒷거리와 기타의 빈민굴은 점차 정리되고 명랑한 편리한 근대도시가 건설될 것이라는데 경제적으로 아무 실력 없는 조선인 細民들은 결국 시가지계획령의 실시구역 외에 점점 쫓겨가게 될 염려가 없지않다"는 기사(「都市 明朗化 反面에 指向 못잡을 細民街」, 『朝鮮日報』, 1934년 3월 4일)나 "동령(시가지계획령 : 필자)을 실시하는 구역은 상업지대, 공업지대, 주택지대 등으로 구별되고 또는 가옥, 건축물에 대한 제한 또는 제재가 있을 터이므로 빈궁한 세민들이 동령 실시구역 이외로 자연히 구축될 것"이라는 기사(「計劃令 實施와 그 重要한 影響」,

구역 확장이 가시권에 들어온 1935년 초부터 "지가가 등귀(騰貴)되는 눈치를 챈 지주들은 토지 명도(明渡)를 토막민들에게 독촉하여 쟁의가 날로 심해지"기 시작했다.[19] 1936년 초부터 보이는 다음의 신문기사들은 이점을 잘 보여준다.

> 오는 4월(四月)로써 경성(京城)의 행정구역(行政區域)이 대확장(大擴張)되어 무엇보다도 주목(注目)되는 것은 각(各) 방면(方面)이 각기(各其) 지가(地價)가 뛰어오르고 있다. (중략) 이와 같이 지가(地價) 폭등(暴騰)됨에 따라 문제(問題)되는 것은 부(府) 인접지(隣接地)에 거주(居住)하는 다수(多數)의 빈민계급(貧民階級)이다. 부내(府內)에서 생애(生涯)를 붙이지 못하고 부외(府外)로 나가서 대개는 땅을 빌리던가 국유지(國有地), 공지(空地) 기타에 빠락식으로 간략한 주택(住宅)을 장만하고 살던 터에 그처럼 지가(地價)가 올라서 매매(賣買)가 빈번(頻繁)하게 되며 새로운 방면(方面)으로 이용(利用)되게 되면 당연히 이들 빈민계급(貧民階級)의 가주(居住) 철훼문제(撤毁問題)가 처처(處處)에 생길 것으로 관측(觀測)되고 있다. 아직은 토지(土地)의 매매(賣買)에 그치고 있으나 봄에 나가면 토지(土地)가 이용될 곳이 많을 터이므로 문제(問題)가 표면화(表面化)할 것이다. 현재(現在) 경성부(京城府) 주위(主位)에는 동대문외(東大門外)며 광희문외(光熙門外)를 비롯하여 사위(四圍)의 인접지(隣接地)에 있는 빈민주택(貧民住宅)이 년년(年年)히 증가(增加)되어가던 것이 극히 다수(多數)여서 문제(問題)는 극히 곤난(困難)한 사회문제(社會問題)로 주목(注目)을 끌고 있다.[20]

『東亞日報』, 1934년 6월 20일) 등을 들 수 있다.

19) 「文化都市 京城의 暗影」, 『每日申報』, 1935년 2월 18일.

20) 「擴張 京城의 새 걱정, 닥처올 貧民住宅問題」, 『朝鮮日報』, 1936년 1월 22일.

대경성(大京城) 실현(實現) 전(前)에 도회미관(都會美觀)과 위생시설(衛生施設)의 필요상(必要上) 토막민(土幕民) 정리(整理)는 계속(繼續) 실행(實行)해 왔으나 이와는 정반대(正反對)로 늘어가는 경향(傾向)으로 당국(當局)의 대책(對策)도 하등(何等) 주효(奏效)가 없는데 요즈음 와서는 경성부(京城府) 편입(編入)과 함께 지가(地價)가 폭등(暴騰)하여 지주(地主)들이 가옥(家屋)을 헐어버리랴 하므로 자연(自然)히 주민(住民)과 지주(地主) 사이에 분쟁(紛爭)이 빈발(頻發)하고 있는 현상(現狀)이다.[21]

1936년 5월 삼판통(三坂通)에서 일어난 사건은 위 기사들의 내용을 구체적으로 보여준다. 이 사건은 토막 60여 호에 대한 철거과정에서 토지소유자와 토막민 500여 명이 충돌하여 양측 모두 다수가 부상당한 것이었는데[22], "앞으로 시가지계획이 곧 시행될 텐데 더 이상 토막을 내버려둘 수 없다"는 토지소유자 측 의견과 "우선 얼마간의 지료(地料)를 지급할 테니 무조건 철거만은 말아달라"는 토막민 측 의견이 대립한 결과, 제시된 지료 액수가 너무 적다는 이유로 토지소유자 측이 인부들을 동원하여 철거를 시도한 사건이었다.[23] 이 사건은 소관 용산경찰서의 조정으로 토지소유자가 이전비를 부담하는 것으로 "표면상 일단락을 지은 모양이나 이전 후에 닥쳐올 그들의 생활문제는 의연(依然) 염려되"는 것이었다.[24]

이 무렵 이와 비슷한 사건은 간헐적으로 일어났을 것으로 여겨진다. 그러나 일종의 '개발붐'에 따른 토지소유자의 철거는 규모는 그렇게 크

21) 「土幕民은 漸增, 大京城 實現에 一難題」, 『東亞日報』, 1936년 2월 7일.

22) 「住民側 强硬態度에 强制 撤毁는 遂失敗」, 『朝鮮日報』, 1936년 5월 13일.

23) 「住民과 地主側間 第一次 折衝은 失敗, 三坂通 住宅 撤去問題」, 『朝鮮日報』, 1936년 5월 14일.

24) 「三坂通 土幕民問題 表面上 解決」, 『朝鮮日報』, 1936년 5월 18일.

지 않았던 것으로 보인다. 철거 주체가 소유자이고 또 사인(私人)이었기 때문에 대개 철거 범위는 자기 소유지 안의 몇십 호를 넘지 않았다. 그러나 곧이어 1937년부터 시가지계획 가로망 부설과 구획정리공사[25]가 시작된 것은 이제 철거 주체가 경성부가 될 것이며, 그 범위도 이전과는 달라질 것임을 알리는 신호탄이었다. 시가지계획이 어느 정도 진행된 1938년 11월의 한 기사는 시가지계획사업의 진척에 따른 철거의 정황과 향후의 전망을 잘 보여준다.

> 경성(京城)의 근대적(近代的) 시설(施設) 건설(建設)이 활발(活潑)하여 시가도로(市街道路), 남산주회도로(南山周回道路), 돈암정(敦岩町), 영등포(永登浦)의 구획정리(區劃整理) 등 진척(進陟)에 따라 장안(長安)의 샛길은 광로(廣路)로 바뀌고, 길 없는 거리에 큰 길이 가로 세로로 놓이는 반면에 경성(京城) 세민(細民)의 우울이 또한 적지 않다. (중략) 최근 3년간(三年間) 이상(以上) 제사

25) 경성시가지계획의 구체적인 계획사업의 두 축은 가로망 부설과 구획정리였다. 구획정리란 19세기 초 프로이센에서 경지정리의 개념을 도시 개량에 도입하면서 비롯된 것으로 減步, 換地 등의 방법을 통해 일정한 지구(구획정리지구)내의 각 필 토지의 불규칙한 구획을 정리하고 필요한 공공시설물을 축조하여 토지의 효용성을 증진시키는 사업을 뜻한다. '減步'란 미비한 공공시설물 축조를 위한 용지를 일정한 비율(減步率)에 따라 토지소유자들에게 기부를 받는 것으로, 그 의미는 사업에 따른 지가상승분의 일부를 사업비로 환수하는 것이다. '換地'란 구획정리가 끝난 후 원소유자에게 토지를 재교부하는 것이다. 구획정리가 시작되면 지구 내의 토지 경계를 일단 말소한 후 도로 공사 등을 하게 되며 토지소유자들은 공사가 끝난 후 새롭게 설정된 필지를 원래의 소유비율에 따라 교부받게 된다. 이 과정에서 각 토지소유자 별로 환지의 불공평이 발생할 수 있는데 이는 금전(淸算金)으로 교부하여 정산하게 된다. 구획정리사업의 특징은 토지수용에 비해 초기 용지비가 들지 않고 사업이 끝난 후 토지소유자가 교체되지 않는다는 점이다. 일본에서 이 사업은 20세기 초 東京 교외의 지주들이 "우리 고장 발전은 우리의 손으로"라는 모토 하에 경지와 주택지를 개량하기 시작한 데에서 비롯되었다(越澤明, 『東京の都市計劃』, 岩波書店, 1991 ; 윤백영 옮김, 『동경의 도시계획』, 한국경제신문사, 1998, 159-166쪽).

업(諸事業)에 의해 멸실(滅失)된 주택(住宅)만 709동(棟), 1,102호(戶)로 경성부(京城府)는 사업(事業) 수행상 멸실(滅失)되는 토지(土地) 및 가옥(家屋)에 상당(相當)한 보상(補償)을 지불(支拂)하고 있으나 이 보상(補償)이란 지주(地主)와 가주(家主)에 몰려가는바 세민(細民)들에게는 집이 헐릴 때마다 갑자기 살던 집을 잃게 되어 근대적(近代的) 도시(都市)를 점차 형성(形成)해가는 경성(京城)에 희비명암(喜悲明暗)의 양색이 교차하고 있다. (중략) 시가지계획(市街地計劃)은 아직 제1단계(第一段階)로 구획정리(區劃整理)도 장애물(障碍物)이 희박(稀薄)한 곳부터 착수(着手)했다. 그러나 점차 사업(事業) 진척(進陟)에 따라 주택(住宅) 멸실(滅失)은 더욱 심해져 시가지계획사업(市街地計劃事業) 완성(完成)까지는 수천호(數千戶)가 철거(撤去)될 것으로 거주자(居住者)의 방황(彷徨)은 명약관화(明若觀火)한 현상(現狀)이다.[26)]

특히 1938년 들어 그동안 지연되었던 구획정리공사가 본격화되면서 토막의 철거와 구축도 두드러졌다. 경성부의 철거는 개인 소유자에 비해 대규모로 그리고 조직적으로 이루어졌다. 따라서 이전과 비교하면 토막민의 저항도 거세게 일어났다. 먼저 이 무렵 발생한 큰 사건 두 가지를 살펴보자.

1938년 4월 경성부는 신설정 부유지의 토막 500여 호(2천여 명)를 "시가지계획상 철퇴하기로 결정"하고 토막민들에게는 부유지 일부를 대부받은 대가업자(貸家業者) 함학진의 임대주택에 입주할 것을 지시했다. 그러자 토막민들은 토지를 대부한다면 함학진보다 원래 연고가 있는 자신

26) 「都市美化에 犧牲되는 細窮民住宅」, 『東亞日報』, 1938년 11월 14일. 이 기사도 지적하듯이 시가지계획으로 지장물건 철거가 이루어지면 이전보상비가 지급되었지만, 그것은 어디까지나 합법적인 소유자에게만 해당되는 것이었고, 토지의 불법점유자인 토막민과는 무관한 것이었다.

들에게 직접 대부해달라고 진정했다.[27] 그러나 경성부는 "국유지에 아무 허락 없이 집을 세운" 토막민들에게 토지를 대부할 수는 없다고 회답했다. 토막민들은 다시 수천 원을 들여 지은 집(토막)을 몇십 원의 보상비를 받고 헐 수는 없다고 항의했다.[28] 경성부는 토막민들의 저항이 의외로 거세자 간담회를 개최했다. 그러나 "기정방침을 방패로 일보도 양보치 않고 영세한 보상금을 지불하겠다는 부당국"과 "기분지일도 못 되는 대가와 갈 곳 없이 주택을 잃게 되는 주민" 사이의 간담회는 성과 없이 무산되었다. 간담회가 무산되고 토지를 대부받기로 한 함학진의 철거 독촉이 심해지자 토막민 수백 명이 "경성부로 쇄도하여" 요구 조건을 진정하고[29], 대표를 선정하여 부윤과 직접 면담하는 등 철거에 대한 저항이 만만치 않아 이 문제는 교착 상태에 빠졌다.[30]

6월 초 임시부회가 개최되어 "신설정(新設町) 토막문제는 드디어 부회에까지 오르게" 되었는데, 부윤이 "이 문제는 미루자고" 하는 것으로 보아 아직도 해결이 나지 않았음을 알 수 있다.[31] 그러나 사건의 해결 여부와 관계없이 이 사건은 이후 계속될 시가지계획 시행에 따른 토막 철거의 논리·양태와 그에 대한 저항·분쟁을 예고해 주는 것이었다. 이를테면 사건 발생 직후 "금후 계속하여 시외로 확충계획을 실시할 때마다 이러한 문제에 봉착케 될 경성부"가 "강경한 태도"를 취한다고 한 『동아일보』 기사는 이 사건의 '선행적' 의미를 잘 보여준다.[32]

---

27) 「都市美를 더럽힌다고 五百 土幕에 撤去令」, 『每日申報』, 1938년 4월 19일.

28) 「"모래말" 二千住民의 態度는 자못 强硬」, 『每日申報』, 1938년 4월 22일.

29) 「退去令 받은 五百住民 大擧 京城府에 陳情」, 『東亞日報』, 1938년 4월 25일.

30) 「新設町 土幕民 府尹에 再陳情」, 『東亞日報』, 1938년 5월 7일.

31) 「新設町 土幕問題 府會에서도 論難」, 『朝鮮日報』, 1938년 6월 12일.

32) 「新設町 五百餘 土幕村에 遂 强制撤去의 騷動」, 『東亞日報』, 1938년 4월 22일 ; 한편 1938년 8월 경성부는 "구획정리 수행상 필요하여 신설정 토막민 362세대, 2천 명에

한편 1938년 12월 종암정의 사례는 실제 철거가 진행된 경우를 실감나게 보여준다. 이 사건은 돈암지구 구획정리로 종암정 모래강변으로 밀려난 토막을 경성부가 다시 철거하려고 한데서 비롯되었는데, 먼저 사건의 경과와 의미를 잘 보여주는 신문기사를 살펴보자.

> 대경성(大京城)의 시가계획(市街計劃)은 삼십년(三十年)의 대계하(大計下)에서 도심지대(都心地帶)를 중심(中心)으로 그 정리공사(整理工事)는 축년(逐年) 신장(伸長)되어가고 있는데 이로 인하여 택지(宅地)를 정리(整理)당한 토막민 부대(土幕民部隊)는 한걸음 밀려다가 다음 지대(地帶)에 거지(居地)를 정(定)하고 있다가 거듭하는 경성부(京城府)의 정리공사(整理工事)에 휩쓸려 집을 헐리고 퇴치(退治)를 당한 것인데 (중략) 작년(昨年)부터 착공(着工)하여 3개년(三個年) 계속공사(繼續工事)로 목하(目下) 진행중(進行中)인 돈암지구(敦岩地區) 정리구역내(整理區域內)에 칠백호(七百戶)가 또 문제(問題)의 조상(俎上)에 올라 돈암정(敦岩町), 신설정(新設町), 안암정(安岩町) 등지(等地)에서 공사(工事) 개시(開始) 이래 토막촌(土幕村) 때문에 수다(數多)한 문제(問題)를 거듭해 왔는데 이제는 여기에서 퇴치(退治)당한 그들이 종암정(鍾岩町) 모래강변에서 말썽이 되게 되었다. 전기(前記) 돈암지구(敦岩地區) 정리구내(整理區內)에서 밀려나간 토막민(土幕民)들이 금년(今年) 5월(五月)경부터 종암정(鍾岩

대해 직업, 수입, 자산의 실상을 조사"했는데 그 결과 신설정은 "금융업자가 토막을 담보로 융통을 하는 등 제도의 결함을 악용하는 도배들이 횡행하여 취체가 요망되며" "토막 중 10간 이상의 집도 있는 등 '호화판의 토막부락'"이라고 했다(「新設町の土幕街に當局の眼光る」, 『京城日報』, 1938년 8월 4일). 여기에서 8월까지 신설정 토막이 철거되지 않은 것을 알 수 있다. 또 경성부가 토막 '정리'를 위해 상세한 실태 조사를 했으며, 이를 근거로 신설정 토막민은 진짜 빈민이 아니라 "제도의 결함을 악용하는 도배", 즉 '범법자'라는 논리를 만들었음을 알 수 있다. 기실 4, 5월의 사건 내용에서도 신설정 토막민은 나름대로 '자산가'이며, 그만큼 주거의 안정성도 높다는 사실을 알 수 있다.

町) 하천(河川) 방축(防築)에 집거(集居)하여 지금(至今)은 벌써 230여호(餘戶)의 부락(部落)을 조성(構成)하고 있는 경성부(京城府) 토목과(土木課)에서는 다시금 이들을 철거(撤去)하고자 20일(二十日) 오후(午後) 과원(課員)이 인부(人夫)를 데리고 나가서 한기(寒氣)가 영하(零下) 십도(十度)를 오르고 내리는 이즈음에 십삼호(十三戶)를 제일착(第一着)으로 강제철거(强制撤毁)를 개시(開始)하여 당시(當時) 현장(現場)에는 이상(異狀)한 인생극(人生劇)이 연출(演出)되어 일시(一時) 정신상실자(精神喪失者)까지 생겨나고 졸연 집을 잃은 그들의 참경(慘景)은 너무나 신경(神經)이 마비된 도시인(都市人)의 안공(眼孔)에는 무심(無心)히 간파(看破)될 것이나 명일(明日)부터 문제(問題)될 나머지 백여호(百餘戶)도 목전(目前)에 당(當)한 운명(運命)이라고 한다.[33]

이 사건은 규모도 작지 않을뿐더러 "한기가 영하 10도를 오르고 내리는" 때에 실행하는 등 경성부가 강력한 철거 의지를 관철한 사건이었다. 또 구획정리공사 때문에 원래 거주지에서 밀려난 토막을 다시 철거한 이 사건에서는 시가지계획 구획정리의 진전에 따라 빈민주거가 지속적으로 밀려나는 현상을 읽을 수 있다.[34]

---

33) 「大京城 建設에 이 犧牲! 鍾岩町의 土幕村을 京城府가 强制撤毁」, 『東亞日報』, 1938년 12월 21일.

34) 그런데 이 사건에 대해 『동아일보』 사설에서는 "대경성 건설의 대계획이 진행되는 도중에 다소의 희생이 없으리라고는 생각할 수 없는 일이겠지만 건설을 위한 희생이 너무 많다는 것은 당국자로서 신중히 고려할 점"이라고 언급했다(「社說 : 細窮民 救濟의 根本策」, 『東亞日報』, 1938년 12월 23일). 희생을 줄여야 한다는 지적과 함께 그것의 불가피성도 언급한 셈이다. 이것과 직접 관계는 없으나, 마침 같은 일자 『조선일보』는 돈암지구 구획정리에 대해 "대경성 도시계획사업의 하나인 토지구획정리공사의 진척으로 이상적 주택지가 많이 생기고 있는" 소식을 전하고 있다(「敦岩町 區劃整理 明年中 工事 完成, 住宅用地難에 喜消息」, 『朝鮮日報』, 1938년 12월 23일). 다소 도식적일지도 모르나, 여기에서 도시계획의 진척을 바라보는 조선어 언론의 이중적 시선의 일단을 읽을 수도 있다.

1939년 들어 철거는 더 강력하게 진행되어, "구획정리사업으로 돈암정, 영등포를 비롯하여 대현지구 등 각 토지정리에 따라 일거에 일천 호씩 철훼(撤毁)되는 형편"이었다.[35] 7월 돈암정에서는 돈암지구 구획정리 예정지에 마지막까지 남아 있던 토막 200여 호에 대한 철거가 시작되었다. 마지막 철거이니만큼 저항이 거셀 것에 대비하여 동대문경찰서의 경관 30여 명이 현장을 지키는 가운데 인부 수십 명이 200여 호를 일시에 철거했다.[36] 그러자 "갑자기 집을 잃게 된 주민들은 하룻밤을 찬비를 맞으며 새고, 5일 오전에는 주민 약 80명이 떼를 지어 동부출장소와 부청을 찾아와 억울한 사정을 호소"하기도 했다.[37] 또 9월 대현지구에서도 "부당국이 아현정 이백 호에 11월말까지 이전을 요구하고 철훼를 예고하자" 토막민들은 "대현구획정리출장소 및 부청 도시계획과를 찾고 '집터'가 없어서 도저히 이전치 못하겠다고 호소"했다.[38]

1940년 이후에도 '철거와 저항'은 계속되었다. 7월 용두정 800여 호의 불량주택을 철거하는 과정에서 주민들이 며칠씩 현장을 점거하고 철거를 지연시키자 경성부는 경찰을 동원하여 주민을 다 몰아내고 철거를 시작했다. 몰려난 주민 "백여 명이 부 사회과에 쇄도하여 눈물의 호소"를 하자 부에서는 "함북지방의 광산노동자로 알선할 바를 말할 뿐 냉대"했다.[39] 1941년 7월에는 "동경성 신설정, 안암정, 신당정, 충신정, 돈암정의 토막 삼천여 호에 대해 경성부 도시계획과에서 누차 이전 권고를 해도 전혀 하지 않자 부 도시계획과원이 현장에 출동하여 매일 토막민의

---

35) 「土幕 請負 夜間 橫行」, 『東亞日報』, 1939년 6월 11일.
36) 「敦岩町 壹番地 一帶의 二百戶를 强制撤毁」, 『東亞日報』, 1939년 7월 6일.
37) 「敦岩町 土幕部落 强制撤毁, 住民代表가 府에 泣訴」, 『朝鮮日報』, 1939년 7월 6일.
38) 「府當局 十一月까지 移轉 要求」, 『東亞日報』, 1939년 9월 10일.
39) 「龍頭町 土幕 八十戶를 撤毁, "어데로 가오" 府에 呼訴」, 『東亞日報』, 1940년 7월 30일.

〈그림 2〉 돈암지구 토막 철거 현장과 부청을 찾은 토막민
* 출전 : 위쪽 - 『東亞日報』 1939년 7월 6일
아래쪽 - 『朝鮮日報』 1939년 7월 6일

집을 철거" 했다. 이 과정에서 토막민을 설득하기 위해 현장에 나온 경성부 사회과장이 "봉변"을 당하기도 했다.[40)]

이상에서 살펴본 바와 같이 토막 철거는 행정구역 확장과 함께 토지소유자의 개인적 철거에서 출발하여 시가지계획사업의 진척에 따라 경성부의 공식적 철거로 전개되었다. 토막민들은 이에 대해 진정, 시위, 철거방해 등 가능한 여러 가지 방식으로 저항했지만, 철거를 막을 수는 없었다. 철거는 소유자 혹은 국가권력에 의해 '적법 대 불법'의 구도 안에서 이루어지고 있었으며, 물리적으로나 이데올로기적으로 토막민은 상대가 될 수 없었다.

40) 「東京城 三千 土幕民」, 『每日新報』, 1941년 7월 18일.

4. 경성부 빈민주거대책의 전개와 좌절

1) 구획정리지구내 '분산적 세민지구' 설정 계획

시가지계획의 시행으로 토막민은 지속적이고 체계적으로 주거를 박탈당했다. 그러나 토막이 '도시계획의 방해물', 즉 철거 대상으로만 인식된 것은 아니었다.[41] 원론적으로 도시계획은 빈민주거대책을 한 부분으로 하는 것이었고, 경우에 따라서는 현실적으로 그동안 불가능했던 빈민주거대책의 가능성을 열어줄 수도 있었다. 시가지계획령 제정 당시『조선일보』사설에서 시가지계획령은 "행정관청 또는 공공단체의 의지에 따라 얼마든지 사회사업을 집행"하여 조선 도시의 "외과적 수술 및 화장만이 아닌 내과적 시술"을 할 수 있다고 한 것은 바로 이러한 측면을 가리킨 것이었다.[42] 행정구역 확장을 앞둔 1936년 3월『동아일보』사설도 시가지계획 시행에 따른 빈민주거 박탈을 우려하면서 "불량주택 철훼문제는 불량주택을 도시에서 구축(驅逐)하는 것이 목적이 아니라 좋은 주택을 지어 살도록 해야 하며 그 책임의 반분은 지방당국에 있으니" "먼저 빈민문제의 해결방침을 연구"하고 "그것이 효과적일 경우에 철훼수단을 강구"하라고 주장했다.[43]

---

41) 하명화, 앞의 글 ; 이선민, 앞의 글은 시가지계획 시기 토막민 문제를 상대적으로 자세히 분석하여 경성부는 토막민을 도시계획의 방해물, 철거 대상으로만 인식했다고 결론 내렸다. 그러나 이는 실재했던 빈민주거대책에 눈감은 것이다. 물론 그 대책의 의미와 한계는 분명히 인식해야겠지만, 실재했던 대책을 없었던 것처럼 무시해서는 곤란하며, 경성부가 빈민주거대책을 세웠지만 실행할 수 없었던 이유를 분석해야 할 것이다.

42)「社說 : 市街地計劃令의 發布를 보며」,『朝鮮日報』, 934년 6월 22일.

43)「社說 : 不良住宅의 撤毁問題, 住民問題를 先決하라」,『東亞日報』, 1936년 3월 3일.

경성부도 시가지계획의 시작 단계에서 이 문제를 나름대로 연구한 것으로 보인다. 예컨대 1937년부터 "구획정리비 가운데서 조금 에워여내어(떼어내어 : 필자) 국유지나 국유림에다가 '모던'가옥을 건축하고 세민층으로 하여금 거주하도록 할 방침"[44]이나, "각 구획정리구역 내에 일간(一間) 내지 이간(二間)의 사글셋집을 건축하여 그들을 수용해보자는 이론이 대두"한 것[45] 등은 경성부가 구획정리사업의 하나로 토막민 문제를 해결할 길을 모색했음을 보여준다.[46] 이러한 구상의 원칙은 그동안의 "토막민의 부외 집결정책이 실패한 데 비추어 부당국에서는 현지중심주의로 전환하여 같은 지역 내에 공동주택을 세워 수용"하는 것이었다.[47]

경성부의 토막민 대책은 1938년 10월 경성부 주관으로 개최된 제6회 전국도시문제회의[48] 석상에서 완성된 형태로 발표되었다. 회의 의제 중에는 "도시 세민에 대한 시설"이 있었는데[49], 경성부는 "도시계획상 일대 암종(癌腫)인 토막, 불량주택 정리문제에 대한 제반 재료를 수집, 연

44)「區域整理로 떨려날 이들 爲하여 京城府서 調査 進行」,『每日申報』, 1937년 2월 18일.

45)「區域整理의 暗礁 不良住宅 五千餘戶, 京城府 解決策에 腐心」,『東亞日報』, 1937년 8월 27일.

46) 특히 두 번째 기사에는 "공사를 착수한 구역 내의 불량주택을 때에 따라 철퇴시킨다면 그들은 다시 구획정리 후보지로 이거(移居)할 것이므로 이 문제의 근본적 해결"이 필요하다는 "부 당국자"의 언급이 있는데, 여기에서 경성부 관료들도 구획정리가 빈민주거에 미칠 영향을 정확하게 인식하고 있었음을 알 수 있다.

47)「府外의 集結主義가 完全 失敗, 現地中心主義로 轉換」,『東亞日報』, 1938년 3월 4일 ; 1938년 2월에는 이러한 구상이 구체화되어 "불량주택 개량계획을 수립하여 돈암정, 영등포의 부유지에 長屋式의 궁민주택(窮民住宅)을 건축하여 안암정, 삼판통, 영등포, 신당정, 종암정의 토막민을 수용"하기 위해 3월에 착공한다는 계획까지 나왔으나, 구획정리공사 자체의 지연 국면에서 그렇게 급속한 진전은 물론 없었다(「土幕淸掃工作進陟す」,『朝鮮新聞』, 1938년 2월 10일).

48) 이 시기 일본의 전국도시문제회의는 격년제로 각 도시를 순회하면서 개최되었는데, 1938년 제6회 회의는 최초로 일본 본토가 아닌 경성에서 개최되었다.

49)「細民에 對한 施設等 附議, 明年 全國都市會議에」,『每日申報』, 1937년 5월 5일.

구"한 결과[50] "구획정리와 병행하여 산지를 피하고 평지에 '세민지구'를 설정하여 도시계획의 새로운 표준을 제공"하려는 계획을 완성했다.[51] 이것이 전국도시문제회의 석상에서 "세민대책의 신방향, 도시계획적 대책"으로 발표되었던 것이다.[52] 그 내용은 다음과 같다.

> 토막가(土幕街)의 개선대책(改善對策)은 먼저 그것을 사회개량사업(社會改良事業)으로 취급(取扱)함과 동시(同時)에 도시계획사업(都市計劃事業)으로 그 대책(對策)을 수립(樹立)해야 한다. (중략) 지정(指定) 세민지구(細民地區) 내(內)에 안가(安價)로 토지(土地)를 분양(分讓)하거나 안가(安價)의 가임(家賃)으로 임대(賃貸)하되, 이들을 토지(土地) 불법(不法) 점거(占據)의 악습(惡習)으로부터 탈각(脫却)시키기 위한 교화(敎化)가 필요(必要)하다. 이상(以上)의 세민지구(細民地區)는 산정(山頂), 산복(山腹)보다 평지(平地)에서 풍치(風致)를 훼손(毁損)하지 않는 지점(地點)으로 하되 노동시장(勞動市場) 가까운 곳에 분산적(分散的)으로 설정(設定)하며 지구내(地區內)에 불요(不要)의 국유지(國有地)가 있으면 그로 충당(充當)하고, 그렇지 않으면 구획정리사업(區劃整理事業)에 따른 각(各) 지주(地主)의 감보(減步) 등으로 염출(捻出)한다.[53]

> 도시(都市)에 있어 세민가(細民街)의 개선(改善)은 도시계획(都市計劃)의 기본문제(基本問題)로서 가장 중요(重要)한 문제(問題)이다. 현재(現在) 조선(朝鮮) 각(各) 도시(都市)에는 토막민(土幕民)이라 칭(稱)하는 특수(特殊)한 세민

50) 「姑息的 整理로 解決難」, 『東亞日報』, 1938년 9월 18일.

51) 「府外 逐出主義를 變更하여 細民地區 設定計劃」, 『東亞日報』, 1938년 10월 5일.

52) 「土幕民 整理에 新提唱, 都市問題會議 席上에서 重大 提議」, 『東亞日報』, 1938년 10월 12일.

53) 長鄕衛二, 「朝鮮都市特殊細民の處置に就て」, 『都市計劃の基本問題』, 下, 1939, 251-252쪽.

(細民)이 있다. 이들은 마음대로 타인(他人)의 토지(土地)를 점거(占據)하고 불법(不法) 침해(侵害)하여 소위(所謂) 토막(土幕)을 짓고 생활(生活)한다. 이는 도시(都市)의 보안(保安), 위생(衛生), 풍기(風紀), 체면(體面), 풍치상(風致上), 또한 소유(所有)의 관점상(觀點上) 방치(放置)할 수 없는 문제(問題)이다. 한편 이들은 저렴(低廉)한 노동공급자(勞動供給者)로서 대도시(大都市)에서 필연적(必然的)으로 발생(發生)하는 존재(存在)이다. 경성부(京城府) 내(內)의 토막민(土幕民)은 년년(年年) 증가(增加)하는 경향(傾向)이 있으며, 특히 경성부(京城府)의 약진적(躍進的) 발전(發展)과 더불어 격증(激增)했다. 이들에 대해 경성부(京城府)는 과거(過去) 구제적(救濟的) 조치(措置)로 일관(一貫)했으나, 근본대책(根本對策)의 수립(樹立)이 필요(必要)하여 되도록 노동시장(勞動市場) 가까운 곳에 분산적(分散的)으로 세민지구(細民地區)를 건설(設定)할 계획(計劃)이다.[54]

위의 설명들은 빈민주거대책이 도시계획의 중요한 부분임을 전제로 하고 있다. 그렇다면 논리적으로는 시가지계획의 시행이 빈민주거대책 구상을 강제한 셈이다. 또 그동안 잘 볼 수 없었던 토막민에 대한 '긍정적' 인식이 눈에 띈다. 물론 기존의 부정적 인식은 여전했으나[55], 토막민

54) 京城府, 『京城府都市計劃要覽』, 1940, 34-35쪽.

55) 토막민에 대한 가장 기본적인 부정적 인식인 '토지의 불법점유자 = 소유권을 침해한 자'의 형성 배경으로 식민당국은 당대의 사회적 요인 외에 독특한 역사적 요인을 제시했다. 예컨대 쵸코(長鄕衛二)는 "朝鮮 古來의 관습상 토지, 가옥의 매매에서 토지를 경시하여 가옥의 從物로 인식하는 경향이 있다. 始政 이래 제도를 확립하여 점차 토지와 가옥을 별개의 것으로 생각하게 되었다. 그러나 아직도 구관습이 강하게 남아 있어 가옥을 매수하면 토지를 당연히 따라오는 것으로 생각"하여 "이러한 잘못된 관념 때문에 토막민들은 자기가 타인의 토지에 가옥을 지었다는 사실은 망각하고 토막에 대한 권리만을 중히 여기게 된다. 그 결과 지주가 퇴거를 요구하면 立退先無(정당한 이전보상비를 지급해야 퇴거하겠다는 의미로 짐작됨 : 필자)의 명목으로 혹은 다른

은 도시의 저렴한 노동력, 즉 도시 구성상 필요한 존재라는 인식이 두드러진다.[56] 그렇다면 그들은 추방의 대상이 아니라 도시의 구성원으로 포섭해야 할 것이었다. 그리하여 그동안 토막민 대책의 문제점으로 지적된 외곽 추방의 대안으로 도시 내부에 일정한 세민지구를 설정해야 한다는 결론을 내리고 있다.[57]

사람에게 샀다는 이유로 듣지 않는다." 고 했다(長鄕衛二, 앞의 책, 1939, 240-241쪽). 실제 통감부 시기의 조사에 따르면 당시 조선에는 토지와 건물의 관계에서 건물을 主로 하고 토지를 從으로 하는 관행이 있어 양자의 소유권자가 다를 경우에도 일단 건물의 소유권이 이전되면 자연히 토지의 차지권도 같이 이전되어 건물의 사용권이 확보되었다. 이는 농지의 경우 소유권 외에 농업생산과 관련된 다양한 권리들이 인정되는 관행과도 상통하는 것으로 대한제국기에는 외국인의 한성부 토지 침탈을 막기 위해 가옥의 매매행위는 토지소유권의 이전까지 포함한다는 내용의 법제화를 시도하기도 했다. 그러나 주지하듯이 일제는 토지조사사업을 통해 소유권을 제외한 토지에 대한 다양한 권리들을 모두 부정했다(왕현종, 「대한제국기 한성부의 토지·가옥 조사와 외국인 토지침탈 대책」, 『서울학연구』, 10, 1998, 17쪽 ; 하명화, 앞의 글, 5-16쪽). 따라서 식민당국이 세민지구에 대부장옥을 지어 임대하려고 한 데에는 토막민에게 주거의 대가를 징수하여 그들을 일제의 입장에서 '합법적 권리자'로 전신시키려는 교화의 목적도 있었던 것이다(長鄕衛二, 앞의 책, 252쪽). 이상과 같은 논리가 얼마나 史實을 정확하게 반영한 것인가와는 별개로 이러한 논리는 관행의 '차이'를 조선의 관행=그른 것=사라져야 할 것/일제가 정립한 규칙=옳은 것=정착해야 할 것으로 치환하여 '차등'을 만들어내는 전형적인 식민자의 논리라고 할 수 있다.

56) 이러한 인식 전환의 근본적인 배경은 비록 직접적인 설명은 없으나, 戰時라는 상황, 전쟁동원의 필요성이 큰 몫을 차지했을 것이다. 이 점은 역설적으로 이 대책에 대해 "이러한 시설(빈민주거대책 : 필자)은 전시하에 더욱 중대한 의의가 있으므로 국고보조를 부활하고, 물자배급도 특별히 고려하여 장기전하 국민체위 향상, 생활안정 등의 목적 달성에 장애가 없도록 하는 것이 지당할 줄로 믿는다" 고 한 『동아일보』 사설의 '총후안정론' 에서 엿볼 수 있다(「社說 : 都市計劃施設의 緊急性」, 『東亞日報』, 1938년 10월 14일).

57) 이 무렵 1930년대 초 경성부의 토막민 대책을 위탁받았던 화광교원 관계자도 "사회사업의 하나로 토막민을 처리하는 것은 과도기의 일시적 처치에 불과하다. 나는 도시계획의 때에 세민가 예정지를 정하는 것이 옳다고 생각한다. 요는 토막민의 취체를 법령화하여 엄중히 취체하는 한편 그들에게 안주지를 주어 일정한 지역에서 일괄하

이러한 인식은 1930년대 초까지의 토막민 대책과 비교하면, 상당한 인식의 전환이 아닐 수 없다. 그런데 이러한 대책이 현실화되기 위해서는 재정적 부담을 해결해야 할 것인데, 이는 이미 1937년의 기사에서도 언급되었던 것처럼 국유지 혹은 토지소유자의 감보(減步)로 해결할 계획이었다. 더욱이 국유지에 우선 수용하고 그 다음으로 토지소유자의 감보를 받아 사유지에 수용하는 것이 아니라, 아래 기사에 보이는 것처럼 노동시장 가까운 곳에 토막민을 수용하는 것이 원칙이었기 때문에 처음부터 토지소유자의 감보는 피할 수 없을 것이었다. 이 점을 같은 회의에서 경성부 실무 관료가 발표한 돈암지구 세민지구 설정 계획에서 살펴보자.

도시계획(都市計劃) 특히 구획정리사업(區劃整理事業)의 수행상 그 최대(最大)의 지장물건(支障物件)인 토막민(土幕民)의 처치(處置)에 대(對)한 근본적(根本的) 대책(對策)의 연구(硏究)가 필요(必要)하다. 이들을 선불리 취체(取締)할 경우 사산(四散)할 위험성이 많으므로 되도록 현재(現在)의 땅 부근(附近)에 묶어두어야 한다. 환지설계시(換地設計時) 적당(的當)한 곳에 약 5,200여(餘) 평(坪)의 토지(土地)를 공공용(公共用) 광장(廣場) 명의(名義)로 존치(存置)시켜(이는 토막민(土幕民)들이 불법점거(不法占據)하고 사는 하천부지(河川敷地) 칠천여(七千餘) 평(坪)에 상응(相應)함) 대부장옥(貸付長屋)을 지어 토막민(土幕民)들에게 대부(貸付)하도록 하며, 토막민(土幕民) 중 자력(資力) 있는 자(者)들은 잘 추려 합법적(合法的)으로 토지(土地)를 취득(取得)하도록 유도(誘導)할 계획(計劃)이다.[58]

게 하는 것이 필요하다"고 하여 자신의 사업의 한계를 인정했다(「土幕民は何處へ行く」,『朝鮮及滿洲』, 1938년 12월호).

58) 高木春太郎, 「京城府に於ける土地區劃整理の狀況」, 『都市計劃の基本問題』, 上, 1939, 364쪽.

위에서 토막민의 불법점거지에 상응하는 대부장옥 부지를 "공공용 광장 명의"라고 한 것이 주목된다. 시가지계획령에서는 구획정리사업으로 감보할 수 있는 대상을 도로, 광장, 공원 등과 같은 '공공용물'이라고 규정했는데(시가지계획령시행규칙 제144조), 이것이 토막민을 수용할 세민지구 감보의 법적 근거인 셈이다. 그러나 세민지구를 광장이라고 하는 것은 말 그대로 '명의'일 뿐 법령의 자의적 해석으로 볼 수 있다. 그럼에도 경성부는 세민지구를 설정하여 토막민을 수용할 수 있게 되면 토지소유자들은 토지를 불법점유 당하는 고통에서 벗어날 수 있고, 토막민을 방치하면 나중에 주택지가 형성되더라도 그 가치가 떨어져 토지 매각에도 문제가 생기고 지가상으로도 불리할 것이기 때문에 세민지구를 공공용물로 보아 토지를 감보하는 방침에 대해 찬성할 것이라고 자신했다.[59]

이상과 같은 경성부의 새로운 토막민 대책, 즉 구획정리지구내 세민지구의 설정 계획은 도시빈민층의 주거지를 도시 내부에 분산적으로 마련한다는 점에서 일면 그들에 대한 '포섭'이었으며, 또한 그 주거지를 세민지구라는 이름으로 일정하게 경계를 지어 일반 주거지와 분리시키려 했다는 점에서 그들을 '배제'하는 것이었다. 즉 도시빈민층을 국가의 통제하에 두고 차별적으로 관리하겠다는 것이 이른바 "도시계획적 대책"의 근본정신이었던 것이다. 물론 이는 사실상 '대책 아닌 대책'이었던 기존의 부외 추방 일변도 대책에 비해 한 단계 진전한 것도 사실이었다.

경성부는 1938년 말 이듬해 구획정리를 시작할 예정인 사근, 용두, 신당지구에도 돈암지구와 같은 방식으로 세민지구를 설정하여 토막민 1천여 호를 수용하겠다고 발표하는 등[60] 새로운 토막민 대책을 확산시키려

---

59) 木島榮, 「京城府に於ける土地區劃整理事業のある」, 『區劃整理』, 1938년 10월호, 59쪽.
60) 「第二次 區劃整理와 竝行 細民地區를 遂設定」, 『朝鮮日報』, 1938년 12월 28일.

고 했으나, 결론적으로 이것은 돈암지구에서도 계획대로 실행되지 못했다. 그 현실적인 이유로 구획정리공사가 지연된 것을 들 수 있다. 공사가 진척되어야 감보를 하고 세민지구를 설정할 텐데 사정은 그렇지 못했다. 구획정리사업의 재정적 압박도 문제가 되었다. 이를테면 경성부는 돈암지구의 토막민 주거용 대부장옥을 일부 국고 보조를 받아 독지가에게 위탁하여 건축하고 호당 2원 50전 정도의 가임을 받을 계획이었는데, 이 무렵 그 전제인 국고 보조의 성립 가능성은 짐작할 수 있듯이 거의 없었다.[61] 이러한 가운데 구획정리사업과 연동한 세민지구 설정 계획은 말 그대로 "탁상공론" 이상이 될 수 없었던 것이다.[62]

2) 세민지구 설정 계획의 수정과 무산

구획정리지구내 세민지구 설정 계획이 거의 불가능해지면서 경성부가 대안으로 구상한 것은 택지경영사업의 하나로 세민지구를 설정하여 토막민 전체를 수용하는 방안이었다. 이 방안은 구획정리사업과 연동하여 세민지구를 분산적으로 설정하려는 계획에서 후퇴한 것이나, 경성부 나름대로 현실적으로 가능한 방안을 찾은 것이기도 했다. 경성부는 1939년 하반기 금호, 상도, 신촌 등 3개 택지경영지구와 함께 중랑천변의 전

61) 長郷衛二, 「土幕民の話(九)」, 『朝鮮新聞』, 1939년 6월 2일.

62) 1939년 6월 임시부회에서 의원들의 이러한 비난이 제기되고 있음을 볼 수 있다(「京城府會 第二日의 論戰」, 『每日新報』, 1939년 6월 6일). 논리적으로 보자면 구획정리지구내 감보를 통한 세민지구 설정 계획은 토지 감보를 매개로 국가가 져야 할 빈민주거문제 해결의 부담을 토지소유자들에게 전가하는 것이었다. 그런데 이러한 '전가'가 무리 없이 진행되기 위해서는 구획정리공사가 계획대로 진척되어 토지 가치, 즉 지가가 상승해야 했다. 그런데 문제는 구획정리의 진척이 전혀 원활하지 못했던 것이다. 이 점에서 벌써 경성부의 새로운 토막민 대책은 실패할 운명이었다고 할 수 있다.

농지구를 세민지구로 조성하려고 계획했다.[63]

1940년 6월부터 전농지구에 대한 실지 조사에 착수한[64] 경성부는 이듬해부터 3개년 사업으로 전농지구를 조성하기로 결정하고 예산 100만 원 중 30만 원씩은 각각 국고 보조와 도(道) 보조를 신청했다.[65] 전농지구 14만 평의 세부 운영은 3만 평은 어느 정도 경제력이 있는 자에게 분양, 3만 평은 사회사업단체에 기부하여 위탁 운영, 6만 평은 분양받을 능력이 없는 자에게 임대, 나머지 2만 평에는 공원, 시장, 학교 등 각종 시설을 할 계획이었다.[66]

그러나 이러한 계획은 예상할 수 있듯이 국고 보조와 도 보조 신청이 모두 인가되지 못함에 따라 난항에 부딪쳤다. 경성부는 대안으로 일단 부비(府費)를 투입하여 세민지구 조성을 시작하고자 예산안을 1941년 예산부회에 제출했으나 "토막민은 원래 재래의 선량한 부민이 아니라, 각 지방에서 유입된 부랑자들이 토막민으로 변형된 것이다. 따라서 그 대책을 세우고 자금을 대는 것은 우리 부(경성부 : 필자) 만의 일이 아니며, 본부(총독부 : 필자)의 보조가 꼭 있어야 한다"[67]는 반발에 부딪쳤다. 발생 원인이 '전국적인' 토막민 문제 해결을 위한 세민지구 설정을 총독부의 보조 없이 경성부의 자금만으로 해서는 안 된다는 것이었다.[68]

---

63) 택지경영사업은 행정청이 국유지를 개방하거나 사유지를 일괄 매수하여 주택지로 정비한 후 민간에 매각하는 방식의 사업으로 경성시가지계획에서는 구획정리사업의 진척이 원활하지 않은데 대한 대안으로 1939년 하반기부터 시행되었다(염복규, 2009, 209-210쪽). 이때 경성부는 금호, 상도, 신촌 등 3개 일반 택지경영지구 외에 전농지구를 세민지구로 조성하려고 시도했던 것이다.

64) 「典農, 徽慶, 踏十里町에 細窮民地區를 特設」, 『每日新報』, 1940년 6월 4일.

65) 「典農町에 分讓地 計劃」, 『朝鮮日報』, 1940년 7월 26일.

66) 「"細民地區" 不遠 實現」, 『東亞日報』, 1940년 7월 26일.

67) 京城府, 『昭和十六年度京城府通常府會及各教育府會會議錄』, 1941, 129쪽 부회의원 다나카(中村郁一)의 발언.

경성부는 1941년에도 전농지구 조성 계획을 계속 추진했다. 오히려 그 규모를 더욱 확장하여 "사회정책의 의미에서 행하는 구제사업으로서가 아니라 생업보국 노력 확보의 의미에서 토막민을 정리 유도"하기 위해 "즉, 토막민의 노력 동원이라는 새로운 목표 밑에 수용지를 급속 실현하지 않으면 안 되겠다는" 취지 아래 1942년 예산에 200만 원을 계상하여 80만 원의 국고 보조를 신청했다.[69] 규모도 규모지만 세민지구 설정의 '의의'에 "생업보국", "노력동원"이라는 전쟁동원의 목표가 표나게 내세워진 점이 주목된다. 그러나 이 계획도 실제 예산안에는 3개년 총사업비 21만 원, 1942년 11만 원으로 크게 축소되었으며[70], 그나마 총독부가 사업비 보조금 신청을 "결전재정상(決戰財政上) 요급하지 않은 사업"이라는 이유로 거부함에 따라 무산되었다.[71]

이상과 같이 세민지구 설정 계획은 도시계획의 부침에 따라 최초의 구상에서 후퇴를 거듭하다가 최종적으로 좌절되었다. 세민지구 설정이 좌

---

68) 이 같은 경성부회의 반대 논리는 경성부비의 주된 출처인 경성 유산층의 입장을 대변한 것이라고 할 수 있다. 이것은 조금 확대 해석하면 구획정리사업이 지연되어 그것으로 창출되어야 할 '개발 이익'이 소멸되면서 원래 그 반대급부라고 할 수 있는 세민지구 설정을 부비 투입이라는 완전히 '공공적인' 방식으로 하는 것을 거부하는 논리라고 할 수 있다. 1941년 말 이른바 "京城 東部 有志" 좌담회에서 나온 토막민 문제의 해결을 경성부에만 맡겨두어서는 안되며, 총독부의 보조금 지급이 꼭 필요하다는 주장도 같은 논리이다(「東部京城發展企圖座談會(八)」, 『每日新報』, 1941년 12월 2일).

69) 「細民收用地區 明年부터 着工」, 『每日新報』, 1941년 8월 30일.

70) 「土幕民을 整理하여 勞力報國運動」, 『每日新報』, 1942년 1월 23일.

71) 京城府, 『昭和十七年度京城府通常府會及各教育府會會議錄』, 1942, 187쪽 ; 1943년 초에도 경성부는 "이미 3년 전에 휘경, 전농정 일대 12만 평을 시가지계획의 일단의 주택지조성지구로 설정했고, 금년도에는 주택건설비 150만여 원을 기채하여 3개년 사업으로 토막민을 집단적으로 수용 보호할 노무자주택지구를 건설"하겠다고 발표했다(「土幕 사는 勞務者에 共同住宅」, 『每日新報』, 1943년 2월 18일). 이 발표의 후속 과정에 대해서는 자료를 찾을 수 없으나, 1943, 44년판 『京城歲入出豫算書』에서 예산이 계상된 흔적을 전혀 찾을 수 없는 것으로 보아 실현되지 않은 것으로 추정할 수 있다.

절된 근본 원인은 결국 총독부의 일관된 보조 거부 방침이었다. 이러한 방침의 배경에는 토막민을 "집 앞을 청소해도 위에서 자꾸만 흘러오는 하수"[72], 즉 특별히 보호하지 않아도 사라지지 않는 존재인 과잉노동력으로 보는 인식이 깔려 있었다.[73] 그런 만큼 세민지구 설정 계획과 같은 것은 일관되게 후순위로 밀려났으며, 언제나 쉽게 포기되었던 것이다.

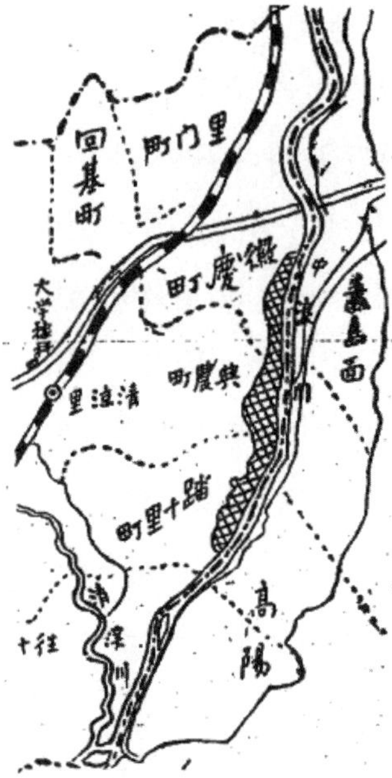

〈그림 3〉 1940년 경성부 세민지구 예정도

* 출전 : 『東亞日報』, 1940년 1월 17일

그렇다면 토막 철거는 지속적으로 이루어지면서도, 세민지구 설정 계획은 계속 좌절되는 과정에서 철거당한 토막민들은 과연 어디로 갔을까? 1940년의 토막민 전 거주지와 거주연한 조사는 이 문제에 대한 해답의 실마리를 준다. 전 거주지 조사에서 조사대상 호수 533호의 47%인 253호가 전 거주지가 경성의 토막지라고 대답했으며 17%인 88호가 경성의 비토막지, 36%인 192호는 경성 이외의 지역이라고 대답했다. 거주연한 조사에서는 대부분 현 거주지에서의 거주연한이 3년 미만이라고 대답했다.[74] 이는 "심지어 한 자리에 10년씩이나 눌러사는 토막민들이 있었"[75]던

72) 京城帝國大學 衛生調査部, 앞의 책, 47쪽.

73) 이러한 인식은 세민지구 설정이 처음 구상되었을 때 토막민을 '저렴한 도시노동력의 공급자'로 일정한 보호가 필요한 존재로 보았던 것과 대조된다. 앞의 인식이 하나의 '이상론'이었다면, 1940년대 전쟁의 격화와 급격한 정세 변화 속에서 이러한 이상론이 설 자리는 없어졌다고 볼 수 있다.

74) 京城帝國大學 衛生調査部, 앞의 책, 78-82쪽.

1930년대 초중반과는 사뭇 다른 양상을 보여준다.

대부분 도심부에 직업을 가지고 있었던 토막민들로서는 토막이 철거되었다고 해서 어딘가 먼 곳으로 옮겨갈 의지도 여력도 없었다. 따라서 위의 전 거주지와 거주연한 조사가 보여주듯이 토막민들은 대부분 토막의 주 분포지, 즉 원래의 거주지 근방에서 당장의 철거를 피해 근거리 이동을 반복하고 있었던 것이다.[76] 이렇게 1930년대 후반 이후 경성지역의

〈표 1〉 1928~42년 경성지역의 토막 및 불량주택 증가 추이

연도	호수	인구 수
1928	1,143	4,803
1931	1,538	5,093
1932	2,870	12,378
1933	2,902	14,179
1934	3,596	15,894
1935	3,290	
1936	3,248	14,993
1937	3,897	17,415
1938	4,160	20,136
1939	4,292	20,911
1940	7,303	34,316
1941	6,460	32,684
1942	7,426	37,026

* 출전 : 『京城彙報』, 1931년 12월호, 1943년 2월호 ; 『朝鮮及滿州』, 1936년 12월호 ; 京城帝國大學衛生調査部 편, 『土幕民の生活・衛生』, 1942, 62쪽.
* 비고 : ① 원 조사의 토막과 불량주택을 합산했음. ② 조사기준일은 대체로 매년 10월 1일임. ③ 조사주체는 모두 京城府 社會課임.

75) 高木春太郎, 「朝鮮に於ける土幕民に就て(一)」, 『區劃整理』, 1938년 10월호, 27쪽.

76) 1938년 10월, 전국도시문제회의 일정의 하나였던 돈암지구 내 토막촌 시찰에서 안내를 담당한 경성부 토목과 직원은 토막의 실태를 설명하면서 공사를 위해 토막을 철거하면 토막민들은 아직 공사가 시작되지 않은 바로 옆 지대에 다시 토막을 짓고 사는 것이 문제라고 설명했는데(全國都市問題會議 事務局 편, 「實地視察」, 『第六會總會要錄』, 1939, 41쪽), 이는 이 시기 토막민 주거 이동의 전형적인 모습을 보여준다.

토막민들은 시가지계획 시행에 따른 주거박탈이라는 사태에 직면하여 이전까지 일정하게 유지하고 있었던 생활의 '안정성'을 잃고 아무런 생활상의 개선을 수반하지 않는 이동을 반복하면서 오히려 그 수가 증가하고 있었다.

5. 식민지 공공성의 임계점 : 경성부 빈민주거대책의 좌절과 식민지 유산

빈민주거문제 차원에서 도시계획은 언제나 그 악화와 개선의 가능성을 동시에 안고 있다. 이 점은 일제하 경성에서도 마찬가지였다. 1930년대 초까지 식민당국의 '무관심'과 '무통제' 속에서 주거문제의 특별한 개선도, 특별한 위협도 받지 않고 있었던 경성부 토막민들에게 경성시가지계획의 시행은 이러한 양날의 칼이었다.

시가지계획 시행이 임박하면서, 특히 그 첫 단계인 행정구역의 확장을 전후하여 토지소유자들은 그동안 등한시하고 있던 자신의 토지소유권을 제고하기 시작했다. 실질적으로 어떠한 사업이 시작된 것도 아니었지만 상승하는 지가는 일종의 개발 분위기를 조성했고, 이는 곧 토지소유자들에 의한 토막의 사적 철거를 부추기고 있었다. 뒤이어 시가지계획사업이 본격적으로 시작되면서 경성부에 의한 대규모의 공적 철거도 시작되었다. 토막민들은 당장 눈앞에서 벌어지는 주거박탈에 대해 다양한 방법으로 저항했지만, 철거를 막을 수는 없었다.

한편, 경성부는 시가지계획 시행을 계기로 빈민주거문제에 대한 근본적인 대책을 입안했다. 그것은 구획정리사업의 하나로 각 구획정리지구 내에 감보와 환지를 통해 분산적 세민지구를 설정하여 토막민을 수용한다는 것이었다. 경성부는 이렇게 함으로써 토막민에 의한 토지의 불법점유를 막음은 물론, 토막민을 도시노동력으로 활용하는 데도 지장이 없게 하고, 나아가 그들의 '전근대적' 소유관념을 교화할 수 있으리라 기대했다. 이는 식민당국의 재원투입이 아닌 토지소유자들의 '부조'에 의존한다는 점에서 그 한계가 분명한 것이었지만, 적어도 일제하 처음이자 마지막으로 빈민주거문제의 총체적 해결을 지향한 대책이었다는 점에서 도시계획 시행의 효과를 뚜렷이 보여주었다. 그러나 이 대책은 이미 토막 철거가 빈발하는 가운데 발표되었을 뿐 아니라, 경성부 스스로 토막 철거의 한 주체였다는 점에서 그 한계 또한 분명한 것이었다. 게다가 중일전쟁 발발이라는 조건 속에서 구획정리사업 자체가 지연됨에 따라 점점 구두선이 되어갔다.

이에 대응하여 경성부는 세민지구 설정계획을 수정·축소하면서 끌고 갔지만, 끝내 모든 계획은 실현되지 못했다. 여기에는 먼저 전시통제 하에서 모든 개발이익이 일제에 의해 전유, 실질적으로 고갈되는 현실에 대한 토지소유자들의 불만이 작용했다. 이와 더불어 전쟁수행이 무엇보다 급했던 총독부의 세민지구 설정에 대한 비협조(국고 보조 거부)도 결정적이었다. 이 시기 식민당국의 모든 정책은 이른바 '공익주의'라는 외피를 쓰고 있었지만, 문자 그대로 공익적 관점에서 사고되었어야 할 세민지구 설정과 같은 문제는 언제나 후순위였다. 이러한 역학관계의 복합적인 작용의 최종적 결과는 빈민주거의 박탈, 생활의 안정성 파괴였다.

경성시가지계획이 시행된 시기, 즉 일제 말 전시기(戰時期)는 전쟁동원 정책의 역설적인 결과로서 '사회적 공공성'의 개념이 환기된 시기였다. 그러나 그것은 소유권의 벽 앞에서 무력했으며, 결국 전황의 악화에 따른 파괴적 동원 속에서 공허한 수사에 그치고 말았다. 주지하다시피 해방 후에도 도시빈민층의 주거문제는 되풀이되었다. 그러나 그 공공적 해결은 축소 내지는 포기의 방향으로 전개되었던 것으로 보인다. 식민지 유산이 오늘날 우리에게 반면교사가 되어야 하는 소이는 바로 여기에 있다.

■ **참고문헌**

〈사료〉
京城府, 『京城府都市計劃要覽』, 1940.
京城府, 『昭和十六年度京城府通常府會及各教育府會會議錄』, 1941.
京城府, 『昭和十七年度京城府通常府會及各教育府會會議錄』, 1942.
京城帝國大學 衛生調査部, 『土幕民の生活 衛生』, 岩波書店, 1942.
全國都市問題會議 事務局 편, 「實地視察」, 『第六會總會要錄』, 1939.
高木春太郎, 「京城府に於ける土地區劃整理の狀況」, 『都市計劃の基本問題』, 上, 1939,
長鄕衛二, 「朝鮮都市特殊細民の處置に就て」, 『都市計劃の基本問題』, 下, 1939.

〈언론 사료(발행 순서로 정리)〉
越隈瑞生, 「土幕生活者(七)」, 『朝鮮每日新聞』, 1928년 9월 10일.
「모혀드는 土幕民 驅逐方法을 硏究」, 『朝鮮日報』, 1931년 4월 28일.
「社說 : 土幕民問題」, 『每日申報』, 1932년 5월 18일.
「大京城候補地엿보기巡禮(六)」, 『朝鮮日報』, 1933년 10월 5일.
「大京城候補地선보기巡禮(8)－敦岩里, 新設里」, 『朝鮮日報』, 1933년 10월 10일.
「都市 明朗化 反面에 指向 못잡을 細民街」, 『朝鮮日報』, 1934년 3월 4일.
「計劃令 實施와 그 重要한 影響」, 『東亞日報』, 1934년 6월 20일.
「社說 : 市街地計劃令의 發布를 보며」, 『朝鮮日報』, 1934년 6월 22일.
「貧民 新都市計劃」, 『東亞日報』, 1935년 2월 14일.
「擴張 京城의 새 걱정, 닥처올 貧民住宅問題」, 『朝鮮日報』, 1936년 1월 22일.
「土幕民은 漸增, 大京城 實現에 一難題」, 『東亞日報』, 1936년 2월 7일.
「大京城出産前夜公論(四)」, 『朝鮮日報』, 1936년 2월 26일.
「社說 : 不良住宅의 撤毁問題, 住民問題를 先決하라」, 『東亞日報』, 1936년 3월 3일.
「二千戶 土幕民을 今春에 强制移轉」, 『朝鮮日報』, 1936년 3월 11일.
「住民側 强硬態度에 强制 撤毁는 遂失敗」, 『朝鮮日報』, 1936년 5월 13일.
「住民과 地主側間 第一次 折衝은 失敗, 三坂通 住宅 撤去問題」, 『朝鮮日報』, 1936년 5월 14일.

「三坂通 土幕民問題 表面上 解決」, 『朝鮮日報』, 1936년 5월 18일.
「朝鮮人貧民の生活狀態」, 『朝鮮及滿州』, 1936년 12월호.
「區域整理로 떨려날 이들 爲하여 京城府서 調査 進行」, 『每日申報』, 1937년 2월 18일.
「細民에 對한 施設等 附議, 明年 全國都市會議에」, 『每日申報』, 1937년 5월 5일.
「區域整理의 暗礁 不良住宅 五千餘戶, 京城府 解決策에 腐心」, 『東亞日報』, 1937년 8월 27일.
「土幕淸掃工作進陟す」, 『朝鮮新聞』, 1938년 2월 10일.
「府外의 集結主義가 完全 失敗, 現地中心主義로 轉換」, 『東亞日報』, 1938년 3월 4일.
「都市美를 더럽힌다고 五百 土幕에 撤去令」, 『每日申報』, 1938년 4월 19일.
「"모래말" 二千住民의 態度는 자못 强硬」, 『每日申報』, 1938년 4월 22일.
「新設町 五百餘 土幕村에 遂 强制撤去의 騷動」, 『東亞日報』, 1938년 4월 22일.
「退去令 받은 五百住民 大擧 京城府에 陳情」, 『東亞日報』, 1938년 4월 25일.
「東部京城 繁榮記②」, 『朝鮮日報』, 1938년 5월 4일.
「新設町 土幕民 府尹에 再陳情」, 『東亞日報』, 1938년 5월 7일
「新設町 土幕問題 府會에서도 論難」, 『朝鮮日報』, 1938년 6월 12일.
「新設町の土幕街に當局の眼光る」, 『京城日報』, 1938년 8월 4일.
「姑息的 整理로 解決難」, 『東亞日報』, 1938년 9월 18일.
「府外 逐出主義를 變更하여 細民地區 設定計劃」, 『東亞日報』, 1938년 10월 5일.
「土幕民 整理에 新提唱, 都市問題會議 席上에서 重大 提議」, 『東亞日報』, 1938년 10월 12일.
「社說 : 都市計劃施設의 緊急性」, 『東亞日報』, 1938년 10월 14일.
木島榮, 「京城府に於ける土地區劃整理事業のある」, 『區劃整理』, 1938년 10월호.
高木春太郞, 「朝鮮に於ける土幕民に就て(一)」, 『區劃整理』, 1938년 10월.
「都市美化에 犧牲되는 細窮民住宅」, 『東亞日報』, 1938년 11월 14일.
「大京城 建設에 이 犧牲! 鍾岩町의 土幕村을 京城府가 强制撤毁」, 『東亞日報』, 1938년 12월 21일.
「社說 : 細窮民 救濟의 根本策」, 『東亞日報』, 1938년 12월 23일.
「敦岩町 區劃整理 明年中 工事 完成, 住宅用地難에 喜消息」, 『朝鮮日報』, 1938년 12월 23일.
「第二次 區劃整理와 竝行 細民地區를 遂設定」, 『朝鮮日報』, 1938년 12월 28일.
「土幕民は何處へ行く」, 『朝鮮及滿洲』, 1938년 12월호.
長鄕衛二, 「土幕民の話」, 『朝鮮新聞』, 1939년 5월 11일.
長鄕衛二, 「土幕民の話(六)」, 『朝鮮新聞』, 1939년 5월 30일.
長鄕衛二, 「土幕民の話(九)」, 『朝鮮新聞』, 1939년 6월 2일.
「京城府會 第二日의 論戰」, 『每日新報』, 1939년 6월 6일
「土幕 請負 夜間 橫行」, 『東亞日報』, 1939년 6월 11일.
「敦岩町 壹番地 一帶의 二百戶를 强制撤毁」, 『東亞日報』, 1939년 7월 6일.
「敦岩町 土幕部落 强制撤毁, 住民代表가 府에 泣訴」, 『朝鮮日報』, 1939년 7월 6일.

「府當局 十一月까지 移轉 要求」, 『東亞日報』, 1939년 9월 10일.
「典農, 徽慶, 踏十里町에 細窮民地區를 特設」, 『每日新報』, 1940년 6월 4일.
「典農町에 分讓地 計劃」, 『朝鮮日報』, 1940년 7월 26일.
「" 細民地區" 不遠 實現」, 『東亞日報』, 1940년 7월 26일.
「龍頭町 土幕 八十戶를 撤毁, "어데로 가오" 府에 呼訴」, 『東亞日報』, 1940년 7월 30일.
「東京城 三千 土幕民」, 『每日新報』, 1941년 7월 18일.
「細民收用地區 明年부터 着工」, 『每日新報』, 1941년 8월 30일.
「東部京城發展企圖座談會(八)」, 『每日新報』, 1941년 12월 2일.
「土幕民을 整理하여 勞力報國運動」, 『每日新報』, 1942년 1월 23일.
「土幕 사는 勞務者에 共同住宅」, 『每日新報』, 1943년 2월 18일

〈연구서와 논문〉
강만길, 「토막민의 생활」, 『日帝時代 貧民生活史 硏究』, 창작사, 1987.
김경일, 「일제하 도시빈민층의 형성」, 『한국의 사회신분과 사회계층』, 문학과지성사, 1986.
김제정, 「일제 식민지기 京城지역 電氣사업과 府營化 운동」, 서울대 석사논문, 1999.
남영우, 「日帝下 京城府의 土幕村 形成」, 『문화역사지리』 1, 1989.
손정목, 『日帝强占期都市生活相硏究』, 一志社, 1996.
염복규, 「日帝下 京城도시계획의 구상과 시행」, 서울대 박사논문, 2009.
왕현종, 「대한제국기 한성부의 토지·가옥 조사와 외국인 토지침탈 대책」, 『서울학연구』 10, 1998.
이선민, 「1930년대 都市 勞動者의 住居難과 住居樣態의 變化」, 가톨릭대 석사논문, 2001.
하명화, 「일제하(1920~30년대 초) 도시주거문제와 주거권 확보운동」, 부산대 석사논문, 2000.
현종철, 「일제지배하 도시빈민 생활 연구」, 경희대 석사논문, 1996.
椛山哲宏, 「日帝下 社會福祉館事業의 展開와 性格」, 서울시립대 석사논문, 2000.
越澤明, 『東京の都市計劃』, 岩波書店, 1991 ; 윤백영 옮김, 『동경의 도시계획』, 한국경제신문사, 1998.
Hall, Peter, *Cities of TomorrowAn Intellectual History of Urban Planning and Design in the Twentieth Century*, 1994 ; 임창호 옮김, 『내일의 도시-20세기 도시계획지성사』, 한울, 2000.

3장

식민지 도시개발과 지역사회 갈등의 변주

– 전남 여수의 도시화 과정

| 허영란 |

1. 식민지 근대의 도시화와 도시개발

도시화(urbanization)란 한 지역이 도시적 요소를 점점 강화하면서 발전해 가는 과정과 그러한 도시의 세력이 외부 공간으로 확대되면서 주변의 비도시 지역이 도시적 취락으로 바뀌어 가는 과정을 모두 가리킨다. 도시화의 정도를 파악하기 위해서는 인구 집중, 산업 구성, 공간 분화 등의 지표를 주로 활용하며, 생활양식의 변화 또는 도시적 문화와 의식의 형성을 통해 도시화의 특징을 파악하기도 한다. 도시화 과정에서 사회적 불평등과 다양한 도시 문제가 발생하고 심화되며 그것이 다시 도시화 과정에 반영되기 때문에, 도시화를 도시의 '발전'과 간단히 등치 시키기는 어렵다.

도시화는 장기간에 걸쳐 진행된 사회 변동의 자연스러운 결과일 수도 있지만, 의도적인 계획과 실행에 의해 인위적으로 추진되기도 한다. 전

근대에는 주로 정치·군사적 목적에서 계획도시가 건설되었다. 그러나 근대 이후에는 국가의 예산이나 대규모 자본을 투하하여 이루어지는 인위적 도시개발이 급격한 도시화의 주요 요인으로 등장했다. 특히 일제시기는 인위적으로 시가지를 개발하거나 새롭게 조성하는 도시개발이 도시화의 일반적 요인으로 제도화된 시기라고 할 수 있다.

일제시기에는 식민통치의 효율성을 높이고 시장경제를 확산시키는 과정에서 철도와 도로 등 사회간접 시설의 구축이 지속적으로 이루어졌다. 철도의 부설은 철도역을 중심으로 하는 새로운 도시를 만들어내기도 하고 기존 도시의 공간 구조를 바꾸기도 했다. 또한 도로 정비와 확장, 시장 이전 등을 주요 내용으로 하는 시구개정 사업이 전국 각 지방에서 이루어졌으며, 시구개정의 방식과 방향을 둘러싸고 지역사회가 요동쳤다. 인위적인 도시개발은 지역주민의 이해 갈등을 첨예하게 만들고 증폭시켰다. 따라서 도시개발과 연계된 도시화는 필연적으로 지역사회의 갈등으로 표출되고, 제대로 된 정치 수단을 갖지 못한 지역주민들은 그러한 갈등 과정에서 간접적인 형태로 정치 행위를 경험했다. 일제시기의 도시화 과정은 시민권을 획득하기 어려웠던 식민지시기 지역 정치의 모습을 살펴볼 수 있는 무대이기도 한 것이다.

식민지시기의 도시화 과정과 그 특징에 대해서는 손정목의 고전적 연구를[1] 포함해서 경성(京城)을 비롯한 부(府) 지역, 즉 일제시기의 전형적인 도시지역을 대상으로 한 연구가 활발히 이루어져 왔다. 그에 반해 부(府) 이하 지방 소도시의 도시화 과정에 대해서는, 향토사나 지방사, 지역사로서의 연구가 없지는 않지만, 도시사라는 측면에서의 연구는 아직 시작 단계라 할 수 있다.

---

1) 손정목, 『일제강점기 도시화 과정 연구』, 일지사, 1996.

식민지시기 도시화의 구체적 과정과 주체, 도시화 과정의 의미와 그것의 오늘날 의미를 파악하기 위해서는, 특히 도시화 과정과 지역사회의 관계를 유기적으로 관찰하기 위해서는, 가시적인 변화가 두드러진 대도시 외에도 다양한 지방 소도시의 도시화 과정에 대한 연구가 필수적이다. 인구, 산업, 경관 등의 제 측면이 연동하면서 진행되는 도시화 과정을 미시적이고도 통합적으로 파악하기 위해서도 소도시는 중요한 연구 대상이다. 국가와 자본이 주도하는 도시개발이 도시화에 미치는 영향, 그것을 둘러싼 지역사회의 대응과 다양한 갈등 양상을 미시적으로 살펴보기 위해서는 더욱 그러하다. 또한, 생활개선이나 지역발전 담론으로 포장된 도시개발이 식민지의 지역사회에 가져온 정치적 사회적 변화의 의미를 이해하고 해석하기 위해서도 그렇다.

이 글에서는 식민지시기에 진행된 여수 시가지(구 여수면, 1931년부터 여수읍) '내부'의 도시화 과정을 도시개발에 의한 공간 변화를 중심으로 관찰하고자 한다. 지역주민들은 그러한 공간적 변화와 이중적으로 관계를 맺는다. 한편으로는 도시개발의 방향과 내용, 정도를 결정짓는데 개입하는 방식이고, 다른 한편으로는 그러한 변화의 결과에 따라 거꾸로 규정을 당하는 방식이다. 전자를 통해 지역이라는 공간은 지역주민에게 역사·문화적 의미가 있는 '장소'가 되며, 후자를 통해 공간은 지역사회의 성장 가능성 및 불평등을 재생산하는 정치적·물리적 환경이 된다.

일제시기 여수의 역사는 현지의 향토사가들에 의해 방대한 기록으로 정리되었다.[2] 그런데 식민권력의 비호를 받는 일본인과 일본자본, 그들과 결탁한 친일세력이 지역을 지배했다는 기본인식 때문에, 그런 상황

2) 여수여천향토지편찬위원회, 『여수여천향토지』, 1982 ; 김계유, 『여수여천발전사』, 반도, 1988.

아래 발생한 지역사회 내부의 갈등과 도시화 과정을 지역주민의 관점에서 살펴보려는 문제의식은 취약한 편이다. 한편, 일제시기에 일본인이 편찬한 지방지 역시 당대의 여수에 대해서 많은 정보를 담고 있다.[3] 그러나 이것은 일본인이 주도한 '여수발전사'에 대한 자화자찬 일색이라는 점에서 근본적으로 한계가 있다. 그 밖에 일제시기 여수에 대한 학술적인 연구로는 여수지역의 민족해방운동에 대한 것이 있다.[4] 당시의 사회운동사는 해방 이후 여수지역을 뒤흔든 '여순사건'의 역사적 전사(前史)라는 점에서 매우 중요하지만, 그러한 운동의 배경이 되는 여수의 사회경제적 조건에 대한 서술은 기존 향토사와 크게 다르지 않다.

이 글에서는 통계자료 및 신문기사 등 일차사료를 토대로 식민지시기 여수의 도시화 과정에서 발생한 핵심 현안을 포착하고, 그것을 중심으로 지역적 갈등이 어떻게 전개되었는지를 재구성할 것이다. 연구의 대상 시기는 1920년대 중반부터 1930년대 중반까지로 압축되었다. 도시화와 관련된 주요 이슈의 형성, 그것을 둘러싼 갈등이 이 시기에 집중되어 있기 때문이다. 일본인의 우세 속에 심각해진 해산물 유통권 경쟁, 철도 부설과 항만 수축(修築), 시구개정, 주요 건물의 이전 및 신축이 주로 이 기간에 이루어졌다.

개별 지역의 도시화 과정을 지역사적 맥락에서 이해하기 위해서는, 다양한 사례를 관통하는 공통점을 파악하는 동시에 지역별 특징과 역사적 조건을 충실하게 따라가는 미시적 연구를 병행해야 한다. 여수는 일제시기에 설정된 도시개발과 도시화의 기본 방향이 오늘날까지도 구조적인 영향력을 행사하고 있다.[5] 그러므로 지역사의 관점에서 여수 도시화 과

3) 片岡議, 『麗水發展史』, 片岡商店, 1927.

4) 김인덕, 「식민지시대 여수지역 민족해방운동에 대한 일고찰」, 『성대사림』, 7, 1991.

정의 특징을 파악하려면, 도시화 초기에 해당하는 일제시기의 도시개발이 어떤 방식으로 이루어졌으며 그것에 대해 지역사회가 어떻게 대응했는지를 살펴볼 필요가 있다. 19세기 말 이래 여수는 일본인 이주어촌의 후보지이자 남해안의 교통요지로서 일제 관과 민의 주목을 받았다. 여수의 도시화는 일본인의 이주와 정착, 식민당국과 일본 대자본이 주도하는 '식민지 개발'이라는 거시적 영향력 아래 진행되었다. 이러한 여수의 도시화 과정은 목포, 군산, 마산 등 다른 항구도시와 유사성을 띠지만 비슷한 규모의 지방 소도시이면서도 조선인이 도시화 과정을 주도한 안성과는 이질적인 모습을 보인다.

일제시기의 도시화 과정에 대한 연구는 조선시대 이래의 대도시인 서울을 제외한다면, 대부분 전통과의 단절이 두드러진 개항장 도시에 대해 집중되었다. 일제의 필요와 계획이라는 외적 강제가 도시화의 방향과 속도를 규정지었기 때문에 이들 도시에서는 식민권력의 수탈성, 전통과의 단절성, 식민지적 근대성이라는 특징이 두드러졌다. 이러한 개항장 도시에서는 강제 병합 이전부터 도시화가 시작되어 식민지적 도시화가 집중적으로 이루어졌으며, 일제시기에는 부(府) 지역으로 승격되었다. 그 때문에 대부분의 연구가 식민권력과 자본이 주도한 사회경제적 변화와 도시개발을 도시화의 기본 변수로 설정하여 그 구조적 변화에 주목했지만, 지역사회 내부의 갈등이나 대응에는 크게 주목하지 않았다.[6]

---

5) 도시의 공간적 확대는 기본적으로 자연지리적 조건의 규정을 받는다. 그 때문에 현재까지 이루어진 여수 시가지의 공간적 변화를 살펴보면, 일제시기에 설정된 방향과 일치하게 도시 공간의 확대가 이루어졌다는 것을 알 수 있다. 관련 자료로는 여수지방해양항만청, 『사진으로 본 여수항·광양항 변천사』, 2007을 참조.

6) 고석규, 『근대도시 목포의 역사 공간 문화』, 서울대학교출판부, 2004 ; 김민영 외, 『철도, 지역의 근대성 수용과 사회경제적 변용』, 선인, 2005 ; 김영정 외, 『근대 항구도시 군산의 형성과 변화』, 한울아카데미, 2006 ; 허정도, 『전통도시의 식민지적 근대화-일

이 글에서 검토하는 여수는 항구도시이며 일제가 정책적으로 주목한 지역이라는 점에서 개항장 도시와의 유사성이 크다. 그러나 지역개발의 필요성에 대한 공감이 전국적으로 확산된 1920년대 이후에 본격적인 도시개발이 추진되었다는 점, 인구나 공간, 사회경제적 비중이 개항장 도시, 즉 부(府)에 미치지 못한다는 점에서는 차이가 있다. 더욱이 이 글에서 중요하게 다루려고 하는 지역사회의 대응을 살피기 위해서는 개항장 도시와의 비교보다는 비슷한 시기에 조선인 주도로 도시화가 추진된 소도시와의 비교가 필요하다. 지역개발의 추구가 대세를 이루게 되는 시대적 조건이 도시화의 방식과 방향을 둘러싼 지역사회의 갈등과 대응에 영향을 미치지 않을 수 없기 때문이다. 이런 이유로 이 글에서는 1920년대 이후에 도시화가 본격적으로 추진된 두 개의 소도시, 여수와 안성을 지역사회의 대응이라는 측면에 국한해 부분적으로 비교해 보았다.[7)]

2. 여수 도시화 과정의 조건

1) 일본인 주도의 도시화

여수항은 전라좌수영 설치에서 알 수 있듯이 연안항로의 요충지로 전

제강점기의 마산』, 신서원, 2005. 이 연구들은 대부분 일제의 침탈이라는 조건 아래 진행된 지역의 사회경제적 변화를 집중적으로 조명하면서도, 지역사회가 그러한 변화에 어떻게 대응했는지에 대해서는 별다른 관심을 기울이지 않았다. 다만 고석규의 연구는 목포고등보통학교 설립 문제에 대한 지역주민의 개입과 갈등을 살피고 있는 것이 두드러진다.

7) 이 글에서 다루는 공간은 여수면(읍)에 집중된다. 1920년경에 인구 6천 여 명이었던 여수면은 같은 시기 인구 7천 내외의 안성 읍내면과 인구 규모면에서도 비슷했다.

남 일대의 해상권을 통제해온 남해의 중요 항구였다. 그러나 1895년 동학농민전쟁, 1908~09년 호남의병 대토벌 등을 거치면서 시가지가 피폐해져서 일본인의 이주와 항만 수축 이전까지 진남관 아래까지 바닷물이 들어오는 벽지의 작은 어항의 모습을 띠고 있었다. 이러한 여수에 변화의 계기는 외부로부터 주어졌다. "일본관민의 분투"에 의해 여수발전사가 씌어졌다고 주장하는 가타오카(片岡議)가 여수 발전의 획기적 계기를 ① 1908~1909년 사이에 이루어진 의병 토벌, ② 연안항로 개시, ③ 면화 수출이라고 정리한 것은,[8] 비록 지배자의 시각이기는 하지만 일제 강점하에서 이루어진 '여수 발전'의 방향을 보여준다.

여수의 도시화는 일본인의 이주와 정착, 식민당국 및 일본 대자본의 '개발정책'과 밀접한 관련을 맺으면서 이루어졌다. 1906년 우편국 설치와 함께 우편국원 고이즈미(小泉)가 부임한 것이 여수 일본인 재류의 효시로 알려져 있다. 이듬해인 1907년에 고이즈미(小泉), 니시무라(西村), 이마카와(今川) 등 세 명의 상인이 석유, 성냥, 도자기, 화장품 등을 판매하는 잡화점을 열고 조선인을 상대로 영업을 시작한 이래, 요리점, 여관업, 약국 등 일본인의 점포가 하나 둘 늘어났다.[9]

〈표 1〉에서 알 수 있듯이, 1910년대 초 여수 인구 가운데 일본인이 차지하는 비중은 약 11%였다. 같은 시기 여수보다 인구가 많았던 인근 순천면(총인구 4,809명)의 일본인 수(307명)가 전체 인구 대비 6%였던 것에 비하면 짧은 기간에 일본인의 이주와 정착이 급증했다는 것을 알 수 있다.[10] 이러한 비율은 1914년 부제(府制) 실시 이후 부(府) 지역의 일본인 인구 비율이 30%가량이었던 것과 비교하면 낮은 편이다. 그러나 여수

8) 片岡議, 앞의 책, 113쪽.

9) 위의 책, 110-111쪽.

10) 『조선총독부통계연보』 1911년판.

〈표 1〉 여수면 인구 변동

(단위 : 호, 명)

조사시기	일본인		조선인		합계	
	호구	인구	호구	인구	호구	인구
1911	130	377(11%)	622	3,016(89%)	753	3,397(100%)
1920	416	1,553(25%)	957	4,527(74%)	1,380	6,109(100%)
1930	603	2,885(13%)	3,681	18,885(86%)	4,308	21,974(100%)

* 출전 : 『조선총독부통계연보』 1911, 1920, 1930년도판.

의 일본인 수는 빠른 속도로 증가하여 1920년에는 25%로까지 늘어났다. 1930년에는 다시 13%대로 낮아졌는데, 이것은 조선 농민의 이주, 철도 부설 및 축항공사, 도로공사로 인한 노무자 유입 등 하층 조선인의 급증에 따른 것으로 비록 조선인의 비중은 높아졌지만, 그런 상황에서도 여수지역에 대한 일본인의 지배력은 오히려 강화되었다.

주요 개항장인 부산과 목포의 중간항에 해당하며 시모노세키(下關)까지의 거리도 부산과 비슷해서, 여수는 무역항으로서의 경쟁력을 갖추고 있었다. 1930년 12월 광주-여수 간의 광여선(光麗線, 지금의 광주선) 개통의 의의를 정리한 다음 기사는, 식민통치의 구조 안에서 여수항이 차지하고 있는 위치를 잘 보여준다.

> 광여선(光麗線)의 개통의 의의를 생각한다면 첫째로는 산업적으로 조선미(朝鮮米)의 운임 급(及) 그 운수기관을 단축함으로써 일층 일본에서의 밀접한 영향을 받게 하는 것이며 둘째는 군사적으로 일단 유사지추(有事之秋)에는 경부, 호남 양선(兩線)에 의한 군대수송의 편의와 장차 전남 경남을 연결할 순천 진주의 선이 실현된다고 하면 남해, 다도해 방면의 해전(海戰)에서 더욱이 그 능률을 발휘할 수 있을 것이다.[11](밑줄은 필자, 이하 동일)

11) 「麗水線開通, 그 意義如何」, 『동아일보』, 1930년 12월 28일. 이 기사를 포함하여 이 글

인용문은 여수까지 연결되는 철도의 부설이 갖는 의미를 산업적 측면과 군사적 측면으로 나누어서 요약하고 있다. 전남지역의 농산물 이출을 촉진하기 위해 운임 인하와 수송기간 단축이 이 철도의 산업적 가치라면, 군대 수송의 편의를 증가시켜 남해 해전의 효율성을 높이는 것이 군사적 가치였던 것이다. 따라서 여수 개발은 일제 지배정책의 큰 틀에 부응하는 방향에서 이루어졌다. 지역주민의 이해나 요구에 기반을 둔 지역개발이 아니라, 관권의 전면적 지원과 외부로부터의 강제를 배경으로 도시화가 추진되었던 것이다.

〈그림 1〉에서 확인할 수 있듯이 원래 여수 시가지는 종고산 남쪽 산록에서 해안가를 따라 조밀하게 조성되어 있었다. 그로 인해 경사가 급하고 해안 굴곡이 심하며 평지가 극히 부족했다. 그래서 매립을 통한 시가지 확장과 축항이 도시 발달의 주요 과제였다. 그러나 조선인의 취약한 자본으로는 연안 매립과 항만 수축을 주도할 수 없었기 때문에 1911년 여수로 들어온 다카세농장(高瀨農場) 등 일본 대자본에 의해 여수항 매립과 간척공사가 이루어졌다.[12] 여수 시가지 일대의 지형을 시기별로 비교해 보면(〈그림 1〉~〈그림 4〉) 지도가 달라졌다고 할 정도로 방대한 매립공사가 이루어졌다는 것을 알 수 있다.

이렇게 매립으로 조성된 토지는 일본인에게 집중적으로 분배됨으로써, 매립사업은 일본인들이 여수 시가지에서 세력을 확장해가는 방편이 되기도 했다. 해방 이후에도 방대한 규모로 매립공사가 진행되었지만, 시가지 확장과 여수 신항, 철도역 부근 매립의 기본 구상과 실행은 식민

에서 인용하는 신문기사는 현대어에 맞게 표기를 일부 고쳤다.

12) 吉田敬市는 "조선에서 어항 수축은 邦人(일본인)의 鮮海漁業開發 이후의 일"이라며 어업, 漁港 개발을 주도한 일본인의 입장에서 이러한 사정을 서술하고 있다(『朝鮮水産開發史』, 朝水會, 1954, 290쪽).

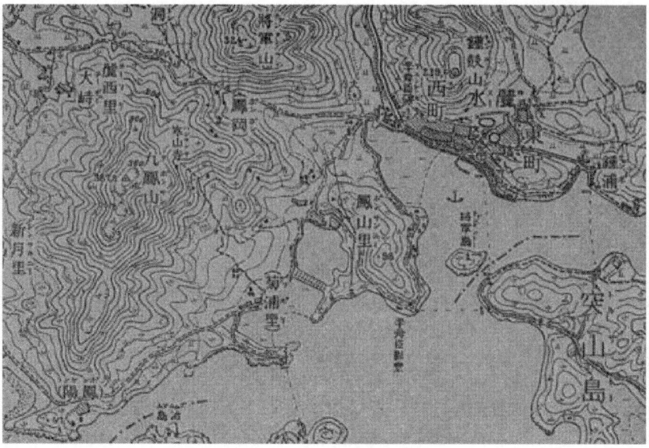

〈그림 1〉 1910년대 여수항 일대

* 출전 : 조선총독부 육지측량부, 『오만분의일 지도-여수』, 1918, '여수 시가지 부분'

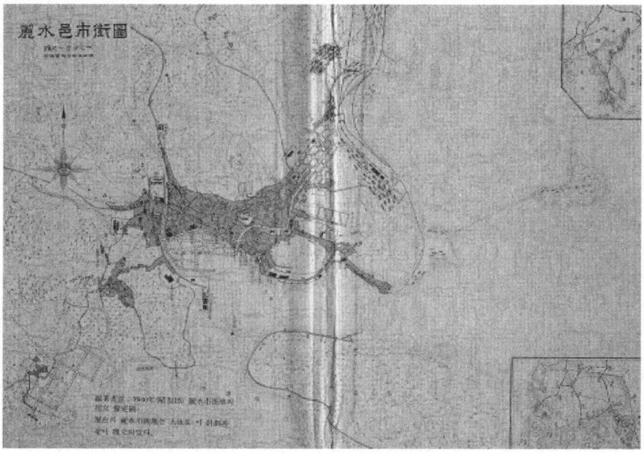

〈그림 2〉 1940년 여수 매립 예정도

* 출전 : 김계유, 『여수여천발전사』, 반도, 1988.

*비고 : 점선으로 표시된 부분이 매립예정지임. 여수 시가지 부분은 〈그림 7〉 참고.

지시기에 이루어졌다.[13]

---

13) 식민지시기에 여수지역에서 이루어진 매립공사에 대해서는 김계유, 『여수여천발전사』, 반도, 1988, 503-509면을 참조.

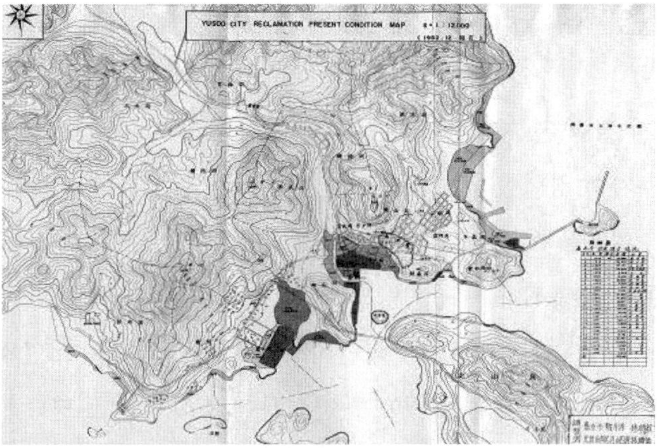

〈그림 3〉 1982년 여수

* 출전 : 김계유, 『여수여천발전사』, 반도, 1988.

〈그림 4〉 2011년의 여수

* 출전 : 네이버(naver) 지도 사이트의 여수시 부분.

2) 일본인과의 동거, 경관의 분화와 차별의 경험

'식민지 경험'은 지배를 당하는 피식민지 주민의 경험과 지배하는 식민지 이주자의 경험이라는 양면적 관계 안에서 형성된다. 그것이 반드시 적대적인 대응을 이루는 것은 아니지만, 그들의 상호관계에 의해 식민지 경험의 틀이 구축된다.

모든 도시 경관이 그러하듯, 식민지시기 도시의 경관은 식민지의 민족적·계급적·사회적 불평등 구조를 반영하여 분화되었다. 당대의 사람들에게 그것은 너무나 분명하게 자각되는 현실이었다. 즉, "조선 내에서 일본인이 다수히 거주하는 도시는 하처를 물론하고 기(其) 시가 위생 기타 모든 설비가 조선인의 그것과 운니(雲泥)의 차가 유"했기 때문에 누구나 조선인과 일본인 거주지를 쉽게 파악할 수 있었다. 그것은 대도시나 소도시 할 것 없이 어디에서나 두드러진 점이었지만 특히 여수는 그러한 양상이 한층 심해서 일반 조선인들의 불평이 높았다. 특히 그러한 외관상의 차이는 말할 것도 없고, 조선인 시가의 위생 설비는 일본인 시가에 비해 너무나 불완전하여 전염병 등 각종 문제에 노출되어 있었기 때문에, 생활의 질적 수준과 관련해서도 조선인 주민들이 심각하게 불평을 제기하고 있었다.[14] 여수의 조선인들은 민족별 거주 구역에 따라 외관이 확연하게 구분되는 것은 물론이고, 일본인 거주지와는 달리 일차적인 위생 설비 등 생존을 위한 기본 시설조차 없는 조선인 거주 구역의 실정에 대해 불평을 쏟아내고 있었다.

이것은 경관이나 시설에만 국한되는 문제가 아니었다. 여수 시가지의 경제적 세력 자체가 조선인의 손을 떠나 있었다. 여수의 "전 시가를 통하

14) 「麗水市街設備, 朝鮮人의 大不平」, 『동아일보』, 1923년 5월 21일.

여 기(其) 상권이란 잡화는 일본인, 주단포목은 청인(淸人)의 장중에 귀(歸)" 해 있는 상태였다. 조선인 상점으로는 잡화를 취급하는 정근모 상점, 주단포목의 강석주, 이기헌 상점이 있고 그 밖에 수십 개의 소점포가 있기는 하지만 "지방 인사의 각성이 부족함인지 동일한 품질에 동일한 가격이라도 조선인 점포의 상점은 열품시하고 가진 폭언 학행(虐行)을 감수하면서 시일(市日)이면 외인 점포만 입추의 여지도 없이 포위하고 대성황을 이루어주는 반면에 동포의 점두는 대한산(大閑散)을 정(呈)하는 폐습"을 벗어나지 못하고 있었다. 그만큼 조선인 상점의 경쟁력은 취약했다. 이런 상황에서는 여수 시가지의 상업이 번창하여 대소 상점이 즐비하고 나아가 항만 준설로 선박 출입이 자유로워져 여수가 "장래에 남조선에 유일한 해륙지 물산의 집산지"가 된다 하더라도,[15] 그것을 조선인의 발전이라고 하기는 어려운 형편이었다.

일본인 주도로 도시화가 추진된 여수에서는 도시화가 진전될수록 이런 불균형이 더욱 심화되었다. 시구개정과 신시가지 조성 공사가 한창 이루어지고 있던 1931년 5월에 실시된 여수 읍회의원 선거의 유권자수에서도 그러한 양상을 확인할 수 있다. 당시 여수읍에는 조선인이 약 4천여 세대, 일본인이 약 7백여 세대 거주하고 있었다. 그런데 세금 납부 성적을 기준으로 산정된 유권자 수는 조선인이 전체 세대의 7%인 294명에 불과한 반면에, 일본인은 전체 세대의 25%인 184명이나 되었다. 이 수치는 그 이전의 면협의원 선거와 비교해서 조선인이 30여 명 감소하고 일본인이 18명 증가한 결과로, 점점 더 위축되고 있는 조선인 세력의 일면을 보여준다.[16]

15) 「山佳水麗한 湖南의 名勝, 生産品도 多種多樣(3)」, 『동아일보』, 1927년 4월 13일.
16) 「日本人優勢 麗水邑有權者數」, 『동아일보』, 1931년 4월 25일.

도시화의 이익은 민족별·계층별로 편중되게 분배되었다. 그러나 식민당국이 도시개발을 추진하면서 조선인에게 부과하는 부담은 오히려 늘어났다. 때문에 그것에 대한 반발이 나타나지 않을 수 없었다. 시가지 중심부의 지주들은 그나마 지가 상승이라는 이익이라도 기대할 수 있었지만, 변두리의 주민들은 도시 발달로 인해 장래에 늘어날 사회경제적 이익이 자본과 식민당국, 일본인에게 전유되는 상황에서 그것을 함께 향유할 가능성이 거의 없었다. 따라서 식민당국이 관권을 동원하여 일방적으로 강요하는 부담에 대해 조직적으로 반발했다.

일례로 여수면이 지정면으로 승격되어 세금 부담이 늘어나자 소외 지역주민들은 보통면으로의 구역 변경을 요구했다. 여수면사무소에서 10여 리 이상 떨어져 있는 8개(신월, 여서, 문화, 농평, 오림, 왕십, 만성, 오천) 리민 8백여 명이 연명하여 부담 많은 지정면(여수면)에서 독립하여 보통면으로 변경시켜 달라는 청원을 제출했던 것이다. 그들은 생명 보존도 힘든 처지에 시가지 주민들과 같이 많은 금액의 부과금을 부담해 왔다. 그런데 이 지역의 시설은 보통면 시대와 조금도 달라진 것이 없는 반면 일본인이 거주하는 시내에는 당국이 많은 금액의 면비(面費)를 투자하여 각종 시설을 설치하고 있으므로, 자기 구역을 보통면으로 바꾸어 농촌 주민의 사활문제를 시급히 해결해 달라는 진정서를 제출했다.[17] 이들은 수차에 걸쳐 리민대회를 열고 지방세 불납, 면협의원 총사직 등을 결의하는 한편, 면, 군, 도에 대해 진정서를 제출했으나 그 뜻을 이루어지는 못했다.[18] 주민들은 당국이 주도하는 도시개발의 민족적, 계급적

---

17) 「八百餘名 連署로 區域變更을 陳情」, 『동아일보』, 1927년 3월 20일.

18) 「國稅外의 稅金不納, 面協議員辭職」, 『동아일보』, 1927일 3월 22일 ; 「八個區長 辭職에 面議員도 遂辭表」, 『동아일보』, 1927년 3월 26일 ; 「八里代表 또 陳情」, 『동아일보』, 1927년 4월 9일.

성격을 정확하게 파악하고 있었으며 그로 인해 야기되는 문제로부터 스스로 이익을 지키기 위한 집단행동을 시도했으나 실패하고 말았다. 행정구역을 개편해 달라는 청원과 함께 다양한 압력 수단을 동원했지만 별 소용이 없었다.

1920년대 이후 대부분 지방에서는 지역발전을 추구하며 다양한 주민운동이 전개되었다.[19] 그러나 여수의 경우처럼, 그 성과를 지역주민 전체가 공유할 수 없는 상황일 때, 그런 방식의 '지역발전'은 주민들의 지지를 받기는커녕 저항의 대상이 되었다. 당시 여수면민들은 일본인 거주 구역과 조선인 거주 구역의 경관과 시설의 차이를 식민통치 하의 민족적 차별로 분명하게 파악하고 있었으며, 일본인이 세력을 장악하고 있는 여수 중심 시가지 '발전'에 자신들의 물적 인적 노력이 동원되는 것에 대해서도 분명하게 반대하고 있었다.

3. 도시화 과정의 주요 현안과 지역사회의 갈등

1) 해산물 유통권 문제

해산물 유통권을 둘러싼 갈등은 도시화와 직접 관련된 사안은 아니다. 그러나 이것은 지역사회의 경제적 주도권 문제이므로, 도시화의 방향에 영향을 미치는 지역사회 내부의 세력 관계를 부분적으로나마 보여준다. 비록 여수의 도시화 과정이 식민당국과 일본 대자본이라는 외부의 힘이 주도하는 도시개발에 의해 규정되고 있었지만, 그것이 관철될 때에는 지

19) 허영란, 『일제시기 장시 연구』, 역사비평사, 2009, 207-217쪽.

역사회 내부의 세력관계에 의해 굴절되고 조정되는 과정을 거친다. 때문에 지역사회 내부에서 민족별, 계층별, 구역별로 나뉘어 있는 힘, 특히 경제력의 정도를 파악하는 것은 그러한 세력관계의 내용을 파악하는 척도가 될 수 있다.

여수면의 조선인 가운데는 해산물 무역이나 중개업으로 생계를 유지하는 사람이 많았다. 그런데 1927년 봄, 일본인 해산물 중개회사인 전남수산주식회사가 "일반 일본인 무역상과 제휴하고 협정서를 작성하여 도당국의 승인을 득하여 해초 위탁 판매의 전 이권을 획득"하고자 기도함으로써 상권을 둘러싼 양측의 갈등이 폭발했다. 일반 시민들은 시민대회를 열고 "전 이권을 장중에 넣고 항의 상권을 좌우하려는 회사 측"을 비판하면서 당국에 진정서를 제출하는 등 활동에 들어갔다.[20] 그러나 조선인 중개상 가운데 전남수산주식회사에 회유당해 넘어가는 사람이 나오는 등, 내부 분열이 나타나고[21] 급기야는 회사 측과 조직적으로 결탁하는 중개상들까지 나타났다. 조선인들은 "그네들에게 농상공업의 이권을 모조리 빼기고 단 한 가지 남은 객주업권까지 탈취를 당"하게 된 상황에서 "조선인을 배반"한 인사들을 공개적으로 비판하고 단교를 선언했다.[22]

당시의 어업은 유통업자들이 자본을 투하하여 영세어업자의 어획물을 매점하고, 많은 경우 어획물을 해상에서 직접 구입하여 대소비지로 수송해 버리는 유통체제였기 때문에,[23] 영세한 어민이나 중개상들의 입지는 극히 제한되어 있었다. 여수에서 거래되는 상품은 농산물보다 해산

20) 「全商權 掌握하라는 水產社를 反對」, 『동아일보』, 1927년 3월 30일.

21) 「麗水問屋組合 決議」, 『동아일보』, 1927년 6월 4일.

22) 「朝鮮人을 背叛하고 日人會社와 結托」, 『동아일보』, 1927년 8월 11일.

23) 손정목, 앞의 책, 417쪽.

물의 비중이 특히 높았다. 1931년 자료를 보면 여수의 자본뿐 아니라 통영의 각 회사까지 여수 어업자들에게 자본을 제공하여 유통을 지배하고 있었다.[24] 따라서 여수의 영세한 조선인 중개상은 점점 더 위축되어갔다.[25]

일본인 해산물 유통회사의 압박에 대해 조선인 중개상들은 시민들의 지지 속에 단결하여 대응책을 모색했다. 그러나 자본의 열세와 경제적 이해를 좇는 내부 분열 때문에 효과적으로 대응하기 어려웠다. 이러한 상황은 여수의 도시화와 기간시설의 확충, 그것을 토대로 이루어진 공업화의 '성과'를 조선인들이 배분받기가 쉽지 않으리라는 것을 예측할 수 있게 한다.

2) 신시가지 조성과 토지 수용 문제

여수 신시가지 조성의 핵심 내용은 철도 부설과 철도역 건설, 항만 수축, 그것에 부수하는 간척지 조성이었다. 당국의 전면적 지원을 받으면서 일본 대자본의 주도하에 방대한 규모로 추진된 신시가지 조성 과정은 여수 도시화 과정 그 자체이자 식민지 도시화의 한 전형을 보여주는 사례라고 할 수 있다. 경기도 안성의 경우처럼 조선인의 참여 속에 이루어진 전통적인 소도시의 도시화 과정에서는 기존 시가지의 시구개정 문제가 핵심과제였다.[26] 그것에 반해 구시가지와는 별도로 새로운 '대여수'

---

24) 「主要都市巡廻座談 ; 第卄八 麗水篇(一)」, 『동아일보』, 1931년 2월 22일.

25) 어시장(수산물도매시장)은 1914년 발포된 「시장규칙」에 의해 제3호로 분류되어 있었는데, 대도시에서는 일본인 거주민을 위해 일본 자본에 의해 설치·운영되는 시설이었고, 생산지인 어항에서도 일본 자본의 주도로 일본인에게 공급되는 수산물의 유통을 위주로 운영되었다. 여수면에서도 1928년 현재 「시장규칙」에 의거하여 전남수산주식회사만이 당국의 허가를 받은 여수어시장(3호시장)을 운영하고 있었다.

를 만드는 도시개발이 추진되었던 여수에서는 구시가지의 시구개정은 신시가지를 조성하는 과정의 극히 일부로서 부수적으로만 이루어졌다.

남조선철도주식회사(이하 남철)의 주도로 1928년 여름에 가시화된 '대여수' 조성 사업은 "와우산을 까뭉개어 저소(底所)와 해운대 해면을 매축하고서 수만 톤의 선박을 정박코저하며 27만 8천여 평의 연동 모정 덕충 등의 경지 전부를 시가 건설 기지에 제공하여 일대 여수를 신설"하려는 대사업이었다.[27] 덕충리에서 오동도까지 방파제를 건설하고 선박을 계류할 수 있는 잔교(棧橋)와 철도연장선, 시가와 주택지 등을 항내를 확대하며, 수심 10미터 여까지 약 10만 평의 해안을 매립하고 약 40만 평에 달하는 해저를 준설하여 1만 톤급의 선박이 정박할 수 있는 설비를 갖추어 장차 목포와 군산을 능가하는 여객과 화물의 집산항으로 만든다는 것이 남철의 계획이었다.[28] 남철의 일차적인 목표는 부산과 목포를 연결하는 항구로 여수항을 조성하고 광주와 여수를 연결하는 철도를 부설하는 것이었으며, 가로 조성과 주택지 건설은 그것을 위한 배후지 조성 사업이었다.[29] 이러한 신시가지 조성 사업이 여수 지역사회의 내적 요구와 무관하지는 않다 하더라도, 기본적으로는 외적 필요에 의해 수립된 것이

26) 일본인 이주자가 적고 조선인들이 지역사회의 주도권을 쥐고 있던 경기도 안성읍내에서는 시구개정과 그것에 필요한 토지기부, 자금조달 등이 조선인들의 주도하에 추진되었다. 이 과정에서 조선인 내부의 계층적, 계급적, 경제적 이해관계의 분할과 내적 균열이 나타났다. 그러나 시구개정이 지역발전을 위한 공공적 사업이라는 명분이 우세했기 때문에 그것을 내세워 그러한 갈등을 봉합해나가는 모습이 나타났다. 이것에 대해서는 허영란, 「시가지 개조를 둘러싼 지역주민의 식민지 경험-안성의 철도·시장·공원 그리고 지역주민」, 『역사문제연구』 17, 역사문제연구소, 2007을 볼 것.

27) 麗江漁人, 「麗水港 建設과 鐵道用地問題, 斡旋委員會와 地主會(2)」, 『동아일보』, 1928년 11월 3일.

28) 「建設計劃 中의 大麗水港 國鐵敷設과 工事가 土價로 一頓挫」, 『동아일보』, 1928년 8월 14일.

29) 「南朝鐵買地計劃에 地主들은 反對」, 『동아일보』, 1929년 1월 1일.

며 사실상 기존 여수와는 별개의 '신항만도시'를 건설하는 대규모 도시 개발 프로젝트였다.

〈그림 5〉는 당시 신문지상에 공개된 신시가지 조성 계획도이다. 그림에서 알 수 있듯이 새롭게 조성하고자 하는 신시가지(눈금으로 표시된 구역)는 기존의 시가지(빗금 친 구역)와는 완전히 분리되어 있다.

이 사업을 성사시키기 위한 관건은 당국의 허가를 얻어내는 것과 해당 지역 소지주들로부터 토지를 원활하게 매수하는 것이었다. 따라서 남철은 비밀리에 계획을 수립하여 총독부의 양해를 구하는 동시에 은밀히 토지측량을 추진하고 1928년 6월부터 토지매수에 착수했다. 그러나 여수 군수의 적극적인 알선에도 불구하고 토지 가격 상승에 따라 매수 가격 협상이 차질을 빚으면서 토지 매매 교섭은 난항에 빠졌다.[30] 더욱이 2만 평에 달하는 여수지역 철도 정거장 용지를 회사 측에 무상으로 제공하도

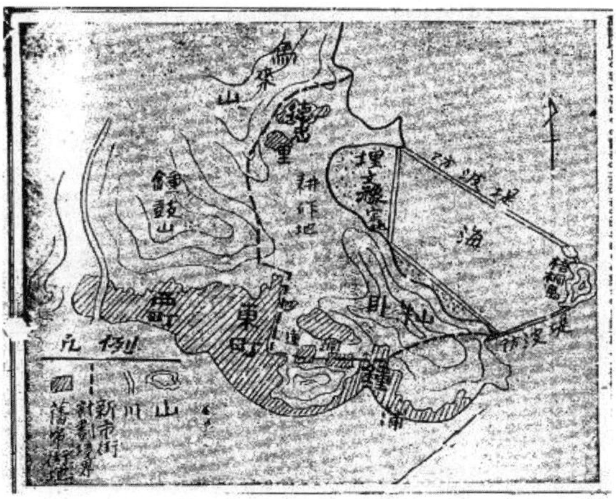

〈그림 5〉 여수 신시가지 조성 계획도

* 출전 : 『동아일보』, 1928년 11월 2일자.

30) 위 자료.

록 요구한 것에서 알 수 있듯이[31] 남철의 토지 수용은 농민 지주에게 일방적인 희생과 양보를 강요하는 것이었다.

남철의 토지 수용에 대해 여수지역 주민들은 어떠한 반응을 보였을까? 신문지상을 통해 소개되는 지역주민의 반응은, 지방 발전을 위한 공공사업의 대의에는 찬성하지만 해당 토지를 싼값에 매수하기 위해 관 공직자가 나서고 과도하게 간섭하여 주민의 이익과 충돌을 일으키는 것에 대해 심하게 반발했다고 요약할 수 있다.[32] 또한, 고작 몇백 평의 작은 땅덩어리에 의존해서 가족의 생계를 꾸려온 농민으로서는 이 토지를 제공하게 되면 하루아침에 남부여대(男負女戴)하여 거리를 떠돌아야 할 처지이기 때문에, 매수 가격의 현실화와 더불어 공사구역 축소를 요구할 수밖에 없었다.[33]

일반 농민의 생존권을 박탈하는 대시가지 건설 사업에 대한 지역주민의 반대 논리를 통해 이른바 지역에서 벌어지는 관 주도의 공공사업에 대한 당시 사람들의 인식을 엿볼 수 있다.

> 여시(如是)한 난국에 처하여 일반 농민에게 자연에서 우러나오는 생의 충동이 있었다. 촌토척지(寸土尺地)에나마 오직 일가(一家)의 생애를 지지하여 오다가 일조(一朝)에 대여수 건설을 몽상하여 일사철(一私鐵)에 매공(賣供)하면 그 운명이 여하(如何)할까! 매도일이 파산일이오 파산일이 곧 유리일이다. 그

31) 남철은 여수 광주 구간을 6구로 나누어 여수 2만평, 순천 1만평, 보성 3만평, 벌교 7천평, 광주 3천평, 기타 6천평에 달하는 정거장 용지를 무상으로 회사측에 제공하라고 요구했다(「南朝鮮鐵道着工」, 『동아일보』, 1929년 1월 1일).

32) 麗江漁人, 「麗水港 建設과 鐵道用地問題, 斡旋委員會와 地主會(1)」, 『동아일보』, 1928년 11월 2일.

33) 麗江漁人, 「麗水港 建設과 鐵道用地問題, 斡旋委員會와 地主會(2)」, 『동아일보』, 1928년 11월 3일.

러나 그렇다고 철도 건설을 부(否)라 함도 아니오 대어항(大漁港) 축조를 반대함은 물론 아니다. 개인적 희생은 된다 할지라도 대국상(大局上)으로 보아 전체의 이익을 도모한다면 누가 이를 주저할 자 있으랴[34)]

대여수 건설이라는 명분을 내세워 철도회사가 농민들이 삶을 의지해 오던 작은 땅덩어리를 매입해 버린다면, 농민들은 그날로 생계의 근거를 상실하게 되는 것이었다. 더욱이 그러한 개인적 희생 위에 이루어지는 철도 건설이나 대항구 건설이 지역 전체의 대국적 이익을 도모하는 것도 아니라는 것이 문제였다.

대저 지방발전이란 무엇이뇨. 공공사업이란 무엇이뇨. 지방발전도 오인(吾人)의 생활을 번영키 위함이겠고 공공사업도 오인(吾人)의 시활(時活)에 직접 이익 혹은 간접 이익을 도모케 함이 아니오니까. 한데 피회사(彼會社)가 오등(吾等) 농민 소유의 대지(垈地)와 전토(田土)를 염가로 매수하게 되니 오등(吾等)의 생활은 직접 위기가 래(來)할지며 또 교통의 편리와 물화의 집중에 의하여 사면팔방에서 이익에 예명(銳明)한 자와 기술자가 주집(注集)하리니 간집(間集)으로 오인(吾人) 생활을 위협할지라. 하등의 간접 이익이 없지 않습니까[35)]

위 인용문은 여수에서 추진되고 있는 공공사업이 그 취지와는 맞지 않게 지역주민의 생활을 위협할 뿐, 하등의 간접 이익조차 주지 못할 것이

34) 麗江漁人,「麗水港 建設과 鐵道用地問題, 斡旋委員會와 地主會(1)」,『동아일보』, 1928년 11월 2일.

35) 麗江漁人,「麗水港 建設과 鐵道用地問題, 斡旋委員會와 地主會(2)」,『동아일보』, 1928년 11월 3일.

라고 주장하고 있다. 주민들은 이처럼 공공사업이라는 취지에 맞지 않는 일을 추진하기 위해, 철도회사와 관청의 사주를 받아 주민들에게 압력을 행사하고 간섭하는 자들에 대해서도 비판을 가했다.

주민들이 구체적으로 지목한 단체는 이른바 토지매수를 알선하기 위해 관 공직자를 중심으로 조직된 '철도용지매수알선위원회'였다. 이것은 여수군의 적극적인 주선에도 불구하고 소지주들의 강력한 반대로 교섭이 어려움에 부딪히자, 당국자의 주도로 여수지역 재산가와 중산자를 망라하여 만든 조직이었다.[36] 당국이 알선위원을 지명하고 "여수 면장(유국준)이 솔선하여 위원장의 석에 취하고 지방 관변의 요인을 망라하여 고문을 삼고 기타 중요 위원은 피회사(彼會社)의 재여(在麗) 주주로서 성립"되었다. 이 위원회는 "일언의 협의한 바도 없이 임의로 가격을 결정하여서 회사 측에만 항시 환심을 구하기에 노력하고 농민의 여론은 소허(少許)도 유념한 바이 없이 광부(狂夫)의 언(言)과 여(如)히 사료하였으니", 지역의 중차대한 사업을 촉진하기 위해 회사와 지주 양측의 의사를 중재하여 엄정중립을 지키겠다는 표방은 빈말에 불과하다는 것이 농민지주 측의 주장이었다. 특히 이 위원회는 농민 지주들의 격렬한 반대 여론에도 불구하고 군수 인솔 하에 부산과 도쿄까지 가서 남철 사장(根津)을 만나 시가 건설 기지 27만 3백 평 가격 40만 5천 원과 정거장 기지 2만 평 기부를 약속했다. 토지 수용에 응하도록 농민을 회유·협박까지 하는 알선위원에 대해 농민들의 반감은 날로 커졌다. 매수 대상 지역의 관련 농민은 3천 명이나 되었다. 그들 가운데 소지주 150여 명이 '농민지주회'(농민회)를 조직하여 시가건설 구역의 축소를 요구했다.[37]

---

36) 「南朝鐵買地計劃에 地主들은 反對」, 『동아일보』, 1929년 1월 1일.
37) 麗江漁人, 「麗水港 建設과 鐵道用地問題, 斡旋委員會와 地主會(1)」, 『동아일보』, 1928년 11월 2일.

알선위원회는 식민당국과 철도회사 편에 서서 농민들에게 토지 매각을 강요하는 역할을 담당한 것에 지나지 않았다. 이와 관련하여 1931년 읍회 의원으로 당선된 김경택(1898년생)은 한 좌담회 석상에서 "남철회사 용지 매수 사건은 여수에서 다시없을 대실책"이라고 주장했다.[38] 그는 "남철과 긴밀한 관계가 있는 기인(幾人)의 주장으로 도쿄까지 가서 탄원"하여 "예정한 듯이 평당 1원 50전가로 매수하여 주겠다는 대표자 명의로 계약을 체결"했으나 여수사회에서 이들에 대한 비난이 비등하는 동시에 매도에 응하지 않자 그들이 "세력으로 대금도 지불치 않고 강제로 뺏는다고 위협하는 일방 남철에서는 타인의 소유 토지에 곡물이 있음에도 불구하고 임의로 사용"했으며 이것을 제지할 방도가 없는 농민들은 눈물을 머금고 토지를 매각한 것이라고 발언했다.[39] 그 자신의 토지 역시 신·구시가지 연결도로 부지로 매수될 처지에 놓여있어 당국의 매수 요구에 반발하고 있었다는 점을 감안할 때 다소 과장된 진술일 수는 있지만, 지역주민의 일반적인 인식과 크게 다르지는 않았던 것 같다.

여수지역의 향토사가 김계유는 1988년도에 출판한 노작 『여수여천발전사』에서 남철의 철도 부설과 신시가지 건설을 별개의 사안으로 구분하고 각각에 대해 다른 평가를 내리고 있어 흥미롭다.

> 당시 재여(在麗) 일본인으로서 평소 여수발전에 공이 많은 정길신(政吉信)이 …… 여수-광주선은 3차 계획으로 밀려나 있는 것을 알게 되었다. …… 그는 즉시 여수로 돌아와 등곡작차랑(藤谷作次郞) 군수를 비롯한 유관기관들을 총동원하여 김한승, 본전안오랑(本田安五郎), 유국준 면장, 유목열, 이영조,

---

38) 「主要都市巡廻座談; 第卄八 麗水篇(六)」, 『동아일보』, 1931년 3월 1일.
39) 위의 자료.

장재영, 박상래, 김운택, 한형기 등 여수 조야와 협력하여 맹렬하게 유치운동을 전개하는 한편 …… 한국인 유지 김한승과 더불어 직접 도쿄의 근진(根津)의 사저를 찾는 한편, 한인초를 통역으로 김한승, 유국준, 정문식, 유목열, 장재영 등 쟁쟁한 인사로 하여금 진정단을 구성하여 요로를 두로 방문하는 등 그야말로 관민이 한덩어리가 되니 거군적인 유치운동을 전개한 끝에 드디어 여광선을 제1차 계획으로 변경시키는데 성공(했다)[40]

남철에서는 비단 철도 부설에만 만족하지 않고 여수가 장차 항구도시로서 크게 발전할 수 있는 소지가 있다는 것을 알아차리고 통치권력과 결탁하여 도시계획을 빙자, 평당 1원 50전에서 3원까지의 헐값으로 30만평의 땅을 사서 주택지를 조성하여 땅장사를 하려는 계획을 추진하고 있었다. 이것을 알아차린 정재완, 김홍식, 장용태, 이상호, 정숙경 등을 비롯한 여수 농민회원들은 남철의 회유에도 불구하고 분연히 들고 일어나니 …… 농민대회를 열어 남철의 검은 속셈을 폭로하고 농가들에 전단을 뿌려서 농민들로 하여금 땅을 헐값에 팔지 말도록 맹렬한 불매운동을 전개하여 마침내 남철로 하여금 그들의 야심을 버리지 않을 수 없게끔 만들었던 것이다.[41]

첫 번째 인용문에 등장하는 인물들이 '철도용지매수알선위원회'의 위원이나 고문들로 보인다. 두 번째 인용문에 등장하는 인물들은 남철의 토지매수에 반대하고 구역축소 등을 주장했던 농민회 대표들이다. 당시 두 그룹의 인물들이 극단적으로 대치했고 두 개의 사안이 무관하지 않은데도 불구하고 양자를 구분하여 서술, 평가하고 있다. 1920년대 당시나

40) 김계유, 앞의 책, 521-522쪽.

41) 위의 책, 522쪽(『여수읍정 십년사』, 24쪽에서 재인용한 내용이라고 한다).

위의 책이 집필된 1980년대나 '철도 부설' 자체는 지역사회가 일반적으로 열망하는 사안이었기 때문에[42], 첫 번째 인용문의 평가에는 그러한 판단을 반영하여 철도 부설 운동을 매우 긍정적으로 서술하고 있다. 그렇지만 두 번째 인용문은 사실과 다르다. 비록 구역이 일부 축소되기는 했지만 남철은 저렴한 가격으로 시가지 예상구역의 토지를 매수하는 데 성공했고 철도정거장 부지 역시 기부받을 수 있었다.

다만, 구시가지와 신시가지 연결도로에 들어간 토지 및 주택지 매수가 난항을 겪으면서 남철은 그 사업을 포함해서 일부 시가지 공사를 여수읍으로 넘겼고, 해당 구역 지주들의 반대로 이 도로공사가 예정보다 축소되기는 했다. 또한 조성된 시가지 부지를 토지회사 또는 남철에 일괄 매도하려는 여수읍의 계획을 농민회가 중심이 되어 저지시켰다. 김계유는 아마도 이 부분에서 혼동을 일으킨 것 같다. 그런데 구체적인 사안에 대한 착오와는 별개로, 김계유의 서술은 지역발전의 역사에 대한 지역 내부의 평가가 사후적으로 재구성되는 방식을 보여준다는 점에서 매우 흥미롭다. 그의 책에서는 '남철측에 서서 농민을 핍박한다'고 해서 당대에는 일반 주민의 비난을 받았던 지역 유력자들이 지역발전에 공헌한 선각자의 모습으로 '재평가'되고 있다.

1929년 7월 시점에서 남철은 30만 평에 달하는 시가지 건설용지 가운데 약 4분의 3을 매수한 상태였다. '알선위원회'의 회유와 협박에 시달리던 대다수 농민들은 (1) 군수의 사매매(私賣買) 금지선언과 (2) 알선위원장과 회사 회계원의 가격부등증서(價格不騰證書), 즉 가격이 오르면 더 주겠다는 증명을 믿고 토지를 저가에 매도했다.[43] 여기에는 토지를 매도

42) 「建設計劃 中의 大麗水港 國鐵敷設과 工事가 土價로 一頓挫」, 『동아일보』, 1928년 8월 14일.

43) 「多數農民이 郡廳에 殺到 군수에 질문하나 모호한 답변」, 『동아일보』, 1929년 7월 13일.

하지 않으면 당국에서 수용령을 발포하여 강제 수용할 것이라는 위협이 효과를 발휘했다.[44)]

1929년 여름, 매도를 거부하는 지주들의 용지에 대해 남철이 비밀리에 가격을 인상하여 매수했을 뿐만 아니라, 사매매(私賣買) 금지 선언에도 불구하고 투기업자들이 몰래 높은 가격을 주고 수천 평을 매수한 사실이 드러났다. "이미 알선위원에게 부대껴 오직 생명의 원천인 전지를 팔아 버린 수백 농민"은 농민대회를 열고 알선위원을 비난하는 동시에 면장과 군수, 남철에 항의하고 차액의 추가 지급을 요구했다.[45)] 이 문제는 장기간 지속되어 이듬해인 1930년 4월에는 배상금을 요구하는 농민들이 천 리 길을 도보로 상경하여 총독부에 진정하기까지 했다.[46)] 군, 도, 총독부에 대한 농민회의 진정은 끈질기게 계속되었으나 1932년 겨울이 되도록 별다른 성과를 거두지 못했다.[47)]

남철은 도청에 신청하여 수용령까지 적용하여 토지매수를 추진했지만, 목표량에 미치지 못하는 24만여 평을 매수하고 수용을 중지했다.[48)]

---

44) 「第二回農民大會 時價不足額을 請求」, 『동아일보』, 1929년 7월 16일. 실제로 도에서는 남철의 신청을 받아 수용령을 적용했다(「主要都市巡廻座談 ; 第卄八 麗水篇(六)」, 『동아일보』, 1931년 3월 1일).

45) 「多數農民이 郡廳에 殺到 군수에 질문하나 모호한 답변」, 『동아일보』, 1929년 7월 13일 ; 「第二回農民大會 時價不足額을 請求」, 『동아일보』, 1929년 7월 16일 ; 「多數農民이 南鐵을 包圍 지배인 보고 여러 가지 힐난」, 『동아일보』, 1929년 7월 20일. 일본인 토지를 4배나 더 많은 돈을 주고 매입한 사실까지 있었다(「南鐵社長과 直接談判計劃 토지를 헐값으로 판 문제」, 『동아일보』, 1931년 4월 22일).

46) 「四月二十日 麗水農民 鐵道에 쓴 賠償金달라고 上京陳情」, 『동아일보』, 1930년 9월 2일.

47) 「主要都市巡廻座談 ; 第卄八 麗水篇(六)」, 『동아일보』, 1931년 3월 1일 ; 「南鐵社長과 直接談判計劃」, 『동아일보』, 1931년 4월 22일 ; 「數百農民이 總監旅館에 殺到」, 『동아일보』, 1931년 4월 23일 ; 「南鐵사장 來麗함에 시장토지문제 주시」, 『동아일보』, 1932년 12월 6일.

48) 「主要都市巡廻座談 ; 第卄八 麗水篇(六)」, 『동아일보』, 1931년 3월 1일.

남철은 "토지매수가 불여의(不如意)한 이유로 여수 시가지 발전책에 대한 책임을 사절함으로 결국 읍 당국에서는 남철로부터 23,800여 평의 토지를 양수하여 시구개정 등 공사 책임을 인수"하였다.[49] 이처럼 남철이 허가받은 공사 구역 가운데 일부를 여수면에 넘김으로써 국면은 새롭게 전개되었다. 남철의 광여선 개통을 목전에 둔 1930년 11월, 여수면협의회는 여수면이 193,500원을 기채(起債)하여 신시가 건설 및 신구 시가지 연락도로의 부지를 매수하여 공사에 착수하겠다는 계획을 통과시켰다.[50] 이렇게 해서 남철이 추진하던 사업 가운데 시가지 조성의 일부를 여수면이 담당하게 되었다. 이후 철도 및 항만 구축과 시구개정이 각각 남철과 여수읍에 의해 두 갈래로 추진되게 된다.

남철의 일차적 관심이었던 광주 여수 철도 부설은 부지 매수가 완료되기도 전인 1929년 2월 26일 여수 읍내에서 기공식을 거행했다.[51] 수용 토지의 가격도 결정되기 전에 일방적으로 공사를 시작하여 주민들의 원성이 높았지만, 당국의 지원 아래 남철은 무법적인 철도 부설을 계속할 수 있었다.[52] 마침내 1930년 12월 25일 광주 여수 간 철도(광주선)가 개통됨으로써 여수는 교통 요충지로서 새로운 단계로 접어들게 된다.[53] 특히 여수 시모노세키 사이의 정기 연락선까지 개통됨으로써 여수는 제국 일본과 조선의 내륙을 연결하는 중요 교통항의 위치를 점하게 되었다. 그런데 철도정거장 부지의 무상제공을 요구했던 남철은 철도를 개통하면

49) 「土地會社成立코저 市民大會開催」, 『동아일보』, 1932년 3월 17일.

50) 「明年度에 完成할 大麗水建設」, 『동아일보』, 1930년 12월 15일. 도당국에서는 각 지주들 가운데 5명의 등급제정위원을 선정하여 보고하도록 지시하여 보고를 받았다.

51) 「光州麗水線 鐵道起工式」, 『동아일보』, 1929년 3월 1일.

52) 「地價決定업시 鐵道를 起工, 사십여 명 회합 당국에 항의」, 『동아일보』, 1929년 5월 21일 ; 「承諾업시 伐木한 鐵道會社 告訴」, 『동아일보』, 1929년 5월 29일.

53) 「南鐵開通은 또 다시 延期」, 『동아일보』, 1930년 12월 12일.

서 정거장 부지를 무상으로 기부하지 않은 지역에 대해서는 철도역을 폐쇄해 버렸다.[54] 공공성과는 거리가 먼, 식민지에서 이루어진 근대화의 실상을 보여주는 사건이라 할 것이다.

한편 1931년도에 여수읍이 실시한 시구개정은 주택지와 간선도로 등의 조성과 신·구시가지 연결도로 공사, 두 가지를 중심으로 이루어졌다. 그러나 이것 역시 부지 매수 가격과 건물 보상비 문제 등에 불만을 품은 지주들의 반대, 토지 수용으로 생계가 막연해진 주민과 영세상인의 생계 대책 문제, 거주지로부터 밀려나게 된 극빈자 구제 문제 등으로 인해 어려움을 겪었다.[55] 그러나 주민들의 불평과 항의, 진정에도 불구하고, 여수 읍장 근등(近藤)은 단호했다.

> 대여수를 건설하는 도중에 이와 같은 불상사가 있으므로 유감천만이외다. 그들의 개인 사정에 있어서 도덕상으로 동정심이 없는 바는 아니나 여수 같은 빈면(貧面)으로 어찌할 도리가 없을 뿐 아니라 도(道)에서 결재되어 있는 이상 면장의 자의로 어찌할 도리도 없습니다.[56]

읍장은 시구개정 과정에서 발생한 하층민의 몰락과 생존권 문제를 "불상사"라고 말하고 "도덕상으로 동정심"을 느낀다고 하면서도, 이른바 "대여수"를 건설한다는 명분을 앞세워 아무런 대책도 강구하지 않고

---

54) 「南朝鐵買地計劃에 地主들은 反對」, 『동아일보』, 1929년 1월 1일 ; 「光州麗水驛線中의 四個驛取消」, 『동아일보』, 1930년 12월 8일.

55) 「明年度에 完成할 大麗水建設 지주들에게 부지를 교섭」, 『동아일보』, 1930년 12월 15일 ; 「敷地價 問題로 面當局殺到」, 『동아일보』, 1930년 12월 23일 ; 「市區改正에 極貧者를 狼狽」, 『동아일보』, 1931년 1월 7일 ; 「面所에서 拒絶當코 道에 陳情決議」, 『동아일보』, 1931년 2월 3일 ; 「地主의 不承諾으로 工事에 大支障」, 『동아일보』, 1931년 4월 18일.

56) 「面所에서 拒絶當코 道에 陳情決議」, 『동아일보』, 1931년 2월 3일.

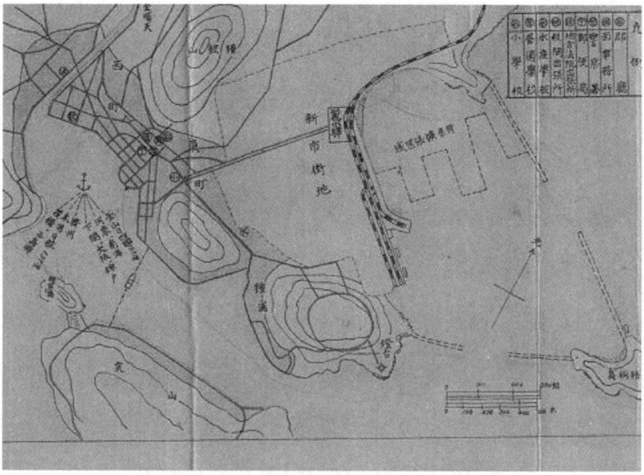

〈그림 6〉 시구개정 및 신시가지 계획 (1929)

* 출전 : 『여수군관내도』, 1929(종로도서관 소장 근대지지자료)의 일부.

있다. 이것은 일본인 주민과 일본 자본이 주도한 '대여수' 건설, 즉 여수 발전 프로젝트에 조선인 일반 주민들이 관여할 수 있는 여지가 거의 없었으며, 그들은 오로지 사업의 대상으로만 설정되어 있었다는 것을 의미한다. 식민지 도시개발은 하층민의 생존권 보장 등과 같은 공공적 측면을 도외시한 채 이루어지고 있었던 것이다.

이렇게 해서 〈그림 6〉에 나타나 있는 철도 부설, 신시가지 조성, 구시가지 시구개정 등의 구상은 우여곡절 끝에 남철과 여수읍에 의해 일방적으로 추진되었다.

여수읍의 시구개정 사업은 1932년 초에 일차 공사가 완료되었다. 시구개정 이후 새로 정비된 여수 시가지의 모습은 〈그림 7〉과 같다. 점선 부분은 추가로 매립 계획이 세워져 있는 구역이다.

여수읍은 새로 조성된 신시가의 처리 방안과 관련하여 "토지회사를 조직한 후 실비(정액)(매 평 17원가량)로 양도하여 동 회사로부터 개인에게 산매하도록 하자"는 방안을 여수읍회에 제안했다. 그러나 다수 의

〈그림 7〉 시구개정 이후의 여수 (1940)
* 출전 : 김계유, 『여수여천발전사』, 반도, 1988.

원들은 과거 남철 토지매수알선위원회 등이 대재벌의 수완에 농락당해 "여수항민들의 생명 재산은 여지없이 박탈을 당하였다는 전례를 이유로" 맹렬하게 반대하며 부결시켰다. 남철이 처음 여수에서 사업을 착수할 때에는 "여수시내 발전에 대한 제반시설은 전 책임을 지겠다고 선언하고 종경에는 여수시내는 고사하고 정부까지 기만하였으니 즉 여수항민들의 기적(欺敵)인 동시에 여수항민들이 희생을 당한 신시가지는 어디까지든지 여수항민이 매수하도록 하여야 된다"는 것이 다수의 의견이었다. 그에 따라 토지회사를 조직하기는 하되 여수항민들을 중심으로 조직하기로 결정했다.[57]

행정 당국의 편파적인 지원을 받는 일본 자본과 지역주민 사이의 갈등은 이처럼 제한적으로나마 읍회의 논의 과정에서 표출되었다. 그러나 읍

57) 「財閥과의 握手는 民意와 相違, 문제 만흔 려수 신시가지」, 『동아일보』, 1932년 1월 27일.

의 제안이 부결된 이후 나온 근등(近藤) 읍장의 발언은 신시가지 조성 이후 자본에 더욱 더 종속된 여수읍의 실상을 보여준다.

> 우리 여수의 장래 발전은 남철회사와 천기(川崎)기선회사의 사업 진흥 여하에 좌우된다. 그러므로 전기(前記) 두 회사에서 결손이 다대하여 종경에 현 사업을 중지한다면 지금 문제 되는 토지가 매 평당 5, 60전에 불과한지도 알 수가 없으므로 전기 두 회사와 서로 원조를 취하지 아니하면 안 된다.[58]

읍장은 여수의 발전을 일본 자본의 목표 달성과 동일시하고 있다. 그러나 1932년 1월 말 이후 한 달이 지나도록 토지회사 조직이 지지부진하자, 또다시 정길신(政吉信), 김한승 등 여러 명이 토지회사 조직 준비위원회를 조직했다. 이에 주민들의 반대 여론이 비등했다. 그러자 3월 12일 읍 당국이 직접 시민대회를 소집했다. 이 자리에서 읍장은 신시가 계획지 4만 2천여 평에서 미매수분과 도로용지 및 공용지를 제하고 주택지 약 2만 평의 매각에 대하여, 읍회의 논의를 거쳐 여수 시민을 주로 하는 토지회사를 조직하여 실비로서 읍채를 보상하고 동 회사로부터 개인에게 산매하기로 했다는 내용을 설명하고 양해를 구했다.[59]

여수읍은 지주들의 토지를 매수하면서 신시가지 공사가 완료되면 공사비만 더하여 이전 소유자에게 매각해 주겠다고 거듭 설명하고 약속했다. 그것을 믿고 토지 소유자들은 헐값으로 땅을 매도했다. 그러나 여수읍은 그러한 약속을 무시하고 50만 원으로 토지회사를 설립케 하여 이 회사에 토지를 매도하려고 했던 까닭에 여수 시민들의 완강한 반대에 부

58) 위의 자료.

59) 「土地會社成立코저 市民大會開催」, 『동아일보』, 1932년 3월 17일.

닷쳐 제지를 당했던 것이다.[60)]

그 후에도 읍에서는 기채를 통해 토지를 매입할 당시의 약속과 달리, 필요한 공용지(예컨대 시장부지)를 구입하고 기채를 상환하기 위해서는 많은 자금이 소요하다는 이유를 들어 남철에 해당 토지를 일괄 매도하려는 기도를 멈추지 않았다.[61)] 그러나 이러한 읍 당국의 시도는 결국 농민회의 반대 등으로 성사되지 못한 것으로 보인다.

더욱이 남철은 철도를 처음 개설할 당시에 소지주들로부터 토지를 사모으면서 해당 토지의 소작인으로 전락한 그들에 대해 "그 토지를 다른 곳에 이용하는 날까지는 무료로 소작하도록 각서를 작성"하여 교부했다. 그러나 1933년 남철은 돌연 소작료 징수를 선언함으로써 3백여 소작인들과의 사이에 심각한 마찰이 발생했다.[62)] 이처럼 남철 주도의 신시가지 조성 사업은 결국 다수의 자영농민들을 남철의 소작인으로 만드는 것으로 귀결되었다.

지금까지 살펴본 여수의 시가지 조성 사업, 시구개정 사업에서는, 사업 추진 과정에서 돌출된 갈등을 중재하거나 조절하기 위한 지역사회 내부의 논의를 찾아보기 어렵다. 또한, 시구개정으로 가장 큰 타격을 입는 영세 주민이나 극빈자에 대한 보호 문제에 대한 논의도 거의 없다. 사업 추진으로 피해를 입는 주민들은 당국과 남철을 상대로 항의와 진정을 반복하는 반면, 지역 내부의 일부 관공리와 유력자들은 지역주민들의 비난에도 불구하고 당국이나 남철에 동조하는 모습을 보였다. 이러한 양상은 주민들 내부의 균열을 억제해 가면서 이해관계를 조정하고 지역 내부의 약

60) 「南鐵사장 來麗함에 시장토지문제 주시」, 『동아일보』, 1932년 12월 6일.

61) 「지방논단-읍영 시가지 급 시장문제, 여수읍의 반성을 촉함」, 『동아일보』, 1933년 2월 11일.

62) 「覺書 쓴 前約을 無視 小作料徵收를 準備」, 『동아일보』, 1933년 8월 16일.

자를 보호하고자 했던 안성의 시구개정 과정과는 크게 다른 모습이다. 이것은 막강한 일본 자본의 횡포와 그에 대한 식민당국의 일방적 지원이 지역사회 내부에 자율적 논의의 공간을 확보하기 어렵게 만들었다는 것, 그리고 막대한 지역개발의 규모로 인해 지역사회 내부의 분화가 심화된 것, 안성보다 훨씬 강력했던 일본인 세력 등이 원인으로 작용했을 것이다.

안성에서도 철도 부설이나 시가지 정비 문제를 통해 식민지 근대에 대한 지역사회의 대응방식을 확인할 수 있다. 당시 안성은 일반적으로 공동체주의적 안정의 논리를 공유하고 있었던 것으로 보인다. 그것은 지역개발의 이익이 특정 구역이나 계층에 편중되어서는 안 되며, 특히 생계가 곤란한 하층민의 보호가 중요하다는 인식으로 나타났다. 그러한 인식은 공동체적 호혜주의로 나타났다. 주민들은 지역유력자에게 지역발전을 위해 더 많이 기여할 윤리적 책무가 있다고 믿었다.[63] 이러한 문화와 인식은 지역사회 내부의 차이와 갈등을 억제하는 요소로 작용했다."[64]

4. 생활시장 위치 문제

여수장은 진남문 밖에서부터 해안에 이르는 길거리에서 5일마다 열렸다.[65] 당시까지만 해도 이 일대는 읍내 중앙부이자 상업적 중심지로서

---

63) 허영란, 앞의 글, 2007, 149-157쪽 ; 허영란, 앞의 책, 2009, 215-217쪽.

64) 허영란, 앞의 글, 2007, 61쪽.

65) 片岡議가 정리한 『寶庫の全南』(片岡商店, 1913, 180면)에는 1·6일에 시장이 열린다고 기록되어 있지만 度支部 司稅局의 조사에서는 읍내장이 5·10일에 열리는 것으로 되어있다(『韓國各府郡市場狀況調査書』, 1909). 한편 朝鮮總督府 臨時土地調査局의 조사 결과를 정리한 『朝鮮地誌資料』(1919)에는 장날이 4·9일이라고 되어있으며 이후 조선총독부의 각종 조사 자료에도 4·9일로 나타난다. 조선후기의 장시 상황이 포함되어

장날마다 목면 같은 직물, 염건어, 곡류 등이 거래되었다. 그런데 1920년대 중반에 면 당국에서는 서정과 동정 사이의 중간지대에서 열리던 장을 동정으로 이전하여 경영했다.[66] 그러다가 1929년에 시가지 조성 및 정비를 위해 해당 토지를 남철에 매도함으로써 시장의 위치를 새로 선정해야 하는 문제가 발생했다.[67]

시장의 위치 문제는 신시가지 조성과 시구개정 과정에서 발생한 문제였다. 그러나 그것이 지역사회의 갈등으로서 갖는 성격은 달랐다. 토지 매수 가격 문제나 시가지 매각 문제는 관과 자본의 일방적 주도에 대한 지역주민의 대응이 핵심 사안이었다. 반면 시장의 위치를 새로 선정하는 문제는 지역주민들이 서로 경쟁하고 갈등하는 사안이었다. 지역사회에서는 현실적으로 시장을 매개로 생성되는 이익의 배분을 둘러싸고 빈번하게 분규가 발생했다.[68]

여수 읍내의 서정 주민과 동정 주민은 각각 자기 구역에 시장을 개설할 것을 주장하며 정민대회를 개최하고 면을 압박했다. 서정이 내세운 논리를 요약하면 다음과 같다.

금번 <u>남조선철도주식회사에서는 정거장 급(及) 약 50만 평가량 되는 신시</u>

있는 『東國文獻備考』나 『林園經濟志』에는 여수의 장시에 관한 기록이 없다. 그러나 서울대학교 규장각에 소장되어있는 1872년 지방도에는 좌수영 바깥에 시장 표시가 되어 있으므로 19세기에는 장시가 개설되었던 것으로 보인다. 장날은 1910년대 초에 변경된 것인지 아니면 착오가 있는지 확인하기 어렵지만, 적어도 임시토지조사국의 조사가 이루어지는 1910년대 중반 이후에는 4·9일로 굳어졌다.

66) 「시장규칙」에 따라 전국 각지에서 열리던 장시(오일장)의 공공기관(부, 읍·면)이 도장관(뒤에 도지사)의 허가를 얻어 경영하도록 되었다.

67) 「麗水市場問題로 西町町民大會開催」, 『동아일보』, 1929년 2월 20일.

68) 장시를 둘러싼 지역주민간 갈등의 유형과 특징에 대해서는 허영란, 앞의 책, 164-194쪽.

가를 본군 동정에다 건설함으로 여차히 되면 여수 일반의 발전상으로 보아 본군 서정은 한산한 벽지가 될 것은 명약관화한 사실이므로 여수면 전체를 위한 발전의 사활문제는 금번 당국의 처치 여하에 있다는데 과연 당국의 태도는 어찌할는지 일반 인심은 극도로 긴장되었다하며, 본군 서정 정민의 교섭한 결과가 만약 불공평할 시는 최후의 운동까지 계속한다더라.

◇ (시민대회) 결의사항 ◇

1. 장소는 당국에 위임하되 위치는 반드시 서정에 치(置)할 사.

2. 만일 당국에서 서정 다카세(高瀨) 매립지를 장소로 지정한다면 약 3천 평을 매수하되 대금은 전 시장 매도금으로 지불하고 부족할 시는 기부금을 모집하여 충당하되 기부금 징수방법은 당국에 일임할 사.(이하 생략)[69]

이러한 요구에 대해 군과 면이 확답을 피하자 서정 주민들은 도 당국에 진정서를 보내는 한편, 최후에는 총독부 당국과 담판을 짓겠다고 결의했다.[70] 그러나 문제가 발생한 뒤로 2년이 흘러 여수읍이 시구개정에 착수하는 1931년 초까지도 시장 위치 문제는 정리되지 못했다. 급기야 1931년 2월, 동정과 서정 각각에서 5, 6백 명씩 노동자들이 총출동하여 주야를 불문하고 경쟁적으로 시장 후보지 공사를 시작했다. 기존 시장기지는 이미 면영(面營) 시구개정 구역으로 들어가 매도된 상태였지만, 당시까지도 여전히 동정의 기존 장터에서 시장이 열리고 있었다. 그러나 1931년 1월 31일부터 도영(道營) 신·구시가지 연락도로와 면영(面營) 신시가에 대한 공사가 착수됨에 따라 임시 장터로라도 장을 옮겨야 할 형편이 되었고, 이 시점에서 동·서의 두 정 사이에 시장 쟁탈전이 벌어졌

69) 위의 자료.

70) 「麗水市場 位置問題」, 『동아일보』, 1929년 3월 31일.

던 것이다. 동정 구역 안에서 3천여 평에 달하는 시장터를 확보하기 어렵자 면에서는 서정에 임시시장을 지정했다.[71] 그러나 장날이 다가오자 서정의 임시시장은 물론이고 동정 주민들이 시장 개설을 주장하는 장소에서도 장이 열려 시장 쟁탈전은 점점 험악해져 갔다.[72]

서정과 동정 주민의 시장 쟁탈전이 계속되던 2월 24일, 동정 주민 7백여 명은 여수군청으로 몰려가서 여수를 방문한 전라남도 내무부장에게 진정했다. 그들은 만일 면 당국이 자신들의 요구를 수용하지 않는다면 불공평하게 서정에 가세하는 것이요, 다수 시민의 본질적 이익을 무시하는 처사이므로 면 행정을 거부할 것이라고 위협했다. 그들의 진정 내용을 요약하면 다음과 같다.[73]

1. 현재 거주하는 조선인 인구가 서정보다 동정이 배 이상 다수인 것.
1. 동정 주민들은 대부분이 빈민인 동시에 시장이 존재함으로 생활을 유지하던 것.
1. 동정 주민들은 다수가 철도회사와 면영(面營) 신시가에 자기들의 생명에 관한 부지와 건물까지 본의에 없는 매각을 당한 것.
1. 과거 동정에 시장이 유(有)할 시에는 서정까지의 시장이더니 현재 서정으로 이거(移居)한 후 동정에는 인영(人影)도 구경할 수 없는 것.
1. 동정 주민들이 제공하여 시장공사를 중지 당한 위치가 부적당할 시는 수산학교 부근에 평면지로 적당한 위치를 교섭 제공할 것.

서정 주민들이 철도역 설치 등 개발 이익이 동정에 주어졌으므로 시장

71) 「市場候補地工事 雙方이 競爭進行」, 『동아일보』, 1931년 2월 8일.
72) 「二個所에 開始 麗水시장문제」, 『동아일보』, 1931년 2월 9일.
73) 「七百餘群衆 郡廳에 殺到」, 『동아일보』, 1931년 2월 28일.

은 서정에 두어야 한다고 주장한 데 대해, 동정 주민들은 정거장 설치로 인한 사실상의 혜택은 없다고 주장하면서,[74] 상인 3백여 명이 상무조합을 조직하고 시장 유치 운동에 박차를 가했다.[75] 양측의 주장이 팽팽하게 맞섰지만 동정에서는 넓은 시장 부지를 확보하기 어렵다는 이유를 들어 읍 당국은 결국 시장 위치를 서정으로 결정했다. 읍에서는 경비 부족을 이유로 서정의 다카세농장(高瀨農場)으로부터 3천여 평의 시장터를 무료로 받는 대신 지상 시설물을 설치한 특정 개인에게 경영을 위임했다.[76]

읍이 시장 위치를 서정으로 정했음에도 불구하고 시장을 개설하려는 동정 주민의 노력을 1년 이상 집요하게 계속되었고, 어렵게 확보한 시장을 빼앗기지 않으려는 서정 주민의 방어 노력도 치열했다.[77] 이러한 양측의 운동에 대해 읍 당국이 모호한 태도를 보이면서 갈등이 더욱 심화되자 결국 시장을 동정과 서정에서 양분하는 방안이 제시되었다.[78] 어느 한 쪽의 양보를 얻어내기가 사실상 불가능한 상황에 처해있었던 것이다. 그러나 여전히 읍은 갈피를 잡지 못하고 있었다. 1933년 3월, 읍이 갈등의 핵심 사안인 시장 위치를 정하지도 않고 시장 설치 예산의 통과를 읍회에 요청하자, '계획 없는 예산은 없다'는 읍회 의원들의 비판이 쏟아졌다.[79] 그러나 1933년 4월 17일, 임시 읍회에서 시장을 동정과 서정 두 곳

---

74) 「市場問題를 또다시 陳情」, 『동아일보』, 1931년 3월 17일.

75) 「麗水三百餘商民들이 商務組合創立」, 『동아일보』, 1931년 4월 7일.

76) 이 때문에 시민들은 임대료 부담에 대한 불만을 토로하며 읍의 위임 경영이라고 하지만 사실상 개인의 영리사업이라는 비판을 쏟아냈다(「이중 貰金 징수」, 『동아일보』, 1932년 3월 9일).

77) 「시장문제로 각정 유지 대회, 도당국에 진정 결정」, 『동아일보』, 1933년 2월 21일 ; 「西町民대회 시장이전 반대」, 『동아일보』, 1933년 2월 21일 ; 「서정시민대회, 군과 읍의 처치를 질문」, 『동아일보』, 1933년 3월 7일.

78) 「시장이전문제 재론」, 『동아일보』, 1933년 3월 16일.

79) 「시장이전 언명하라 계획 없는 예산은 없다」, 『동아일보』, 1933년 3월 31일 ; 「市場問

으로 나누어 두기로 함으로써, 시장 위치 문제는 발생 5년 만에 일단락을 보게 되었다.[80]

동·서정 간의 시장 확보 경쟁은 그 치열함과 집요함에서, 방대한 지역에 걸쳐 폭력적으로 추진된 남철의 신시가지 조성이나 철도 부설, 여수읍의 시구개정에 대한 지역주민들이 대응과는 비교된다. 물론 읍이 조성한 시가지를 남철에 일괄 매도하여 주민에게 분양하려는 기도는 주민들의 저지로 성사되지 못했지만, 남철의 일방적인 부지 매수와 공사 추진 자체에 대해서, 지역주민들은 토지 매도 거부라는 소극적 저항 외에 근본적으로 대항하지는 못했다. 또한 일본인을 포함한 일부 지주에 대해 높은 용지매수가격을 지불했다는 사실을 알고 배상금 지불을 요구했지만 그 역시 성과를 얻지 못했다. 그만큼 관권의 뒷받침을 받으면서 추진된 남철의 신시가지 조성사업이 일방적이고 위압적이었던 것이다. 반면 시장 위치 문제는 기존 시가지 내부의 모든 주민, 특히 상인들에게는 당장 피부에 와 닿는 생존권 문제였다. 아래 자료에서 알 수 있듯이 시장은 주민의 생존권을 좌우하는 공공재였다.

> 시장이전 반대파들의 주장한 바에 의하면 과거 한산영락(閑散零落)하던 부락이 시장이 있으므로 저간 수백 호의 건물이 구성되어 시장을 중심으로 활동하여 생활을 유지하는데 만일 시장이 동정으로 철거되는 때에는 현재 거주 빈민 수백 호에 대한 수천 명의 생활은 여지없이 파멸될 것[81]

시장을 둘러싼 갈등에서는 대립의 상대방 역시, 관이나 자본이 아니라

題에 邑長은 秘密主義로 一貫」, 『매일신보』, 1933년 4월 1일.

80) 「다년항쟁튼 시장문제 해결」, 『동아일보』, 1933년 4월 25일.

81) 「麗水邑 市場爭奪戰」, 『매일신보』, 1933년 3월 7일.

인근 마을의 주민들이었다. 시장경영권을 가진 관청(특히 읍)에 대한 진정과 압박의 형태로 진행된 시장 갈등은 비록 형태적으로 격렬하게 나타났지만, 식민지 도시화 과정에 내포되어 있는 구조적인 문제와는 조금 거리가 있다. 이 문제는 식민당국이 주도한 도시화의 근본적인 문제를 건드리기보다는 최소한의 생존권을 확보하려는 지역주민 간의 경쟁과 갈등이었기 때문에, 주민들은 그만한 실천과 표현의 공간을 확보할 수 있었던 것으로 보인다.

〈그림 8〉은 이 글에서 살펴본 여수의 신시가지 조성 및 시구개정의 과

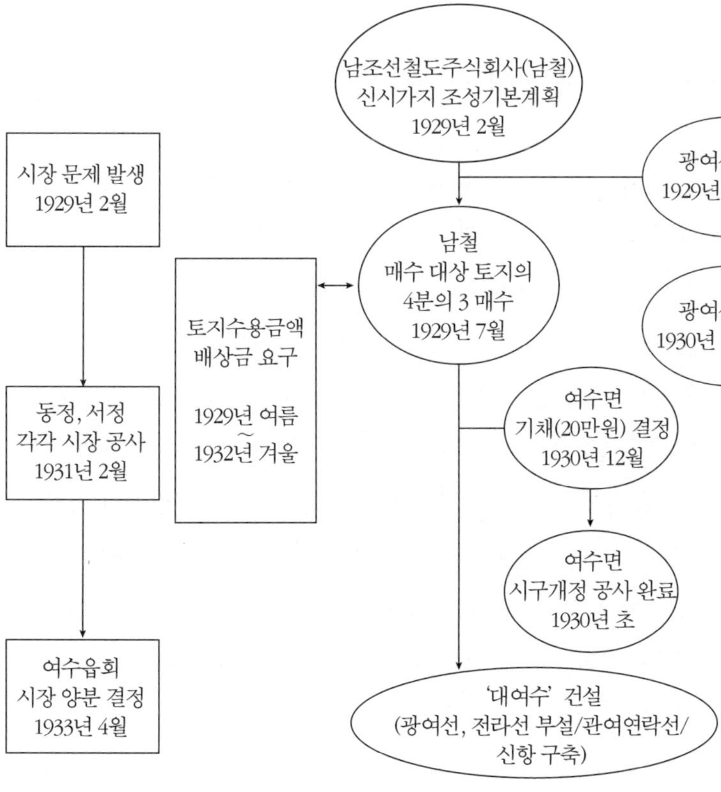

〈그림 8〉 여수 신시가지 조성 및 시구개정 과정

정을 정리한 것이다. 여기서도 알 수 있듯이 여수의 도시화 과정과 그 와중에 발생한 갈등은 서로 연동되어 있으며 상호 영향을 주고받았다. 다만, 식민당국과 일본 자본의 절대 우위와 그에 편승해서 사적 이익의 획득을 추구하는 일부 조선인 유력자들에 비해, 절대적 열세에 놓여 있던 조선인 소지주나 영세한 지역주민은 자신의 생존권을 지키기 위한 최소한의 요구를 관철하는 것도 쉽지가 않았다. 지역주민 간의 갈등으로 표출된 시장 문제만이 결국 주민들의 개입이 가능했던 가장 직접적인 현안이었던 셈이다.

5. 도시화와 사회갈등의 다양한 전개

민족, 계급, 계층, 지역 문제가 혼재해 있는 식민지의 상황은 도시개발과 도시화 과정에서 이질적인 갈등의 축을 만들어낸다. 여수의 경우 해산물 유통 문제는 자본력의 차이나 식민권력의 비호라는 조건을 배경으로 민족적 갈등의 양상을 보였다. 남철 및 식민당국과 농민 소지주 사이의 충돌을 중심으로 전개된 신시가지 조성 문제는 관권을 등에 업은 거대 자본과 영세 농민 지주 사이의 계급적 대립이라는 성격이 두드러진다. 한편, 시장 유치를 둘러싼 동정과 서정 주민의 갈등은 생존권 확보를 위한 지역주민들 간의 경쟁이라는 점에서 앞의 두 사안과 구분된다. 이들 사안은 모두 여수의 도시화 과정에서 발생하여 서로 연동하는 현안이었지만 그 성격에 따라 지역주민들의 대응 양상을 달라졌다.

해산물 유통권 문제를 통해 보았듯이 여수에서 조선인의 경제력은 일본인보다 취약한 상태였다. 그런 여수에서 남철과 같은 대자본이 추진하는 대규모 토지 매수와 신시가지 조성 공사는 거침없이 추진되었다. 대상 지역의 주민들은 토지 수용 거부라는 수단밖에 없는 상태에서, 수용령을 발포하겠다는 관청의 엄포, 그들과 유착된 매수알선위원회의 압력, 조성된 토지를 저렴하게 공급하겠다는 회유에 시달리며 유일한 생존의 기반인 토지를 내놓았다.

지역주민들은 비록 지역개발을 위한 공공사업에 대해서는 반대하지 않는다고 했지만, 식민통치와 대자본의 필요에 의해 추진된 개발 사업이 지역사회에 끼칠 영향이 그리 밝지만은 않았다. 내륙과 일본을 연결하는 광여선의 개통은 "도회의 거수(巨手)가 더욱 농촌지배의 능률을 가속하는 것이며 조선의 자본화는 백의인(白衣人)이 미쳐 따라가기 어려운 보조로서 진전되는 것"을 의미했다.[82] 그런 점에서 당시의 신시가지 조성 사업은 지역주민을 위한, 지역민이 주도하는, 지역사회 개발 프로젝트는 아니었다. 따라서 지역주민에게는 사업의 대상으로서 '사업에 필요한 토지를 염가에 제공하는 것'만이 요구되었다.

여수의 도시화 과정, 특히 신시가지 조성 사업이나 시구개정 등 도시개발 과정에서 시장 위치를 제외하면, 철도역의 위치나 노선 등등에 대한 지역사회의 논의를 찾아보기 어렵다. 토지 수용의 범위와 그 가격만이 핵심 사안이었다. 그것은 여수의 내적 발전보다는 주요 육운과 해운을 연결하는 항구 건설을 목표로 일본 대자본과 식민당국이 도시개발을 주도했기 때문이었다.

지역주민들의 주도로 철도 부설이나 시구개정 사업이 추진된 경기도 안성의 경우와 비교해보면 그러한 특징은 더욱 분명해진다. 개발의 취지에 대한 지역사회의 동의 여부, 이견의 조율 과정, 사업의 추진 방식, 비용의 부담 방식, 극빈자 등 약자에 대한 보호 등을 처리하는 방식이 달랐

82) 「麗水線開通, 그 意義如何」, 『동아일보』, 1930년 12월 28일.

다. 그러한 과정 자체가 아예 생략되었다고 표현하는 것이 맞을 것이다. 안성은 기존 질서의 보존을 목표로 지역주민 주도로 철도 부설과 시구개정이 추진되었다. 그 과정에서 발생하는 갈등도 지역사회 안에서 중재하는 모습을 보였다.[83)] 반면 여수에서는 그러한 사업이 조선 전체의 경제적, 군사적 발전 방향에 부응하는 '대여수'의 건설이라는, 식민통치의 큰 틀을 완성해 나가는 차원에서 위로부터 추진되었다.

여수에서는 위로부터의 강제력이 강했다는 것과 더불어, 지역개발을 통해 창출된 경제적 부의 배분에 대한 기대가 계층에 따라 달랐기 때문에 지역의 내적 결속력이 상대적으로 약했다. 개발에 필요한 부담과 창출된 이익의 배분을 둘러싸고 내적 균열이 나타나는 것은 동일하지만, 안성에서는 그것을 조정하고 통합하는 내적 매카니즘이 상대적으로 강하게 작동했다. 반면 여수에서는 그런 내적 매카니즘이 초기부터 깨져나갔다. 안성과 비교하면 지역사회를 균열시키는 외부의 힘은 더 강력했고, 그것을 억제하는 내적 동기와 힘은 상대적으로 취약했기 때문이다. 그런 조건에서는 사회적 약자, 지역개발 과정에서 생기는 희생자들에 대한 공공적 보호책도 논의되기 어렵다. 또한 지역유력자에 대해 지역공동체, 특히 하층민에 대한 사회적 책임을 기대하는 공동체적 호혜주의 역시 별다른 힘을 발휘하지 못했다. 지역의 유력자들이 앞장서서 '매수알선위원회'를 조직하고 주민들을 회유·협박하는 모습에서는 식민지 자본주의의 파도 앞에 찢기는 지역사회와 그들이 희구한 식민지 도시 '대여수'의 모습만이 부각된다.

식민당국과 일본 자본, 그들에 편승한 조선인 유력자들이 주도한 '대여수' 건설과 여수 발전 프로젝트에서, 조선인들은 다만 사업을 위해 협

83) 안성의 철도 부설과 시구개정 과정에 대해서는 허영란, 앞의 글, 2007을 볼 것.

조해야 하는 대상으로만 설정되었다. 그 과정에서 조선인들은 최소한의 생존권 유지를 위해 조선인 주민 내부의 경쟁으로 내몰렸다. 겉으로는 1920년대의 전 조선에 지역개발이라는 열기가 거침없이 퍼져 나가는 것처럼 보이지만 그것의 구체적인 전개과정은 개별 지역사회에 따라 달랐다. 이러한 차이는 식민지적 근대성의 내용이 결코 일의적이지 않다는 것을 보여주는 또 하나의 실례라고 할 수 있다.

참고문헌

『조선총독부통계연보』, 1911.
度支部 司稅局, 『韓國各府郡市場狀況調查書』, 1909.
片岡議, 『寶庫の全南』, 片岡商店, 1913.
片岡議, 『麗水發展史』, 片岡商店, 1927.
吉田敬市, 『朝鮮水產開發史』, 朝水會, 1954.

〈신문자료〉 (연도순 정리)
「麗水市街設備, 朝鮮人의 大不平」, 『동아일보』, 1923년 5월 21일.
「八百餘名 連署로 區域變更을 陳情」, 『동아일보』, 1927년 3월 20일.
「國稅外의 稅金不納, 面協議員辭職」, 『동아일보』, 1927일 3월 22일.
「八個區長 辭職에 面議員도 遂辭表」, 『동아일보』, 1927년 3월 26일.
「全商權 掌握하라는 水產社를 反對」, 『동아일보』, 1927년 3월 30일.
「八里代表 또 陳情」, 『동아일보』, 1927년 4월 9일.
「山佳水麗한 湖南의 名勝, 生產品도 多種多樣(3)」, 『동아일보』, 1927년 4월 13일.
「麗水問屋組合 決議」, 『동아일보』, 1927년 6월 4일.
「朝鮮人을 背叛하고 日人會社와 結托」, 『동아일보』, 1927년 8월 11일.
「建設計劃 中의 大麗水港 國鐵敷設과 工事가 土價로 一頓挫」, 『동아일보』, 1928년 8월 14일.
麗江漁人, 「麗水港 建設과 鐵道用地問題, 斡旋委員會와 地主會(1)」 『동아일보』 1928년 11월 2일.
麗江漁人, 「麗水港 建設과 鐵道用地問題, 斡旋委員會와 地主會(2)」, 『동아일보』, 1928년 11월 3일.

「南朝鐵買地計劃에 地主들은 反對」, 『동아일보』, 1929년 1월 1일.
「南朝鮮鐵道着工」, 『동아일보』, 1929년 1월 1일.
「麗水市場問題로 西町町民大會開催」, 『동아일보』, 1929년 2월 20일.
「光州麗水線 鐵道起工式」, 『동아일보』, 1929년 3월 1일.
「麗水市場 位置問題」, 『동아일보』, 1929년 3월 31일.
「地價決定업시 鐵道를 起工, 사십여 명 회합 당국에 항의」, 『동아일보』, 1929년 5월 21일.
「承諾업시 伐木한 鐵道會社 告訴」, 『동아일보』, 1929년 5월 29일.
「多數農民이 郡廳에 殺到 군수에 질문하나 모호한 답변」, 『동아일보』, 1929년 7월 13일.
「第二回農民大會 時價不足額을 請求」, 『동아일보』, 1929년 7월 16일.
「多數農民이 南鐵을 包圍 지배인 보고 여러 가지 힐난」, 『동아일보』, 1929년 7월 20일.
「四月二十日 麗水農民 鐵道에 쓴 賠償金달라고 上京陳情」, 『동아일보』, 1930년 9월 2일.
「光州麗水驛線中의 四個驛取消」, 『동아일보』, 1930년 12월 8일.
「南鐵開通은 또 다시 延期」, 『동아일보』, 1930년 12월 12일.
「明年度에 完成할 大麗水建設 지주들에게 부지를 교섭」, 『동아일보』, 1930년 12월 15일.
「敷地價 問題로 面當局殺到」, 『동아일보』, 1930년 12월 23일.
「麗水線開通, 그 意義如何」, 『동아일보』, 1930년 12월 28일.
「市區改正에 極貧者를 狼狽」, 『동아일보』, 1931년 1월 7일.
「面所에서 拒絶當코 道에 陳情決議」, 『동아일보』, 1931년 2월 3일.
「市場候補地工事 雙方이 競爭進行」, 『동아일보』, 1931년 2월 8일.
「二個所에 開始 麗水시장문제」, 『동아일보』, 1931년 2월 9일.
「主要都市巡廻座談 ; 第卄八 麗水篇(一)」, 『동아일보』, 1931년 2월 22일.
「七百餘群衆 郡廳에 殺到」, 『동아일보』, 1931년 2월 28일.
「主要都市巡廻座談 ; 第卄八 麗水篇(六)」, 『동아일보』, 1931년 3월 1일.
「市場問題를 또다시 陳情」, 『동아일보』, 1931년 3월 17일.
「麗水三百餘商民들이 商務組合創立」, 『동아일보』, 1931년 4월 7일.
「地主의 不承諾으로 工事에 大支障」, 『동아일보』, 1931년 4월 18일.
「南鐵社長과 直接談判計劃 토지를 헐갑으로 판 문제」, 『동아일보』, 1931년 4월 22일.
「數百農民이 總監旅館에 殺到」, 『동아일보』, 1931년 4월 23일.
「日本人優勢 麗水邑有權者數」, 『동아일보』, 1931년 4월 25일.
「財閥과의 握手는 民意와 相違, 문제 만흔 려수 신시가지」, 『동아일보』, 1932년 1월 27일.
「이중 貰金 징수」, 『동아일보』, 1932년 3월 9일.
「土地會社成立코저 市民大會開催」, 『동아일보』, 1932년 3월 17일.
「南鐵사장 來麗함에 시장토지문제 주시」, 『동아일보』, 1932년 12월 6일.
「지방논단—읍영 시가지 급 시장문제, 여수읍의 반성을 촉함」, 『동아일보』, 1933년 2월 11일.

「시장문제로 각정 유지 대회, 도당국에 진정 결정」, 『동아일보』, 1933년 2월 21일.
「西町民대회 시장이전 반대」, 『동아일보』, 1933년 2월 21일.
「서정시민대회, 군과 읍의 처치를 질문」, 『동아일보』, 1933년 3월 7일.
「麗水邑 市場爭奪戰」, 『매일신보』, 1933년 3월 7일.
「시장이전문제 재론」, 『동아일보』, 1933년 3월 16일.
「시장이전 언명하라 계획 없는 예산은 없다」, 『동아일보』, 1933년 3월 31일.
「市場問題에 邑長은 秘密主義로 一貫」, 『매일신보』, 1933년 4월 1일.
「다년항쟁튼 시장문제 해결」, 『동아일보』, 1933년 4월 25일.
「覺書 쓴 前約을 無視 小作料徵收를 準備」, 『동아일보』, 1933년 8월 16일.

〈연구서와 논문〉
고석규, 『근대도시 목포의 역사 공간 문화』, 서울대학교출판부, 2004.
김계유, 『여수여천발전사』, 반도, 1988.
김민영 외, 『철도, 지역의 근대성 수용과 사회경제적 변용』, 선인, 2005.
김영정 외, 『근대 항구도시 군산의 형성과 변화』, 한울아카데미, 2006.
김인덕, 「식민지시대 여수지역 민족해방운동에 대한 일고찰」, 『성대사림』, 7, 1991.
손정목, 『일제강점기 도시화 과정 연구』, 일지사, 1996.
여수여천향토지편찬위원회, 『여수여천향토지』, 1982.
여수지방해양항만청, 『사진으로 본 여수항 · 광양항 변천사』, 2007.
허영란, 「시가지 개조를 둘러싼 지역주민의 식민지 경험—안성의 철도 · 시장 · 공원 그리고 지역주민」, 『역사문제연구』 17, 2007.
허영란, 『일제시기 장시 연구』, 역사비평사, 2009.
허정도, 『전통도시의 식민지적 근대화—일제강점기의 마산』, 신서원, 2005.

4장

근대 산동의 도시건설 유형과 사회갈등 구조

– 칭다오와 지난의 도시 근대화를 중심으로

| 김형열 |

1. 산동 근대도시화의 두 축 : 칭다오와 지난

도시는 국가와 사회의 정신문화와 물질문화를 반영하는 거울이자, 그 시대의 역사를 명확하게 보여주는 정치 무대라고 할 수 있다. 특히 중국 근대사회에 있어서 도시는 근대사의 전개방식을 보여주는 지표와 같은 존재였다. 따라서 중국 근대의 변화 원인을 찾고자 하는 많은 학자들이 도시를 통해 근대 중국의 속성을 파악하고자 시도하였다. 통계에 따르면 1980년대 중엽부터 1990년대 말엽까지 중국에서 출판된 근대도시에 대한 연구서적과 자료집은 500여 편에 달했고 관련된 논문도 천 편이 넘었다.[1] 이들 연구 성과는 근대 중국 도시사 연구의 목적, 의의 및 그 주요대상에 대해 언급하고 있는데 그 주제만 해도 도시 근대화, 근대화와 반식

1) 曾業英, 『五十年來的中國近代史硏究』, 上海 : 上海書店出版社, 2000, p. 307.

민지화, 도시의 체계와 배치, 도시의 기능과 구조, 도시-농촌 관계, 도시 발전의 동력, 근대도시의 지역화, 근대도시의 공업화와 문화변천 등 도시의 경제, 정치, 문화, 사회 각 방면에 두루 미치고 있다.[2] 이들 연구 성과들은 바로 중국 사학계가 근대도시사 연구를 중시하고 있음을 보여주고 있는 것이다.[3]

칭다오(青島)와 지난(濟南)은 근대뿐만 아니라 오늘날에 이르기까지 산동(山東)을 대표하는 중요한 도시 중 하나이다. 물론 오늘날에는 경제적 이유로 칭다오가 다른 도시들에 비해 내외국인들 사이에서 좀 더 주목을 받고 있는 것이 사실이지만 이 도시가 아주 오래전부터 주요 도시의 반열에 올랐던 것은 아니었다. 산동 각 도시의 역사적 운명이 갈린 것은 근대 이후의 일이었다. 즉 각 도시들의 전통적 성격과 위치에 큰 변화가 생기고 정치적 상황과 결단에 따라 발전과 쇠퇴라는 상이한 길을 걷게 되는 것은 19세기 후반에 이르러 발생한 역사적 현상이었던 것이다. 예를 들어 산동성 서부 내륙지역에 있는 지난은 이미 기원전 164년 전한(前漢) 문제(文帝)시기에 제남국(濟南國)이 설치된 이래로 명청 양대에 걸쳐 산동성 수부(首府)로서 정치 중심지 역할을 담당한 내륙 행정도시이자 역사문화도시였다. 이에 비해 산동 반도 동남부의 교주만(膠州灣) 입구에 자리 잡고 있는 칭다오는 1897년 독일 제국주의의 침략을 받기 전까지만 해도

2) 陳曉鳴, 張雷, 「中國近代城市史個案研究擧要」, 『上海師範大學學報』, 第33卷 第2期, 2004, p. 123.

3) 중국 내 중국 근대도시사 연구 중 개별 도시 연구의 대표작으로는 『近代上海城市研究』, 『近代重慶城市史』, 『近代天津城市史』, 『近代武漢城市史』를 들 수 있다. 이들 4권의 책은 도시사 연구에 있어 새로운 이론과 방법으로 중국 근대도시사를 연구한 대표적 학술 서적이었다. 이 외에도 『走向近代化的北京城』, 『南通現代化』, 『近代昆明城市史』, 『開封城市史』, 『北京通史』, 『成都城市史』, 『拉薩史』, 『重慶 : 一個內陸城市的崛起』 등의 연구서도 개별 도시 연구에 있어 학술적 성과를 거둔 저작이라고 볼 수 있다. 何一民, 「中國近代城市史研究述評」, 『中華文化論壇』, 第1期, 2000, pp. 62-65.

조그마한 어촌 마을에 불과하였다. 하지만 상청도(上青島)와 하청도(下青島)라 불리던 이 촌장(村莊)은 독일지배시기의 도시계획과 도시건설 과정에서 사라지고 그 자리에 독일인의 주거지역이자 상업구역으로 시가지가 조성되면서 오늘날 칭다오시의 원형으로 발전하였던 것이다.

지난은 황하(黃河) 하류 연안에 있으면서 교제철로(膠濟鐵路)와 진포철로(津浦鐵路)의 교차점이기도 하여 내륙지역 수로교통 및 육로교통의 요지라 할 수 있었다. 또한 명청 양대 이래로 오늘날에 이르기까지 산동성 정치·문화·교육 중심지로서의 지위를 유지해 오고 있다. 전통적 행정도시인 지난이 근대적 상업도시로 탈바꿈하면서 근대화와 경제발전을 함께 이룩하는 전기를 마련한 해가 바로 1904년이었다. 바로 이해 지난은 상부(商埠)[4]를 건립하기 시작함으로써 성벽으로 둘러싸인 전통적인 고대 도시구조에서 벗어나게 되었고 근대 상공업 발전의 터전이 된 통상장을 마련하게 되었던 것이다. 지난은 상부 건립을 통해 중국 내륙지역의 대도시가 대외적으로 개방하는 데 있어 하나의 모범적 선례를 남기게 되었다. 그와 더불어 정치 중심적이었던 도시의 성격이 경제 중심적으로 변하면서 비약적인 경제발전을 이루게 되어 1920년대와 30년대에는 산동 내륙 최대의 상업도시로서 이름을 떨칠 수 있었다.

칭다오는 교주만 지역에서 흥기한 항구도시로서 먼저 독일의 교주만 점령 및 조차에 의해 식민지로서 개발되었다가 다시 일본에 의해 침탈되어 산동에 대한 정치적, 경제적 침략의 전초기지 역할을 담당하였다. 칭다오는 1898년부터 1914년까지의 독일점령시기에 군사적 목적과 상업

4) 상부(商埠)는 외국과의 통상을 위해 마련된 근대 중국의 대외 통상장 또는 개항장을 말한다. '상부를 연다'는 뜻인 개부(開埠)는 항구도시에 있어서는 흔히 '개항'의 의미로 쓰인다. 상부의 종류는 외국과의 조약을 통해 강제적으로 개방된 "약개상부(約開商埠)"와 정치, 경제적 목적으로 자발적으로 개방한 "자개상부(自開商埠)"로 나눌 수 있다.

적 목적에서 근대적 항구로 건설되었다. 이때부터 칭다오는 도시 근대화의 길을 걷기 시작하였고 근대적 도시계획과 도시건설이 진행되었다. 또한 1904년 지난과 교주만을 잇는 교제철로의 개통 이후에는, 1861년에 개항한 옌타이(烟臺)가 무역항으로서 가지고 있던 독보적인 지위를 승계하여 내지의 산지시장 및 집산시장과 해외시장을 연결해주는 주요 연해 수출입 시장으로 부상하였다.

근대 이전 산동은 이미 경제적 기능을 위주로 하는 도시들이 출현해 있었는데, 이들은 산동 서부에 남북으로 걸쳐 있는 운하 연안 또는 산동 중부에 동서로 뻗어 있는 동서대도 연선에 집중적으로 위치해 있었다. 운하 연안에 위치한 도시로는 더저우(德州), 린칭(臨淸), 지닝(濟寧), 랴오청(聊城), 장치우(張秋)가 대표적이었고 동서대도 연선에 있는 도시로는 저우춘(周村), 보샨(博山), 웨이시엔(濰縣)이 대표적이었다. 이들 산동 내륙 도시들 중 운하 연안 도시가 다른 도시에 비해 더 일찍 그리고 더 큰 규모로 발전하였다. 따라서 산동의 중요한 도시들은 대부분 남북 방향으로 분포되었으며 상공업과 교통운수의 중심지로서의 역할을 담당하였다.[5] 하지만 이들은 여전히 전통적인 상업방식을 답습하고 있었으며, 경영규모나 시장범위 면에서 볼 때 다른 도시 또는 산동성 전체에 영향을 줄 만한 경제적 기능을 담당하지는 못하고 있었다.

1861년 옌타이가 개항하자 전통적이고 폐쇄적이며 국지적인 산동 내륙의 경제구조에 변화의 바람이 불기 시작하였다. 하지만 옌타이의 개항으로 인해 산동 내륙에 일어나기 시작한 경제변화는 독일에 의한 칭다오의 개항과 교제철로의 부설로 인해 야기된 산동 내륙 경제구조의 변화와

5) 呂穎慧 著, 「占時期青島的崛起與山東近代城市體系的形成」, 『東方論壇』, 第6期, 2004, p. 121.

비교한다면 예고편에 불과했다. 독일에 의해 점차 현대적인 부두시설을 갖추게 된 칭다오항은 곧 그 시설이나 규모 면에서 옌타이항을 압도하기 시작하였다. 그리고 독일에 의해 부설된 교제철로는 객상(客商)들의 육로운송에 의존하던 기존의 상로(商路)와는 운송속도와 운송량 그리고 화물집적 규모 면에서 비교도 할 수 없을 정도의 우세를 지니고 있었다. 그와 동시에 교제철로의 부설은 산동 내륙도시에 정치적, 경제적 압력을 가하여 결국 지난이 개부(開埠)하게 되는 결정적 원인을 제공하였다. 그뿐만 아니라 칭다오항과 산동 내륙 최대의 화물 집산지인 지난의 연계가 강화되면서 연해지역과 내륙지역이 경제적으로 긴밀히 연결되었고, 교제철로의 종점인 지난은 산지시장과 항구시장을 직접 연결해주면서 상업중심의 근대적 도시로 발전해 갈 수 있었다.

이 글은 상술한 내용과 같이 산동 근대도시사의 두 축으로 작용하였던 연해도시 칭다오와 내륙도시 지난의 근대적 도시건설 과정을 살펴보려고 한다. 그럼으로써 도시건설의 배경적 요소로서 당시의 정치적 상황과 지정학적 영향에 대해 알아보고 아울러 도시화의 성격 유형에서 자주적 개방과 식민지적 개발이 어떠한 차이를 보이는지 고찰하고자 한다. 또한 산동의 근대도시화 과정에서 보이는 사회갈등의 구조를 수직적 구조와 수평적 구조라는 틀을 통해 정치적, 경제적으로 분석하고 귀납해 보고자 한다. 이를 위해 구체적으로 논술하고자 하는 사항은 다음과 같다.

먼저 독일의 칭다오 식민지화와 도시건설에 대해서 살펴보고자 한다. 식민지 도시건설 과정에서 드러난 칭다오 고유의 도시 특징은 독일점령 시기에 형성된 것이었고 그러한 특징은 좀처럼 사라지지 않았다. 따라서 오늘날 칭다오의 원형이 되는 식민지 건설 초기의 정치적 상황과 행정관리, 도시건설 과정을 알아보는 것은 칭다오의 도시구조와 기능, 나아가 도시성격을 파악하기 위한 기초자료를 제공해 줄 수 있으리라 보인다.

다음으로 내륙의 행정도시 지난에 상부를 개설하게 된 역사적 배경과 그 건설과정, 상부 신시가지 건설에 따른 도시계획과 도시발전에 대해 탐색해 보고자 한다. 그리하여 상부 건립이 지난 도시사에 있어 어떠한 의의를 지니고 있으며 상부 건립 이후 도시성격에 어떠한 변화가 발생하였는지를 살펴보고자 한다. 마지막으로 칭다오와 지난의 도시화 과정에서 드러난 사회갈등을 당시의 정치적 상황에서 야기된 식민지배와 경제적 원인에서 발생한 인구이동을 통해 설명하고자 한다. 즉 독일의 교주만 점령 이후 식민통치 기구와 칭다오 중국인 사회와의 관계에 주목해서 독일 식민통치의 성격을 알아봄으로써 중국의 조계도시가 갖는 중외(中外) 혼합 또는 중외(中外) 분리의 특색을 분석하고자 한다. 또한 도시 근대화의 결과이자 표지라 할 수 있는 인구문제와 관련하여 먼저 상부 건설 이후 지난의 인구규모와 인구구조의 변화 및 이에 상응한 사회구조의 변화에 대해 알아보고, 도시의 경제발전이 촉발한 농촌인구의 도시 유입 및 도시인구의 증가로 인해 생겨난 도시 내부의 사회문제를 유형별로 살펴보고자 한다.

2. 산동 연해 식민도시의 개발 : 칭다오의 개항

교주만은 다른 명칭으로 교오(膠澳)라고 불리기도 하는데 산동 반도의 남측에 위치하며 대고하(大沽河), 소고하(小沽河), 교래남하(膠萊南河)가 회류(會流)하여 바다로 들어가는 지점을 말한다.[6] 교주만은 황해에 연하고 있으면서 입구가 넓고 수심이 깊어 산동 천연의 문호이자 아름다운

6) 安作璋 編, 『山東通史』, 近代卷, 下册, 山東人民出版社, 1994, p. 616.

항구로 이름이 나 있었기에 아편전쟁 이래로 열강의 주목을 받으며 쟁탈의 목표가 되었다. 19세기 중엽까지만 해도 누구의 주목도 받지 못하던 칭다오가 중국 근대의 정치적, 경제적 중심지로 부상하게 된 것은 무엇보다도 독일의 교주만 침탈과 칭다오항의 건설이라는 제국주의적 선택과 불가분의 관계에 있었다. 후발 자본주의 국가로 성장한 독일은 뒤늦게 동아시아 지역 식민지 쟁탈 경쟁에 참여하였지만, 교주만의 점령과 더불어 산동을 자신의 세력 하에 두는 쾌거를 거둘 수 있었다. 독일이 다른 열강과의 식민지 경쟁에서 산동을 차지할 수 있었던 것은 많은 이유가 있겠지만, 칭다오항을 건설한 다음 교제철로를 통하여 이를 산동 내지와 일원적으로 연결했던 데서 그 중요한 원인을 찾을 수 있을 것이다. 칭다오항의 무역량은 곧 옌타이항의 무역량을 넘어서면서 산동의 제1항구로 올라섰고 이와 더불어 영국의 조계지인 옌타이는 점차 쇠락할 수밖에 없었다. 또한 교제철로의 부설로 독일 세력의 산동 내지로의 진출이 가시화되자 청 정부는 자진해서 내륙도시인 지난, 저우춘, 웨이시엔에 상부를 개설하고 외국과의 통상을 개시할 수밖에 없었다. 이처럼 독일의 교주만 점령과 칭다오 개항, 그리고 교제철로의 부설은 산동의 정치적, 경제적 구조를 변화시키고 열강의 세력 판도를 뒤바꾸는 엄청난 영향력을 지니고 있었다.

1888년 빌헬름 2세의 등장과 더불어 추진된 독일의 '신노선 정책'은 팽창주의적 외교노선을 대외적으로 표방하였다. 이에 따라 온건한 식민지 정책을 강조한 비스마르크가 퇴임한 1890년부터 독일은 세계적 강국으로의 지위를 추구하는 세계정책을 적극 실현에 옮겼고 전통적인 육군중심 국가에서 해군중심 국가로 발돋움하기 시작하였다. 당시 독일의 해군력은 영국의 대양함대에는 대적할 능력을 보유하지 못했기에 순양함대를 중심으로 적국의 통상로를 차단하고자 하였다. 하지만 순양함은 자주 석탄을 공급받아야 하였으므로 전략수행을 위해서는 해군기지의 확보가 필수적이었다. 빌헬름 황제는 마침 청일전쟁으로 혼란 중인 중국의 약점을 이용해 해군기지 확보를 지시했으며, 해군 소장 티르피츠는 1896년과 1897년의 두 차례 탐사 후 배후의 석탄매장량, 철도건설 및 자원개발의 가능성이 큰 산동 교주를 최적지로 선정했다.[7)]

이처럼 동아시아에서 해군기지와 상업교두보를 확보하기 위해 호시탐탐 시기를 노리던 독일에게 드디어 기회가 찾아왔다. 1897년 11월 1일 거야현성(巨野縣城)에서 동북으로 20리 떨어진 마반장장(磨盤張庄)에서 대도회(大刀會)의 반기독교 투쟁 중에 독일인 선교사 2명이 피살되는 "거야교안(巨野教案)" 이 발생한 것이다. 거야교안의 발생은 독일 제국주의에게 침략의 구실을 제공해 주었다. 독일황제는 신속히 군사행동을 일으키도록 지시하면서, 11월 7일 상하이 주둔 함대 사령관에게 명령하여 순양함 4척을 이끌고 북상하여 무력으로 교주를 탈취하도록 했다.[8)] 11월 14일 교주만에 도착한 독일 원동함대는 군사훈련을 구실로 갑자기 해군 600명을 교주에 상륙시켜 청병(淸兵)을 창커우(滄口)로 퇴각하게 하였고, 12월 17일까지 청병을 교오 지역으로부터 완전히 철수시켰다. 교오 지역을 점령한 독일은 산동을 자신의 세력범위로 만들기 위해 청 정부에게 교주만의 99년간 조차를 요구하였고 결국 1898년 3월 6일 청 정부와 중덕교오조계조약(中德膠澳租界條約)을 체결하였다.[9)]

조약 내용 중에서 특히 중요한 부분은 교주만의 조차와 철도 부설권 및 채광권에 대한 조항이었다. 먼저 교오 조계에 대해서, 중국은 교오 해

7) 김춘식, 「독일제국과 바다-독일의 동아시아 해양정책과 식민지 건설계획을 중심으로」, 『대구사학』, 91, 2008, pp. 178-179.

8) 孫瑞芹, 『德國外交文件有關中國交涉史料選譯』, 第1卷, 商務印書館, 1960, p. 32.

9) 濟南社會科學研究所 編, 『濟南簡史』, 齊魯書社, 1986. 12, pp. 352-355.

〈그림 1〉 교주만 조차지

상의 주변 50km 내에서 독일이 언제든지 군사적으로 이동할 수 있도록 허가하며, 중국은 교오 입구 남북 양면을 독일에게 99년간 조차하도록 명시하였다. 다음으로 철로와 광무(鑛務)에 대해서 중국은 독일이 산동에 2개 선의 철도를 부설하는 것을 허가하며, 철도 부설을 위해서는 독일 회사와 중국 회사를 설립하여 각각 스스로 자본을 모으고 협상 인원을 파견하여 일을 처리한다고 명시하였다.[10] 결국 중덕교오조계조약의 체결로 산동은 독일의 세력범위가 되었고 산동의 반식민지화가 가속화되었다. 이 조약에 근거하여 독일은 550km^{2}에 달하는 교오 지역을 차지하게 되었고 그 후 독일 통제 하에 놓이게 된 지역은 교주만의 범위를 훨씬 초과하였다. 중덕교오조계조약 체결 후 1898년 4월 27일 독일 황제 빌헬름 2세는 칙령을 내려 교주만 지역을 독일의 보호령으로 삼는다고 선언하였다.[11] 독일 황제의 이러한 칙령을 근거로 교주만 조차지는 독일의 식민지가 되어 "교주만 보호령"으로 명명되었다.

중국이 독일과 체결한 중덕교오조계조약은 비록 명의상으로는 중국

10) 中國第一歷史檔案館, 青島市博物館, 青島市社會科學硏究所 編, 『德國侵占膠州灣史料選編』, 山東人民出版社, 1986, pp. 333-335.

11) 劉彦, 『帝國主義壓迫中國史』, 上卷, 太平洋書店, 1929, p. 205.

이 교주만 지역을 독일에 조차한 것이었지만 독일은 이 지역을 그들의 식민지로 여겼다. 사실상 독일이 여기서 행한 일체의 계획과 건설은 모두 독일의 영구적 식민지 경영을 위한 것이었다. 특히 제국 해군청은 그 식민지 경영 능력을 보여주기 위해 교주만 조차지를 모범적인 식민지로 건설하고자 하였고 도시건설에 상당한 비용을 지불하였다.

독일은 칭다오를 점령하자 곧 주도면밀하고 자세한 토지정책을 수립하였다. 즉, 교오 지역의 민간 토지매매 활동을 금지하고 토지에 대해 행정적 독점과 통제를 한다는 정책을 마련하였던 것이다. 이러한 정책을 수립한 목적은 다음과 같았다. 첫째는 현지의 중국 주민이 지가를 올리지 못하게 하여 토지를 염가로 구매하기 위한 것이었고, 둘째는 외래의 투기상이 기회를 틈타 토지를 구매하여 독점 이익을 올림으로써 도시의 발전을 저해하는 것을 방지하기 위한 것이었다. 또 셋째는 총독부가 넉넉한 공용 건축 부지를 확보하고 도시의 발전에 엄격한 규칙과 통제를 가하기 위한 것이었고, 넷째는 토지매매와 세수를 독점하여 교주 총독부의 재정수입을 증가시키기 위한 것이었다.[12)]

총독부는 토지의 대량수매 이후 집중적으로 측량을 하였고 항구와 도시건설을 위한 설계도를 작성하였다. 그리고 시가지와 광장, 부두, 공공장소와 방어시설에 쓰일 용지 이외의 나머지 토지는 소규모 단위로 나누어 개인에게 경매하였다. 1898년 9월 2일, 칭다오 자유항의 개방과 발을 맞추어 총독부는 사적 토지매매에 관한 장정(章程)을 반포하였다.[13)] 이

---

12) 李萬榮, 「膠澳開埠與青島城市的早期現代化(1898-1914)」, 東北師範大學 碩士學位論文, 2002, p. 39.

13) 謀樂, 『青島全書』, 青島印書局, 1912, pp. 179-182, 「置買田地章程」. 그 주요 내용은 다음과 같다. 1)총독부는 실제상황에 따라 수시로 토지 입찰의 공고를 반포하고 정기적으로 최저액을 지정하여 매 경매에서 최고가를 제시한 사람에게 토지를 판매한다. 2) 토지 구입자는 경매 8일 전에 구매하고자 하는 토지의 용도를 총독부에 보고하여야

장정의 세칙은 세수제도와 밀접히 결합되어 있었는데 이후 총독부는 토지매입과 관련하여 다시 다음과 같이 규정하였다. 토지를 매입한 사람은 반드시 일정액의 선수금을 납부해야하며 그 수량은 1900년 25원(元), 1912년에는 50원으로 증가하였다. 토지를 매입한 후에는 다시 지가에서 일정액을 차감하였다. 또한 선수금을 내고 토지를 구입하지 않을 시에는 선수금은 몰수되었다. 교주 총독부의 이러한 토지매매 규정은 개인적 토지 투기활동을 두절시켰고 또한 엄격한 계획 속에서 도시건설을 추진하는 효과를 거둘 수 있었다.[14)]

1900년, 교주 총독부는 첫 번째 칭다오 도시계획을 제정하였다. 구획 면적은 20km²로 건설 예정지는 칭다오 서해안과 구릉 사이의 비교적 평탄한 지대였는데, 바로 교주만 입구였다. 도시 구획은 내계(內界)와 외계(外界) 두 구역으로 나누어졌는데, 내계 시구(市區)는 칭다오를 중심으로 한 지역이었고 외계 촌구(村區)는 리춘(李村)을 중심으로 한 지역이었다. 이는 거주 지역을 분할한 것일 뿐 아니라 독일 식민당국의 행정관리에 편의를 도모하기 위한 것이었다. 내계는 다시 유럽인 거주구역과 중국인 거주구역의 두 구역으로 나누어졌다. 유럽인 거주구역은 서쪽의 프리드

구매권을 승인받을 수 있다. 그리고 3년 내에 보고한 용도대로 그 이용계획을 실현해야 한다. 만약 특수한 상황이 있을 때는 그 기한을 5년으로 연장할 수 있다. 3)만약 토지 구매자가 총독부의 허가 없이 원래 보고한 토지 이용계획을 무단으로 변경하였거나 또는 지정한 기한 내에 원 계획대로 실행하지 않을 때는 총독부는 그 토지를 몰수한다. 단 구입한 토지가격의 반만을 환원한다. (1903년 이후 이 방법은 누진 증세법으로 변경되어 비준 받은 계획대로 이용할 때까지 세금을 받았다.) 4)만약 토지 구매자가 구매한 토지를 전매할 경우, 토지에 투자한 금액을 제한 순이윤의 1/3을 총독부에 납부해야 한다. 5)만약 토지를 25년 이내에 팔지 않았을 경우 이 기간에 지가 상승 부분의 1/3을 한 번에 한하여 총독부에 납부해야 한다. 6) 모든 토지 구매자는 1902년 1월 1일까지 매입 가격의 6%에 해당하는 지세를 납부해야 한다. 이후에는 수시로 지가에 따라 계산한다.

14) 王守中, 『德國侵略山東史』, 人民出版社, 1988, p. 177.

리히 거리(Friedrich Street)와 북쪽의 호헨로헤 거리(Hohenlohe Street)에서 시작하여 신호산(信號山)과 청도산(青島山)을 넘어 회전동산(會前東山)과 해안에 이르는 지역으로 이 구역을 칭다오구라고 칭했다. 이곳은 칭다오만, 회천만(匯泉灣) 연안 일대의 가장 아름다운 지역으로 산을 등지고 앞으로 해안을 바라보고 있었으므로, 겨울에는 한랭한 북풍을 막아주고 여름에는 시원한 바닷바람이 불어오는 살기에 적합한 이상적인 거주지였다. 따라서 교주 총독부는 이곳을 유럽인 거주구역으로 설정하고 여기에 원래 형성되어 있던 상청도와 하청도, 회전촌을 1899년에 매입한 후 촌민들을 대포도(大包島) 일대의 소니와(小泥洼), 해박촌(海泊村), 양가촌(楊家村)으로 강제 이주시켰다.

유럽인 거주구역은 원래의 칭다오촌을 중심으로 독일인의 공서(公署), 주택 및 상업구역이 들어섰고 총독부, 교회당, 군병원, 기상대 등 대규모 건축물이 들어서서 마치 유럽의 시가지를 방불케 하고 미관이 수려하였다. 칭다오구의 동남 지역인 빅토리아만 일대는 유럽인의 별장지역으로 개방하였다. 이곳은 풍경이 아름답고 주민이 적으며, 해안에 가까워 공기가 청정하므로 가장 적합한 주택지였고 공원과 해수욕장도 모두 여기에 있었다.[15] 칭다오구 북쪽은 격리지대(현재의 황도로〔黃島路〕, 평도로〔平度路〕 일대)를 사이에 두고 중국인 상업구역 및 거주구역이 설치되어 있었다. 그 중 대포도구(大包島區)와 부두구(埠頭區)가 중국 상인의 주택지이자 상업구역이었고 대동진(臺東鎭)과 대서진(臺西鎭)은 일반 중국 노동자들의 거주지였다. 기차역은 유럽인 상업구역의 서쪽에 설치되었고 교주만 해안을 따라 두 개의 항구와 연결되었다. 대항(大港)과 소항(小港) 일대는 해항구와 공업구로 삼았다. 그 밖에 몇 개의 공원도 설치되었다.

---

15) 葉春墀, 『青島概要』, 上海商務印書館, 1922, p. 72.

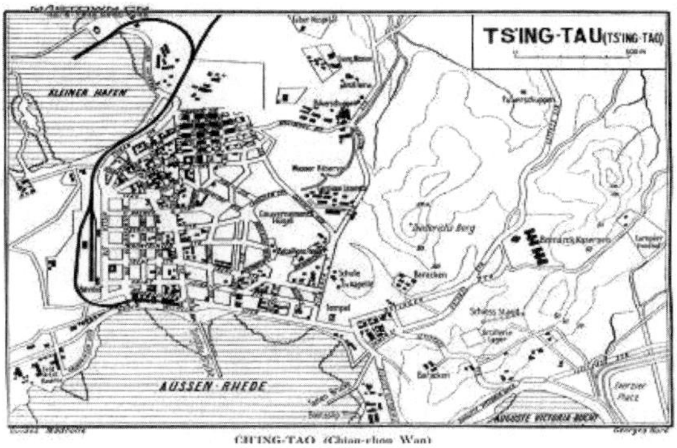

〈그림 2〉 칭다오 시가도

도시건설 전 상세한 평면계획도를 설계하였기 때문에 칭다오의 도시건설은 문란하지 않고 통일적으로 건설되었다.[16)]

건축설계에서 독일인들은 소박함과 견고함을 추구하였으며 교통, 위생, 소방과 같은 부분들에 주의하였다. 교주 총독부는 시구 도로의 너비, 건축물의 높이, 건축면적과 택지면적의 비례 등에 대해 모두 명확히 규정하였다. 위생에 유해한 건축물의 조성을 방지하고, 현재의 지면을 이용할 때 출현할 비위생적 현상을 예방하기 위하여 총독부는 건축조례를 공포하였다. 이 건축조례에 따르면 3층 이상의 고층 건물을 짓지 못하게 하여 전체 건축물들이 유럽인들의 별장식 주거 풍격의 특징을 유지하도록 하였다. 또 구매한 건축용지의 55% 이상(중국인 구역에서는 75% 이상) 건축물을 짓지 못하게 하여 주거지가 협소해지는 것을 사전에 방지하고자 하였다. 이와 더불어 토지를 구매하여 건물을 지으려고 하는 사람은 반드시 상세한 건물 설계도면과 구조계획을 공무국에 제시하여 비준을 받도록 하였다. 만약 건축계획이 건축규제에 어긋나거나 질이 떨어지는 건축자재를 사용하였을 때에는 당국이 건축을 중지시켰다.[17)]

16) 青島市史志辦公室 編, 『青島市志 · 城市建築規劃志』, 新華出版社, 1999, p. 3.

이러한 정책은 제한된 토지를 이용하여 고층 건축물을 밀집시키려는 부동산 투기를 방지하는 한편 위생적이고 견고한 건축양식의 특징을 유지해 주었다. 1916년 한 중국인이 상하이에서 칭다오로 여행을 와서는 다음과 같이 칭다오의 건축 풍격에 대해 묘사하기도 했다. "칭다오의 건축은 화려함을 쫓지 않고 소박하면서도 견고하다. 일본의 도쿄, 나가사키, 요코하마 등도 그 청결함이 이와 비슷하지만 장엄함과 순박함, 견고함에서 이에 비할 바가 못 된다."[18] 이러한 묘사는 칭다오 건축의 특징을 묘사한 것이라 할 수 있었다.

한편, 시구의 도로는 기본적으로 방사상 도로망으로 배치되었다. 독일은 칭다오를 점령한 후 도로의 건설에 주의를 기울였다. 독일에 조차되기 이전 교오 지역에는 노새가 끄는 수레가 지나갈 수 있는 길이 모두 4개로 그 길이는 37.5km 정도였고, 일륜차(손수레)가 통과할 수 있는 길은 약 6개로 그 길이는 모두 합해 25.5km에 불과하였다. 교오 지역의 길은 대부분 좁은 길이었으므로 도보 통행만이 가능할 뿐 차가 지나가지는 못하였다. 독일은 교오 지역을 조차한 후 칭다오의 시가지 구획에 착수하여 도시계획과 도로건설을 함께 진행하였다. 칭다오 도로의 건설은 다른 도시와 비교해 볼 때 특색이 있었다. 중국의 전통적인 시가지 도로망은 대부분 바둑판식이었다. 즉 도로가 가지런히 평행을 이루었던 것이다. 독일은 칭다오에서 도로를 건설하면서 방사상의 도로 형식을 채택하였다. 방사상 도로는 근대 유럽 도시의 도로 건설에서 즐겨 쓰이던 형식이었는데 독일점령시기 칭다오에서 이러한 도로망 형식이 채택된 것은 산천의 형세가 자연적이고 또한 행정과 군사 모두 이러한 형식이 필요했

17) 青島市檔案館 編, 『帝國主義與膠海關』, 北京 : 檔案出版社, 1986, pp. 48-49, 「1892-1901 膠海關十年報告」.

18) 淮陰釣叟, 「青島茹痛記」, 『新青年』, 2卷 3號.

기 때문이었다.

도로의 건설은 시도(市道)와 촌도(村道)를 동시에 부설하는 방안이 실행되었다. 시외 촌도의 건설은 리춘구(李村區)에서 관할하였는데 촌도는 칭다오에서 창커우(滄口)로의 도로를 먼저 수축하고 다음으로 칭다오에서 리춘으로의 도로를 건설하였다. 이렇게 해서 처음으로 칭다오 내외의 도로망이 형성되었다. 칭다오는 비교적 늦게 개설된 개항장이었지만 그 도로의 너비는 상하이, 홍콩에 비해 넓으면 넓었지 좁지 않았다. 시도(市道)의 설계는 중앙에 차도를 건설하고 양측에 인도를 건설하였으며, 배수구와 차륜석을 설치하여 노면의 손상을 방지하였다. 도로의 교차지점에는 완충지대를 설치하여 자동차의 충돌을 방지하였고, 노면의 경사도는 15도를 넘지 않게 하였으며, 돌을 깔아 비가 온 뒤에 노면이 파이지 않게 하였다.[19] 일등급의 도로는 너비가 약 39m에 달했고 이등급 도로는 너비가 약 29m였으며, 시멘트를 사용하여 인도를 포장하고 아스팔트로 차도를 포장하였다. 무거운 화물을 싣고 다니는 차가 빈번히 왕래하는 지역에는 갓길에 석도(石道)을 부설하였다. 당시 칭다오 도로망에 대해서는 다음과 같은 평이 있을 정도였다. "설비의 완전함은 실로 중국인들에게도 그 모범이 되었다."[20] 이렇게 하여 교오 지역에는 칭다오, 리춘을 중심으로 하여 사통팔달의 도로망이 형성되었다.

마지막으로 칭다오항의 건설과정에 대해 살펴보면 다음과 같다. 칭다오항의 건설은 독일 해군 항만건설과장 프란치우스(Georg Franzius)의 방안이었다. 이 방안에 따르면 항구의 위치를 대포도(大包島)의 북면으로 선택하였는데 이는 이곳이 수심이 충분히 깊어 수시로 배들이 항구를

19) 趙琪 修, 袁瑩叟 纂, 『膠澳志』, 卷6, 交通志, pp. 873-875.

20) 葉春墀, 『青島概要』, 上海商務印書館, 1922, pp. 72-73.

출입할 수 있었기 때문이었다. 동시에 부인도(婦人島)에서 육지까지는 암초와 조그만 섬들이 연면히 이어져 있어서 방파제의 기초석으로 삼는다면 공비와 재료를 절약할 수 있었다. 이와 더불어 준설해야 할 지역이 크지 않고 해저에 바위를 뚫는 공사도 극히 적어 이상적인 항구 건설 지점이었다. 이에 1898년 겨울부터 시작하여 독일은 이곳에 대항을 건설하였고 1906년에 완성하였는데 모두 합쳐 5,000만 마르크가 투자되었다.

항구 건설공사에는 방파제의 수축, 해변의 평탄작업, 해저의 준설, 부두와 창고의 건설, 조명장치와 기타 최신식 항구시설의 설치가 포함되었다. 북서 풍랑을 막기 위해 건축한 원형의 대방파제는 길이가 4,600미터였고 남쪽 방파제는 길이가 1,100미터, 높이가 5미터였다. 방파제가 감싸는 항구의 남쪽에는 3개의 부두를 건설하였는데 제1부두는 길이가 842미터, 너비가 126미터였다. 제1부두 위에는 4개의 창고를 건설하였는데 보통상선이 정박하여 하역하는 화물을 보관하는 용도로 사용되었다. 제2부두는 길이가 1,222미터, 너비가 112미터였고 그 위에 3개의 창고를 건설하여 군함 정박 시 필요한 물건을 보관하는 용도로 사용하였다. 제3부두는 석탄, 소금, 석유를 하역하는 데 사용하였다. 제4부두는 원형방파제의 끝에 건설되었는데 해군조선소가 설치되었고 해군이 석탄을 저장하는 용도로 사용되었다. 각 부두 위에는 모두 선진적인 하역 설비가 있었고 철도와 서로 연접하였다. 대항과 동시에 건설된 것으로는 소항과 도크가 있었다. 소항은 대항 남쪽으로 약 1해리 떨어진 곳에 있었고 남북으로 방파제가 설치되었으며 길이는 모두 660여 미터였다. 소항 안에는 부두 하나가 건축되었는데 길이는 150미터였다. 부두의 각 면에는 수 톤의 증기선 2척이 정박할 수 있었다. 부두 위에는 철도와 도로가 서로 연결되었다. 소항의 설비는 비교적 간단하여 1901년에 완성되었다. 초기에는 주로 무기와 건축 물자를 하역하는 데 사용되다가 이후에는 민간 삼판선(三板船)의 정박지로 사용되었다. 도크는 소항의 북쪽에 건축되었는데 대항의 남쪽 면에 붙어 있었다. 도크는 작은 기선이나 부선, 준설선이 정박하는 장소였고 대항을 건설하는 데 사용되었다.[21)]

항구 건설공사에 동원된 공사 기술자는 독일인이었고 노동자는 중국 노무공급업자를 통해 모집하였다. 항구는 건설하면서 바로바로 개방하여 사용하였고, 칭다오 해운사업의 발전을 촉진시켰다. 따라서 교주 총독부는 1905년~1906년도 『교주지구발전비망록(膠州地區發展備忘錄)』에서 다음과 같이 말하기도 하였다.

> 칭다오의 편리하고 안전한 하역 설비는 동아시아의 그 어느 항구보다 선진적이다. 심지어 개항한 지 오래된 무역항구들(예를 들어 홍콩, 상하이, 옌타이, 톈진, 나가사키, 고베 등)에서조차도 대형 증기선의 하역을 위해 삼판선을 이용하고 있다. 칭다오는 가장 큰 화물선 일지라도 부두에서 화물을 직접 기차에 옮겨 실을 수 있다. 해안의 형태 및 수상, 육상의 여러 안내 표지는 선박이 어떠한 날씨 조건에서도 또 어떤 계절과 시간에도 모두 항구에 들어올 수 있게 해준다. 선박은 이곳에서 폭풍을 피할 수 있으므로 시간의 손실과 하역 중의 화물 손실을 면할 수 있다. 조선소와 플로팅 도크의 건설 이후에는 선박과 기기의 요구에 부합되고 가격이 합리적이며 품질이 우수한 수리장소를 제공할 수 있다. 동아시아에서 이곳보다 더 좋은 장소는 없다.[22)]

1910년, 독일 식민당국은 도시발전의 수요에 응하여 1900년에 세워진 도시계획의 기초 위에 칭다오시구확장규획(青島市區擴張規劃)을 제정하

21) 王守中, 郭大松, 『近代山東城市變遷史』, 山東教育出版社, 2001, p. 193.

22) 膠州總督府, 『膠州地區發展備忘錄』, 1905.10-1906.10.

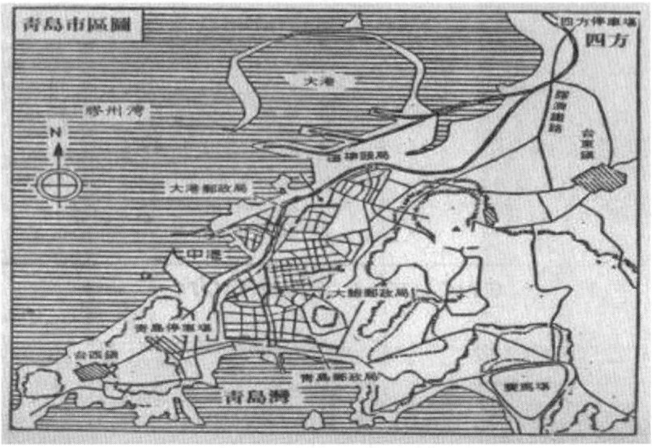

〈그림 3〉 칭다오항

였다. 이 계획은 대항 북측에 바다를 메워 신항을 건설하고 교제철로에 지선을 두어 부두에 직접 연결함으로써 해륙 연운 능력을 높이고자 하는 것이었다. 대항 동부와 북부에는 대규모의 해수 매립 공사가 진행되었고 창고와 화물집산지 중심으로 개발되었다. 시구의 연해 지역은 북쪽과 서쪽으로 확장되어 북쪽으로는 해박하(海泊河) 변이 대동진과 더불어 한 구역이 되었고, 서쪽은 기차역으로부터 대서진까지 서로 연접하였다. 부두구와 포도구 사이에는 새로운 상업중심이 개발되었다. 모든 구획 면적은 원 시구보다 4배 정도 확장되어 약 80km²였으며 처음으로 남북이 길고 동서가 좁은 단핵심의 도시 구조가 형성되었다. 두 차례의 도시 확장에 상응하여 칭다오의 도시성격 또한 변화가 생겼다. 1910년 식민당국은 칭다오 도시성격을 "독일의 원동 군사근거지"에서 "원동의 중요하고 번영한 상업중심지"로 고쳐 정의하였다.[23] 도시성격 정의의 변화는 칭다오 자체의 경제발전에 따라 도시의 지위와 기능이 승격되었음을 반영하는 것이었고, 또한 독일의 중국 침략정책이 시간의 흐름에 따라 부단히 조

23) 青島市史志辦公室 編, 『青島市志 · 城市建築規劃志』, p. 15.

정되고 있었음을 설명해 주는 것이었다.[24)]

3. 산동 내륙 상업도시의 형성 : 지난의 개부

청대 지난은 산동성(山東省), 제남부(濟南府), 역성현(歷城縣)이라는 세 등급의 지방정부가 모두 자리한 곳이었으므로 산동의 정치, 문화, 교육의 중심지였다. 따라서 상부가 건립되기 전 지난은 도시건설이나 도시의 면모, 기능에 있어서 행정도시의 특징을 오랫동안 유지해 오고 있었다. 하지만 경제적으로 본다면, 주변에 이렇다 할 산지시장을 갖추지 못한 내륙도시로서 내부의 상업도 유통업이나 매매업보다는 관리들을 대상으로 한 서비스업이 주종을 이루고 있어, 저우춘이나 웨이시엔과 같은 상업도시와는 큰 차이가 있었다. 그런 지난의 도시사에 있어서 개부, 즉 상부 개설은 도시의 구조 및 기능 그리고 경제가 새로운 발전단계로 전환하는 획기적인 사건이었다. 지난은 개부를 통해 근대적 도시의 면모를 갖추게 되었을 뿐 아니라, 도시경제를 발전시켜 주변 지역과 밀접한 상업관계를 이루어 나가게 되었던 것이다.

지난이 상부를 개설하게 된 원인은 크게 두 가지로 나누어 살펴볼 수 있다. 그 첫 번째 원인은 1903년 상부대신을 맡고 있었던 산동인 여해환(呂海寰)이 청 정부에 상부를 개설할 것을 주청한 것이었고, 보다 직접적이고 중요한 또 다른 원인은 교제철로의 개통에 직면하여 산동의 인사들이 이에 대한 대응책을 마련하고자 하였나는 점이었다.

---

24) 李萬榮, 「膠澳開埠與青島城市的早期現代化(1898-1914)」, 東北師範大學 碩士學位論文, 2002, p. 41.

신축년(辛丑年) 이래로 계속하여 미국, 일본, 영국과 상무조약의 수정 협상을 맡아 오고 있던 여해환은 담판 과정 중에 각국 대표가 경쟁적으로 중국의 항구를 개방시키고자 혈안이 되어있음을 느끼고, 자국의 이권을 보호하기 위해 스스로 "널리 상부를 개설할 것(廣闢商埠)"을 청 정부에 건의했다. 이에 외무부는 여해환의 주청을 비준하고서 "각 성의 독무는 상세히 살펴서 형세가 중요하고 상고(商賈)가 운집하여 상부를 개설하기에 적합한 곳을 수시로 상주하여 일을 처리하라"[25]고 명령을 내림으로써 자개상부(自開商埠)의 실마리를 제공하게 되었다.

여해환의 건의가 제시되었을 때는 마침 독일이 부설한 교제철로가 곧 준공을 앞두고 있던 시기였다. 중국과 중덕교오조계조약을 체결하여 칭다오에 대한 식민통치를 시작한 독일은 철도를 통해 산동 내륙으로의 경제적 침략을 진행하고자 획책하고 있었다. 독일정부는 1898년 6월 1일 산동철도공사에 특별명령을 내려 5년 내에 교제철로를 부설하도록 하였다.[26] 그리하여 1899년 9월 23일 정식으로 시공에 들어간 교제철로는 1904년 칭다오에서 지난까지의 전 구간 개통을 앞두고 있었던 것이다.[27] 철도를 통해 독일이 교오 지구로부터 산동의 광대한 내륙으로 그 세력을 빠르게 확장하고 침투해 올 것이라는 것을 산동의 집정자와 민간의 지식인들은 모두 명확하게 알고 있었다. 따라서 어떻게 독일세력의 침투를 막을 것인가 하는 것이 그들이 반드시 해결해야 할 하나의 중대한 문제였다. 이에 여해환의 건의에 기초하여 스스로 상부를 개설하는 것은 상당히 이상적인 방법으로 비추어졌다.[28] 그리하여 성성(省城)인 지난에

25) 中國史學會濟南分會, 『山東近代史資料』, 第三分册, 濟南 : 山東人民出版社, 1958, p. 142.

26) 孫祚民, 『山東通史』, 下卷, 濟南 : 山東人民出版社, 1992, p. 555.

27) 中共青島鐵路地區工作委員會, 中國科學院山東分院歷史研究所, 山東大學歷史系, 『膠濟鐵路史』, 濟南 : 山東人民出版社, 1961, pp. 27-28.

대한 독일세력의 압박을 감소시킴과 동시에 철도 연선에 있는 중요한 도시나 경제 중심지에 대한 독일세력의 침투 기회를 감소시키기 위해 지난, 저우춘, 웨이시엔을 동시에 개부하는 방안이 생겨났다.

1904년 5월 1일, 전임 산동순무(山東巡撫)이자 직예총독(直隷總督) 겸 북양대신(北洋大臣)이었던 위안스카이(袁世凱)와 현임 산동순무 저우푸(周馥)는 지난, 저우춘, 웨이시엔에 상부를 건립하여 이를 통상도시로 만들고자 하는 내용을 담은 상주문을 연명으로 청 조정에 올렸다.[29] 상부 건립에 대한 주청이 청 조정에 의해 비준되자, 산동 관아에서는 즉시 상부 건립의 준비 작업에 착수하였다. 상부 건립은 여러 분야에 걸쳐 진행되어야 했으며 그 공사범위 또한 광대하였다. 준비과정은 크게 법규 제정, 관청 설치, 토지 조사, 토지 임대, 도로 및 상점 건설, 투자 및 상인 유치 등으로 나눌 수 있었다. 그 중 법규에 해당하는 각 장정(章程)의 제정은 꼭 필요하면서도 시급한 사항이었다. 이는 상부를 건립하는 데 있어 그 문서적 근거와 구체적 건설방안 그리고 치밀한 도시설계가 필요했기 때문이었다.

지난의 상부 건립과 관련된 주요 장정들 중에서 『제남상부개판장정(濟南商埠開辦章程)』은 상부의 성격, 특징, 발전방향 등 상부 건립 전반에 걸쳐 원칙적인 내용을 총괄적으로 명시해 놓은 기본 장정이었다. 이 장정은 모두 9개 조항으로 이루어져 있으며 각 항목은 토지구획(定界), 토지임대(租地), 관청설치(設官), 건축(建造), 세금(稅捐), 경비(經費), 법령(禁令), 우편(郵電), 상부분설(分埠)에 관해 서술하고 있다. 장정의 내용 중에서 상부의 위치와 정식 명칭에 대해서는 "서관(西關) 밖 교제철로 이

28) 李岫, 「濟南, 周村, 濰縣開埠始末」, 『周村開埠與山東近代化』,孔令仁, 李德徵 主編, 濟南 : 山東大學出版社, 1996, p. 12.

29) 廖一中, 羅其容, 『袁世凱奏議』, 中册, 天津 : 天津古籍出版社, 1985, pp. 929-930.

남으로, 동쪽 십왕전(十王殿)에서 시작하여 서쪽으로 북대괴수(北大槐樹)까지이며 남으로는 장청대도(長清大道)와 맞닿고 북으로는 철로를 경계로 한다. 동서로는 약 5里 정도이고 남북으로는 약 2리 정도이며, 면적은 모두 합쳐 4천 무(畝)이다. 이를 화양공공통상지부(華洋公共通商之埠)라고 한다."고 규정하였다. 또 외국 상인에 대해서는 "각국의 상민(商民)은 (상부에) 자유로이 왕래하고 토지를 임대하고 점포를 개설하여 화상(華商)과 함께 거주하고 무역할 수 있다. (하지만) 상부 지역 이외의 성문 내외나 부근의 각처에서는 내지 장정에 따라 양상(洋商)이 집을 임대하거나 점포를 개설할 수 없다."고 규정하여 외국 상인의 활동범위를 상부 지역 이내로 제한하고 지난 구성(舊城)과 부근 일대에 대한 경제적, 정치적 침입을 원천적으로 봉쇄하여 산동 내륙지역에 대한 자주권을 확보하고자 하였다.[30]

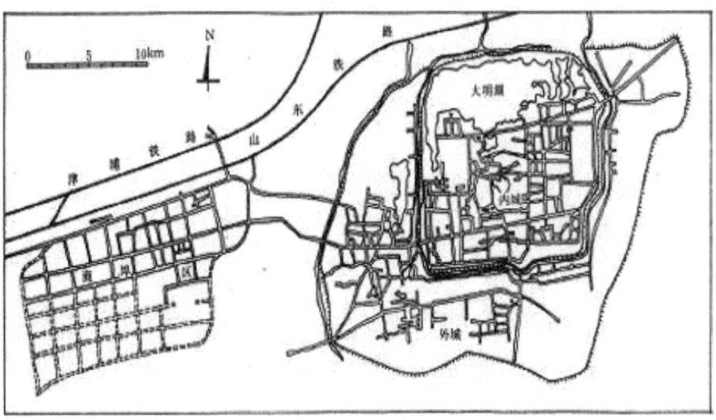

〈그림 4〉 1904년 지난의 상부와 구성 (舊城)[31]

위의 〈그림 4〉를 보면 『제남상부개판장정(濟南商埠開辦章程)』에 따라

30) 天津圖書館, 天津社會科學院, 『袁世凱奏議』, p. 1087.

31) 楊秉德, 『中國近代城市与建筑(1840-1949)』, 中國建筑工業出版社, 1993.

1904년 당시 건설된 상부의 위치와 그 발전 배경을 파악할 수 있다. 그림의 좌측에 바둑판처럼 배열된 것이 바로 상부 지역으로 그 북쪽에 진포철로와 교제철로가 평행하게 놓여 있는 것을 볼 수 있다. 이 두 철도 노선이 교차하는 지난역이 바로 상부와 맞닿아 있어 화물의 수송과 집산이 용이하였고 이는 지난이 산동 물류의 중심지로서 기능할 수 있는 좋은 조건이 되었다. 또한 상부가 그림의 우측에 있는 지난성 밖에 설치됨으로써 지난성이 가지고 있던 본래의 행정도시적 성격과 기능에 큰 영향을 미치지 않고 경제적 성격과 기능만 독립되어 나올 수 있었다. 그리하여 서쪽으로 발전하는 도시의 확대 추세에 발맞추어 새로운 도심을 형성함으로써 도시의 기능을 분담할 수 있었다.

상부와 지난성의 지역적 분화와 함께 행정체계 또한 이원화하였다. 법규 제정이 끝나자 산동 정부는 상부를 전문적으로 운영하고 관리하는 기구인 "상부총국(商埠總局)"을 설치하였다.[32] 상부총국은 새로 건립된 상부 지역을 관할하였는데 원래의 지난성과 성관(城關) 지역이 여전히 제남부 역성현의 관리를 받고 있었기에, 지난성과 상부가 서로 다른 관리체계에 속하게 되는 2원적 행정체계가 형성되었다. 이처럼 행정체계를 나눈 것은 상부 지역의 사무가 번잡하여 전문적 기구를 통해 관리해야 했기 때문이기도 했지만 또 한편으로는 산동성 정부가 의식적으로 미개방지역인 지난성과 개방지역인 상부를 나누어 외국인의 활동을 상부에 국한함으로써 외부세력으로부터 지난성의 정치적 성격과 기능을 보호하고 아울러 상부 지역의 지속적 확대와 자유로운 경제 활동을 보장하여 도시 발전의 기반을 마련하려 한 데에서 그 원인을 찾을 수 있었다.

1906년 1월 10일 지난, 저우춘, 웨이시엔 세 곳의 상부에서는 동시에

32) 「濟南城外開埠章程淸單」, 『歷史檔案』, 1998年, 第3期.

기념식을 거행하면서 정식으로 새로운 상부인 "화양공공통상지부(華洋公共通商之埠)"의 건립을 자축하였다. 당시 함께 건립된 세 곳의 상부 중에서 지난의 상부는 그 면적이 가장 넓었고 위치 선정에서도 담당자의 선견을 보여주는 것이었다. 즉 『제남상부조건장정(濟南商埠租建章程)』에는 상부 건설 이전에 지난의 상업 중심이 이미 서관으로 옮겨졌으므로 상부의 위치를 지난성의 서관 밖으로 선정했다고 했는데 이는 지난의 동쪽과 북쪽에 소택(沼澤)이 있고 남쪽에는 산이 있는 지리조건을 고려해 볼 때 합리적이고 과학적인 선택이라 할 수 있었다. 처음 건립된 상부의 범위는 동서 간의 거리가 약 2.5km이었고 남북 간의 거리는 약 1km에 달했다.[33] 이는 상부의 오른편에 있는 지난성의 면적과 거의 비슷할 정도였다.

상부 건립 이후 지난의 도시발전 중심축은 지난성에서 상부 지역으로 옮겨오게 되어 지난은 상부 지역을 중심으로 하는 비약적 도시발전단계를 맞이하게 되었으며, 도시구조에 있어서도 동서로 2개의 중심구를 둔 "쌍핵"적 구조를 갖추게 되어 도시 형태에 큰 변화가 발생하였다.[34] 상부 내에는 상업거래지역, 내외국인 거주지역, 영사관, 고급 주택가, 시장 등이 들어섬으로써 상부는 신도시로서의 완전한 기능을 갖추었고 투자자들과 상인들의 관심을 끌게 되었다. 1905년 10월 23일자 『동방잡지(東方雜誌)』에서는 "지난에 상부를 건립하기 시작한 이래로 근래에 상인들이 끊임없이 들어와 점포 개설 등록을 한 수가 천여 호에 달한다."[35]고 전해 당시 상부에 대한 내외 상인들의 투자열기를 짐작케 해주고 있다.

도시계획이라는 각도에서 보았을 때, 지난성과 상부로 이루어진 도시

33) 李百浩, 王西波, 「濟南近代城市規劃歷史研究」, 『城市規劃滙刊』, 第2期, 總第144期, 2003, p. 51.

34) 汪堅强, 『近現代濟南城市形態的演變與發展研究』, 清華大學出版社, 2004, p. 36.

35) 牛國棟, 『濟南乎』, 山東畵報出版社, 2003, pp. 136-137.

구조는 그 방식과 성격에서 현격한 차이를 보였다. 지난성은 중국의 전통적 도시계획 방법을 채용하였는데, 외적 방어를 위한 호성호(護城湖)와 성벽으로 둘러싸인 도시 내부는 중앙의 관서를 중심으로 대칭형 구조를 이루고 있었고 각 성문 안팎으로 상점과 민가가 운집하고 있었다. 명청 시기 지난은 성벽과 성문의 경계를 벗어나 도시 외부로 확장 발전을 하기 시작하였다. 이러한 확장은 경제적 필요에 따른 자발적이면서 무계획적인 발전이었으며 주로 교통이 편리한 서관과 경관이 아름다운 남관 쪽으로 뻗어 나갔다.

지난에 근대적 도시계획이 적용되기 시작한 것은 바로 상부의 신시가지를 개발하면서부터였다. 산동 정부는 상부 신시가지를 개발하면서 최초로 근대적 도시계획을 적용하였고 그 책임을 상부총국에 일임하였다. 하지만 당시의 기술적, 이론적 수준의 한계 때문에 상부에 처음 적용된 도시계획은 현대의 도시계획에 비해 여러 부분에서 많이 뒤떨어진 것이 사실이었다. 따라서 상부에서 실시된 도시계획은 토지 구획과 토지 임대, 건축물 조성, 그리고 도로망 건설이 그 내용의 전부일 뿐이었다. 초기 토지 구획에 따라 조성된 상부 지역의 면적은 약 2km²에 불과하였는데, 당시의 도시계획은 주로 도로망 건설에 집중되었고 지역적 기능분화 문제라든지 성관 지역의 개조, 또는 도시의 전체적 발전에 대한 장기적 계획 같은 것은 그 안에 포함되지 않았다.

상부에 실시된 도시계획의 내용에 대해서는 상부총국이 제정한 『제남상부조건장정(濟南商埠租建章程)』에서 구체적 규정을 찾아볼 수 있다. 따라서 아래에서는 이 장정을 기초로 하여 상부의 도로망 건설, 시가지 및 건축물 배치, 지역적 기능분화, 녹지 조성, 상업적 성격 등의 몇 가지 문제에 대해 나누어 서술하고자 한다.

첫째, 도로망 건설은 다음과 같이 이루어졌다.

상부의 도로망은 아래의 〈그림 5〉에서 볼 수 있듯이 "경위망(經緯網)" 방식을 채택하여 구성하였는데, 동서로 놓인 도로는 "경로(經路)"라 하여 모두 7개 도로를 두었고, 남북으로 놓인 도로는 "위로(緯路)"라 하여 모두 10개 도로를 두었다. '경로'는 기본적으로 교제철로와 평행을 이루었고 '위로'는 그것과 수직으로 배열되었다. 이러한 도로망 구조는 도로들이 서로 사선으로 맞물렸을 때 예각과 교차점이 과도하게 생성되는 현상을 피할 수 있고, 건축물의 배치 및 방향 선정에 편리할 뿐만 아니라 토지의 임대 및 토지의 효율적 사용에 유리하다는 장점을 지니고 있었다. 동시에 도로망 구조는 지난성 및 외부로 연결되는 교통의 연결성 문제도 많이 고려하여 건설하였기 때문에 상부로의 인적, 물적 교류와 유통이 원활하게 진행될 수 있었다. 예를 들어 '경일로'는 관역가(館驛街)를 경유하여 영선교(迎仙橋)의 영진문(永鎭門)과 통하였고, 서쪽으로는 제하대도(齊河大道)와 연결되었다. 또 '경칠로'는 지난성의 영수문(永綏門)과 통하면서 서쪽으로는 태안(泰安), 장청대도(長淸大道) 등과 연결되었다.

도로건설은 상부 건설과정 중에서 가장 번잡하고 어려운 과정이었다. 지난에서는 응회암으로 도로를 포장하는 전통이 있었다. 하지만 응회암은 재질이 연약하고 내구성이 약하여 마모가 잦고 쉽게 부서졌다. 따라서 공정국은 쇄석로(碎石路)를 건설하는 데 있어 압착 효과와 내구성을 높이기 위해 특별히 독일로부터 도로포장용 증기 로드롤러 5대를 구입하였고 또 천진으로부터 로드롤러 기사와 수리담당 인원을 불러와 공사를 진행하였다. 도로는 먼저 '경일로', '경이로', '위일로', '위이로', '위삼로', '위사로', '위오로'가 새로이 건설되었고, 원전대가(院前大街), 부동대가(府東大街), 보리가(普利街), 안찰사가(按察使街), 운서가(運署街) 등도 쇄석로로 포장하여 교통의 편리를 가져왔다.

하지만 도로망을 건설하는 데 있어서 문제점도 도출되었다. 먼저 도로 사이의 광장이라든지 상부 중심광장과 같은 광장의 배치는 도로망 계획안에 포함되어 있지 않았다. 비록 정류장에 광장이 있기는 하였지만 광장이라 하기에는 그 규모가 너무 작았고 도로와의 연접성도 많이 떨어졌다. 또한 도로는 주로 쇄석로로 만들어져 노면이 울퉁불퉁하다는 단점을 가지고 있었고 횡단보도도 거의 만들어져 있지 않았다. 상부의 도로망은 도로의 기능이 명확히 구분되어 있지는 않았는데, 도로의 너비로 보아 경로가 간선도로에 해당하기는 하였지만 도로 간의 거리가 너무 가까워 간선도로의 기능을 충분히 발휘할 수 없었다. 위로에도 간선도로가 필요했지만 모든 위로의 너비가 12미터 이내라서 간선도로의 조건을 충족할 수 없었고 외부 교통과의 연계성도 떨어졌다.[36)]

둘째, 시가지와 건축물 배치를 살펴보면 다음과 같다.

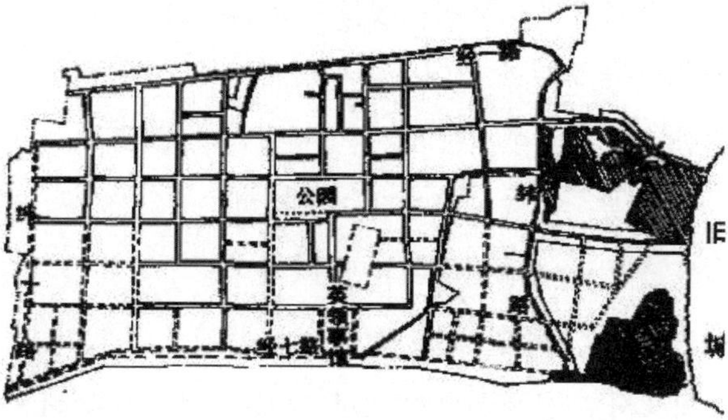

〈그림 5〉 지난 상부[37)]

상부는 바둑판식 도로망을 갖추었기 때문에 경로와 위로가 서로 수직으로 교차하였고 그로부터 형성된 시가는 대부분이 방형을 이루고 있어,

36) 王西波, 『濟南近代城市規劃研究』, 武漢理工大學 碩士學位論文, 2003, pp. 27-28.
37) 曹洪濤, 劉金聲, 『中國近現代城市的發展』, 中國城市出版社, 1998.

비교적 쉽고 유리하게 건축물의 방향을 설정할 수 있었고 토지의 임대에도 편리하였다. 하지만 전체 상부의 배치 구조를 보면 단조로운 감을 금할 수 없었다. 시가 블록의 면적은 대부분 3~4헥타르 정도였고 7헥타르를 초과하는 지역은 매우 적었다. 도로망이 조밀하였기 때문에 도로 간의 간격은 보통 200미터 이내였고 방형으로 된 시가 블록의 네 변에는 도로에 면하는 건물을 많이 지을 수 있어 상업과 점포의 발전에 적합하였다.[38] 예를 들어 독일 영사관은 상부 지역 내 경일로와 위이로의 교차지점에 자리 잡고 있었고 덕화은행(德華銀行)은 경이로와 위삼로의 교차지점에 있었는데, 두 건물은 같은 블록의 서측 변과 동측 변을 차지하고 있었다.[39] 하지만 시가 블록 내부에 대한 체계적인 관리와 구획정리가 이루어지지 않았으므로, 표면적으로 드러난 도로와 그 도로에 인접한 건물들은 가지런하게 보였지만 시가 블록 내부의 건축물과 도로는 무질서하게 배치되었고 청결상태도 유지되지 않는 문제점을 안고 있었다.

셋째, 지역적 기능분화에 있어서는 다음과 같은 문제점을 안고 있었다.

상부에 대한 도시계획에서는 토지의 평형이나 인구의 규모 같은 것이 고려되지 않았을 뿐 아니라 지역적 기능분화도 획정되어 있지 않았다. 따라서 유해한 공업 건축물들이 각 곳에 분산되어 있었기에 환경오염이 쉽게 발생하였고 부근 주민의 생활에 많은 불편을 주었다. 구역에 따른 건축물의 배치에서도 상세하고 면밀한 계획을 세우지 못해 상점들이 기능적으로 분화되지 못하고 잡다하게 섞여 있었기 때문에 전체적으로 통일적이고 정돈된 시가지 면모를 보여주지 못했다.[40]

1909년에서 1911년 사이에 지난에는 교제철로와 진포철로의 기차역

---

38) 王西波, 『濟南近代城市規劃硏究』, p. 28.

39) 曹洪濤, 劉金聲, 『中國近現代城市的發展』, 中國城市出版社, 1998, p. 211.

40) 王西波, 『濟南近代城市規劃硏究』, p. 28.

이 건설되었다. 두 지난역은 상부 신시가지의 대문과 같은 역할을 한다는 점에서 기능상 일치하였지만, 철도를 부설할 당시 각기 다른 기관에서 공사를 담당하여 철도가 하나로 합쳐지지 못한 관계로 각각의 역사(驛舍)가 남북으로 서로 분리, 대치되어 있었다. 따라서 지난역은 교제철로와 진포철로의 종착역이라는 공통점만을 지녔을 뿐, 실제 사용에 있어서는 상호 중첩적이고 분립적이며 간섭적인 양상을 보여 주었고 철도의 중추적 건물에 대한 배치상의 오류를 선명하게 드러내 주었다. 이러한 오류는 1937년 이후 일본 세력이 지난에 들어와 교제철로와 연결된 남쪽 역을 철도국 기관으로 바꾸고 진포철로와 연결된 북쪽 역을 정식 지난역으로 승격시킴에 따라 바로잡아질 수 있었다.[41]

넷째, 녹지 조성과 상업적 성격에 대한 내용이다.

상부 도시계획 중 녹지로 조성된 지역은 '경삼로'에 위치한 공원 한 곳이 유일한 지역이었는데 면적은 약 7헥타르 정도였다.[42] 공원은 상부의 중앙에 있어 상징적인 존재이기는 하였으나 상부의 중심공원이 되기에는 면적이 너무 협소하였다. 단지 지역적인 문화오락공원으로서는 그 기능적 가치가 다소 인정되었다. 그에 비해 당시 상부의 상업적 성격과 관련된 도시계획은 합리적이라 할 수 있었다. 최적의 위치선정, 최대의 토지사용 효율, 간편한 건축물 관리방침, 여유로운 시가지 공간[43]은 모두 상업지역으로서 상부가 지니는 장점이었다.[44]

총괄해 본다면, 지난의 상부 지역 도시계획의 주요한 목표는 신시가지 건설에 따른 도시의 확장이었다. 따라서 지난은 이러한 도시계획을 실행

---

41) 曹洪濤, 劉金聲, 『中國近現代城市的發展』, p. 211.

42) 王西波, 『濟南近代城市規劃硏究』, p. 28.

43) 당시 점포는 대개 1~3층 짜리 건물로 높이는 3~10m 정도였다.

44) 王西波, 『濟南近代城市規劃硏究』, p. 29.

하는 가운데 전통적이고 폐쇄적인 도시구조에서 벗어나 근대적이고 개방적인 도시구조를 갖추게 되었다. 비록 당시 상부 지역의 도시계획은 체계적이지 못했고 지난성과의 연계성도 많이 떨어졌지만, 실시된 도시계획의 구체적 양상을 살펴본다면 서양의 초기 기능주의적 이론을 실천에 옮긴 근대적 도시계획의 첫걸음이라고 할 수 있었다.

상술한 바와 같은 도시계획에 따라 상부가 건립되자 중국과 외국의 수많은 상인들이 운집하여 지난의 상공업은 날로 흥성해 갔다. 점포를 비롯한 여러 건물이 계속해서 세워지고 인구가 많아지자, 처음에 건설된 상부 구역은 얼마 안 가 제 기능을 제대로 발휘하지 못할 정도로 협소해졌고, 자연히 원래의 범위를 넘어 바깥으로 확장되는 현상을 보이게 되었다. 도덕가(道德街), 대괴수(大槐樹), 북강자(北崗子), 관찰영(官扎營), 순하가(順河街) 등과 같은 상부 바깥 지역에서는 상인들이 자유로이 점포와 가옥을 세우고 개장하여 영업하는 상황이 날로 늘어만 갔다. 이에 따라 상부의 서쪽 경계가 점차 확장되면서 새로이 길이 닦이고 건물이 들어서게 되었다. 1907년과 1911년에는 상부의 서쪽 경계에서 각각 1킬로미터와 2킬로미터 떨어진 지역에 신장(辛莊) 영원(營垣)과 진포철로의 기지창이 건설되었는데 그 총면적은 원래 상부 면적의 3분의 2에 해당하였다.

지난의 근대적 도시발전이 가속되고 도시화가 고도로 진행되자, 도시생활과 문화를 향유하고자 하는 사람들이 늘어나게 되어 원래의 상부 범위로는 인구증가와 도시발전 속도를 감당해 내기 힘들었고, 상부 범위의 체계적 확장이 절실히 필요하였다. 이에 민국 초기 지난시 정부는 상부의 경계를 확장하는 의결을 하고 대대적 확장을 진행하였다. 상부를 건립하기 시작한 1904년부터 일본군이 지난을 점령한 1928년까지 지난은 두 차례에 걸쳐서 상부의 범위를 확장시켰다. 그 첫 번째는 1918년으로

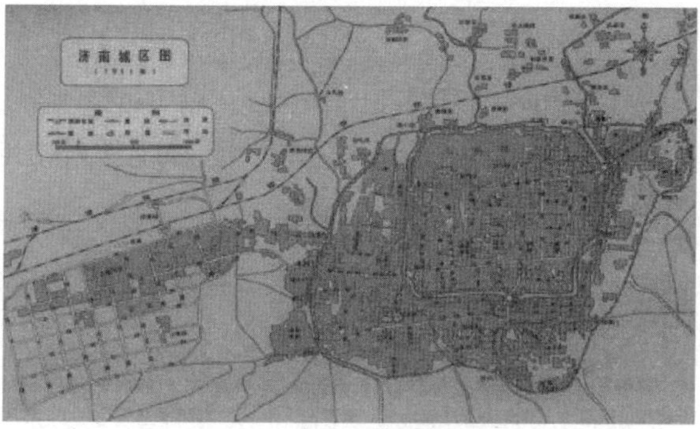

〈그림 6〉 1911년 濟南城과 商埠

보리문(普利門)이 면하고 있는 순하가(順河街)의 서쪽으로 '위일로'까지를 상부의 토지임대지로 확충하였다. 두 번째 확장은 1925년으로 청천가(淸泉街) 이서, 관역가(館驛街) 이남을 상부의 용지로 삼았는데, 이때 상부 토지임대지 면적은 3,700여 무로 증가하였고 상부와 지난성의 경계도 허물어져 일체를 이루게 되었다.[45] 그리고 이러한 도시 확장과 신시가지 건설을 통해 지난의 도시계획은 초기의 도로망 건설에서 점차 진정한 의미의 근대적 도시계획으로 전환되어 갔으며, 서양 도시계획의 영향을 받으며 그 발전 속도를 높여 나갔다.

4. 근대 산동 도시사회의 갈등구조 : 수직지배와 수평이동

근대 산동의 도시화 과정 속에서 드러나게 된 사회갈등은 도시건설의 주체와 객체에 따라 수직적 구조와 수평적 구조를 보여주고 있다. 즉 도시건설을 추진한 지배층의 정치적 강제가 심화될 경우 상하 간에 수직적

45) 濟南市志編纂委員會, 『濟南市志』, 第二册, 中華書局, 1997, p. 19.

사회갈등이 형성되고, 또한 도시화와 더불어 도시를 구성하게 된 구성원들 사이에 경제적 욕구가 충족되지 않을 때 수평적 사회갈등이 발생하였던 것이다. 이러한 수직적 사회갈등과 수평적 사회갈등이 발생한 전형적 도시로서 칭다오와 지난을 상정하고, 이들 도시의 도시건설 과정 속에서 어떠한 원인과 배경을 통해 사회갈등이 형성되었으며 그 표출형식은 어떠하였는지를 다음에서 알아보도록 하겠다.

칭다오는 근대 산동의 도시들 중 식민지적 성격을 가장 강하게 지니는 도시였다. 다른 도시에 비해 역사적 전통도 오래되지 않았을 뿐 아니라 그 위치에 따른 정치적, 경제적 중요성 또한 그다지 부각되지 않은 도시였다. 칭다오는 독일의 교주만 조차와 더불어 개발된 식민도시이자 항구도시로서 수직적 식민지배의 성격이 어느 도시보다도 두드러졌다. 이후 일본의 지배에서도 보이듯이 식민지배의 주체가 누구냐에 따라 도시건설의 방향과 도시성격이 결정되었다. 식민당국은 자신들의 목적에 적합하도록 식민지를 개발하고자 하였고 이를 위해서는 현지의 중국 주민과 기업에 대한 통제가 중요한 조건으로 부각되었다.

독일은 교주만을 점령하자 이를 해군 근거지로 삼아 군사적으로 이용하는 동시에 식민지 도시 건설을 통해 식민지 경영을 공고히 하고자 하였다. 독일은 영국의 식민지 직할 경영을 본받아 해군청 소속의 함대사령관을 교주 총독으로 하는 식민지 통치기구를 설립하였고, 총독 산하에 식민지 통치를 위한 각종 행정기구를 두고 교주만 지역을 경영하였다. 독일의 식민통치 방침은 독일인을 포함한 유럽인과 중국인을 차별적으로 대우하고 특히 중국 주민에 대해서는 강제적이고 고압적인 정책을 펴는 것이었다. 이것은 독일 제국주의가 교주만을 점령하고 나서 행한 토지정책에서 그 구체적 사례를 살펴볼 수 있다. 독일 식민당국은 식민지 건설을 위한 토지 확보를 위해 농민의 토지를 염가로 강제 징수하였으며, 현지 중국인의 사적인 토지매매를 금지하였다. 독일 식민당국이 중국인의 사적인 토지매매를 승인한 것은 이미 거의 대부분의 토지를 식민당국이 매수한 이후였고, 그들은 도시건설용 토지를 제외한 나머지 부분에 대해 중국 상인에게 경매를 통해 되파는 형식으로 막대한 이익을 올렸다.

이러한 토지정책을 실시하기 위하여 독일은 일련의 조치를 채택하였다. 먼저 중국인의 자유로운 토지매매를 금지하였고 토지의 면적과 위치, 소유자를 정확히 파악하는 작업을 실시하였다. 1897년, 독일군이 칭다오를 점령한 날부터 독일 순양함대 사령관은 포고를 반포하여 독일군 점령지역 내의 토지는 별도의 통지가 나갈 때까지 사령관의 허락 없이 사사로이 매매할 수 없다고 선포하였다.[46] 그다음으로 교주지주(膠州知州)와 즉묵지현(卽墨知縣)에게 지정책적(地丁册籍)을 요구하여 이후 토지구매와 과제징수를 위한 준비를 하고자 하였다. 교주지주 나지신(羅志伸)은 1897년 11월 15일 독일군이 교주성을 점령하자 독일인의 명령에 복종하여 조금의 망설임 없이 서리(書吏)에게 지정책적을 전해 바치라고 명하였다. 하지만 서리가 도망가고 난 이후라 책적(册籍)의 전달은 이루어지지 못했다.[47] 즉묵(卽墨)에서도 독일군 수백 명이 즉묵성을 점령한 후 마찬가지로 지정책적을 요구하는 한편, 칭다오, 대포도, 소포도 등지의 지가와 즉묵현의 지서(志書)에 대해 알아내고자 하였지만 이 또한 현령의 거절로 뜻대로 되지 않았다.[48]

46) 王守中, 郭大松, 『近代山東城市變遷史』, p. 197.

47) 柳培榮, 『膠澳租借始末電存』, 文海出版社, 1968, p. 52, 「章高元致李鴻章王文韶電」, 1897年 12月 6日.

48) 柳培榮, 『膠澳租借始末電存』, p. 52, 「章高元致李鴻章王文韶張汝海電」, 1897年 12月 9日 ; 「章高元致李鴻章王文韶張汝海電」, 1897年 12月 10日.

하지만 청 정부는 이미 투항적인 외교정책을 펼치며 교주만과 그 연안 지구를 독일에게 조차하기로 하였기 때문에, 독일군은 이후 상술한 두 주현과 관련된 지정전부(地丁田賦) 책자를 손에 넣을 수 있었다. 그러나 지방관이 보존하고 있던 이들 지정책적은 편제가 매우 복잡하여 이를 근거로 토지의 실제 면적과 주인을 확정하기란 어려운 일이었다. 이에 독일은 지적 판공실과 측량부를 특별히 설치하여 점령지역의 토지에 대해 직접 측량과 조사를 진행하였고, 과거 수세인의 장부도 자세히 조사하여 토지수매 정책의 기초로 삼았다.[49)]

교주 총독부는 토지에 대한 측량과 조사를 통해 실제 주인이 누군지 파악하고 난 후, 농민으로부터 토지를 구매하기 위해 지현을 대동하여 향촌에 들어가 현지 촌민들과 토지수매 계약을 진행하였다. 독일인이 토지수매를 하는 방법은 먼저 지가의 일부를 선수금으로 지불하여 촌민을 유인한 다음 행정적 명령을 통해 염가로 토지를 강제 징수하는 것이었다. 지가는 독일군이 칭다오를 점령하기 이전의 시가로 정하였는데 이 시가라는 것이 1892년 칭다오에 주둔했던 청군이 토지를 징수하였을 때의 가격이었다. 촌민들은 토지가격을 높이고자 하였으나 교주 총독부에 의해 거절당함으로써 염가로 토지를 강제 처분할 수밖에 없었다. 당시 총독부가 1902년 10월에서 1903년 10월까지 구매한 약 195헥타르(ha)의 평균지가는 $1m^2$당 0.0265은원(銀元)이었고 1904년 구매한 약 106헥타르의 평균지가는 $1m^2$당 0.0215은원이었다. 이후의 토지가격은 대체로 $1m^2$당 0.03원에서 0.04원 사이에서 유지되었다. 1908년에서 1909년 사이 토지 매입의 최고가격은 $1m^2$당 0.046원에 불과하였다.[50)]

49) 王守中, 『德國侵略山東史』, p. 177.

50) 膠州總督府, 『膠州地區發展備忘錄』, 1908.10-1909.10.

일반적으로 독일이 칭다오에 대한 지배를 진행하던 시기의 토지 구매량을 파악하는 근거로 자주 인용하는 책자들을 볼 때, 독일은 1898년 1월부터 1901년 12월 31일까지 칭다오를 중심으로 토지 1만 4천여 무(畝)(약 924헥타르)를 매입하였고, 다시 1914년 일본과 전쟁을 개시하기 전까지 리춘, 창커우 등지에서 4500여 무(약 297헥타르)를 매입하여 모두 약 1220헥타르를 구매였다.[51] 하지만 교주 총독부가 각 연도별로 발표한 『교주지구발전비망록(膠州地區發展備忘錄)』에 기록된 토지구매 자료를 보면, 1898년 10월부터 1900년 10월까지의 2년 동안에 교주 총독부는 토지를 1000여 헥타르 구매하였다. 그 이후 1900년 10월부터 1901년 10월까지의 회계연도 내에서도 또 5개 촌장 내 촌민의 소유 농전을 구매하였다. 1901년 이후에도 토지구매 작업은 계속 진행되어 1902년 10월부터 1909년 10월까지의 7년 중에 다시 428헥타르의 토지를 구매하였다.[52] 이를 통해서 볼 때 독일 식민당국이 칭다오에서 강제로 매입한 토지는 적어도 1500헥타르를 넘어섰을 것이라 보인다. 따라서 교주 총독부의 토지 징수 목표는 칭다오 및 그 주위의 가능한 모든 토지를 총독부가 징수하여 거주민의 사적 토지매매를 허가하기 이전 더 이상 매매할 부동산이 남아 있지 않은 상태를 만들고자 한 것이라고 생각할 수 있다.

독일 식민당국의 교주만 지역 도시계획과 도시건설은 엄격한 통제와 강제 아래 실시되었다. 염가로 촌장의 토지를 매수하고 나서는 촌민들을 다른 지역으로 강제 이주시켰으며, 풍경과 기후가 가장 알맞은 교주만 남쪽 해안 일대를 중심으로 도시건설을 진행하였다. 도시건설 과정에서 유럽인 거주지역과 중국인 거주지역은 엄격히 분리되었고 유럽인 거주

51) 督辦魯案先後事宜公署 編, 『青島』, 1922, p. 96 ; 趙琪 修, 袁營叟 纂, 『膠澳志』 卷9, 「財賦志」, 臺灣 : 文海出版社, 1928, p. 13.

52) 膠州總督府, 『膠州地區發展備忘錄』, 1903.10-1904.10 ; 1908.10-1909.10.

지역은 칭다오 식민통치의 중심지역이 되었다.

먼저 교주만 조차지는 시구와 향촌구, 두 개의 행정구역으로 나누어졌다. 시구는 다시 칭다오, 대포도, 소포도, 소니와(小泥洼), 맹가구(孟家溝), 양가촌(楊家村), 대동진(臺東鎭), 소추탄(掃箒灘), 회전(會前) 등 9개 소구로 나누었고 구에는 구장을 두었는데 모두 독일인으로 충원하였다. 시구의 중심은 칭다오로 독일인이 주로 거주하였고 중국인은 대부분 대동진과 대서진에 거주하였다. 향촌구 역시 몇 개의 소구로 나누어졌는데 모두 합쳐 200여 개의 촌장을 포함하였다. 향촌구의 중심은 리춘이었고 구장과 촌장 및 촌민은 모두 중국인이었다. 모든 소구에 치안관이 파견되었지만, 그 직권은 중국인 사회에 대해서만 한정되었다. 시구에서 치안관의 직권은 중국인의 사법관리에 국한되었고, 향촌구에서 치안관은 법관이면서 행정관으로서 식민정부와 해당 구역 중국인 간의 유일한 연결점이었다.

한편, 시구 내에서도 중국인과 유럽인의 거주 지역은 분리되었다. 1900년 6월 14일 교주 총독부가 반포한 『덕속지경분내외양계장정(德屬之境分內外兩界章程)』 규정에 따르면, 남쪽 해안 일대의 칭다오구는 서양인의 주거지로 획정하여 중국인이 집을 짓고 거주하는 것을 엄금하였고[53] 독일인의 관공서와 상점, 은행, 주택을 모두 여기에 설립하여 칭다오 식민통치의 중심지역이 되었다. 대포도와 부두구는 중국 상인의 주택과 상점이 위치하였고 소포도와 대동진, 대서진 지역은 중국의 가난한 노동자들의 주거지가 되었다. 독일이 중국인과 외국인의 거주 지역을 엄격히 구분한 것은 한편으로는 식민자의 우월한 지위를 유지하기 위해서

53) 謀樂, 『青島全書』, p. 13, 「德屬之境分內外兩界章程」, 第10條 참조. 이후에는 青島에 이주하여 사는 중국인이 늘어남에 따라 이 조규는 점차 효력을 상실하게 된다.

였고 또 한편으로는 중국인에 대해 감독과 통치를 원활히 진행하기 위해서였다.[54)]

독일의 칭다오 식민통치는 이처럼 매우 차별적이었고 또 고압적이었다. 따라서 교주 총독부는 식민통치에 대한 중국인들의 저항을 방지하기 위해 중국 주민의 활동에 제한을 가하였다. 내계(칭다오구가 포함하는 9개의 소구 ; 시구)의 중국 주민은 집회권이 없었을 뿐만 아니라 야간통행, 경극관람, 폭죽놀이까지 금지되었다. 『덕속지경분내외양계장정(德屬之境分內外兩界章程)』의 규정에 따르면 밤 9시부터 동틀 때까지는 야간에 등불을 밝히며 길을 가는 것이 금지되었으며, 교주 총독부의 허락 없이 칭다오 시가지 내에 중문의 벽보을 붙이는 것이 금지되었고, 결혼식이나 장례식 이외의 집회나 놀이도 금지되었다.[55)]

이와 더불어 중국인에 대한 통치를 강화하기 위해서 교주 총독부는 조차지 내에 순포국(巡捕局)과 처포방(處捕房)을 설립하였다. 또 순찰업무를 집행하기 위해 독일의 해군부대와 경찰을 동원하는 것 이외에 중국인으로 구성된 80~100명 규모의 대원을 모집하여 이를 이용하였다. 이들 대원들은 중국인들을 통치하고 진압하는 데 있어서 독일인에 조금도 뒤지지 않았다. 그들은 독일 식민통치의 주구로 사용되었으며 포방(捕房)의 형경(刑警)은 대부분 이들로 충당되었다. 교주총독은 화민사송심판규조(華民詞訟審判規條) 제9항에서 "포방의 형경이 사용하는 판(板, 곤장)은 총독의 승인을 받은 것이어야 하고, 태형은 한번에 25대를 넘지 말아야 하며 범법자의 몸이 허약할 때는 그 강도를 약하게 해야 한다"고 명시[56)] 하였으나, 형경은 형을 집행할 때 승인되지 않은 강한 재질의 판을 사용

54) 任銀睦, 『青島早期城市現代化研究』, 三聯書店, 2007, pp. 66-67.
55) 謀樂, 『青島全書』, pp. 12-13.
56) 謀樂, 『青島全書』, p. 22.

하여 살갗이 벗겨지고 유혈이 낭자하도록 매를 가하기 일쑤였다.[57] 이와 같은 강압적이고 폭력적인 식민통치는 식민지배 초기에는 중국인의 복종을 가져왔지만, 이후 장기적인 식민경영을 위해서는 부적합한 것이었다. 따라서 교주 총독부는 중국인에 대한 지배정책에 있어서 교육과 종교를 통해 교화를 진행함으로써 저항 의지를 상실하게 하는 문화정책으로 점차 전환해 갔다.

수직적 식민지배와 이를 통한 사회갈등의 심화가 근대 산동 식민도시의 특수한 상황이었다고 한다면, 도시화의 과정 속에서 수평적 인구이동을 통한 사회문제의 발생은 통상장을 설치하게 된 근대 산동 도시들의 일반적인 경향이었다고 할 수 있다. 도시 근대화의 과정 중에는 인구가 도시로 집중하게 됨에 따라 이와 상관된 사회문제가 발생하게 된다. 인구 집중은 곧 도시의 인구가 과밀해지는 현상을 일으켜, 노동력의 과잉 공급을 형성하게 되고 주택, 식량, 의복에 대해서는 과잉 수요를 창출하게 되는 것이다. 그 결과로 도시로 이주해 온 농촌 인구의 상당수가 실업 인구로서 주택, 식량, 의복을 제대로 공급받지 못하는 도시빈민으로 전락하게 되고 이는 다시 질병, 범죄, 노동력 착취와 같은 도시문제의 발생으로 연결되었다.

근대 지난에서 도시발전에 따른 사회문제의 발생과정은 대략 산동성 내 대다수 도시의 상황을 대표한다고 할 수 있다. 왜냐하면 옌타이, 칭다오와 같은 신흥도시 및 저우춘, 웨이시엔과 같은 상부 도시는 지난의 상부 구역과 유사한 성격을 지니고 있었으며, 더저우, 지닝과 같은 정치 중심의 전통도시는 또한 지난성 구역과 동일한 성격을 보이고 있었기 때문이다.

---

57) 「青島華人的慘狀」, 『北京官話報』, 光緒三十二年三月十日.

1904년 지난에 상부가 건설되기 시작하면서 지난은 근대화의 길을 걷게 되었고 도시화의 속도 또한 확연히 빨라졌다. 지난의 도시 근대화 양상은 지난성 서관 외곽에 건설된 상부 신시가지에 들어선 근대적 건물과 도로망을 통해서도 표현되었지만, 무엇보다도 도시 기능이 정치적, 군사적 기능에서 경제적, 문화적 기능으로 전환된 데에서 그 특징을 찾아볼 수 있었다. 그리고 지난의 경제발전과 도시발전은 부차적으로 인구의 증가를 가져오게 되었다. 대량의 타 지역 이주민이 지난에 들어오면서 도시인구가 급격히 증가하였고, 이주민은 지난 거주민의 주된 부분을 차지하게 되면서 지난 도시발전의 동력으로서 작용하였다.

근대사회에서 공업은 농촌의 잉여 노동력을 흡수하는 주요 부문이었다. 하지만 근대 지난의 공업발전은 상업발전과 비교하면 상당히 미약하였다. 근대 지난의 공업이 크게 발전하지 못했다는 점은 도시의 산업구조를 극히 불균형적으로 만들었다. 지난에서 공업에 비해 상업은 상당히 발달하였고 대부분의 노동인구는 상업부문에 집중되었다. 1933년의 통계에 따르면 지난시의 상업인구는 모두 76,238명으로 총인구의 18.08%를 차지하였으나 공업인구는 16,024명에 불과하여 총인구의 3.8%만을 차지할 뿐이었다.[58] 산업구조의 불균형은 지난의 도시 수용력을 저하시켰고 공업부문에 수용되지 못한 과잉인구 중 상당수는 지난의 산업노동력으로 편성될 수 없었다. 따라서 농가파산으로 인해 농촌을 떠난 수많은 노동력이 지난에 들어온 후에도 실업자의 처지를 피할 수 없었고 이는 지난시에 거지와 실업빈민이 넘쳐나는 결과를 초래하였다.[59] 1929년 10월의 조사에 따르면 당시 지난의 실업인구는 남녀 각각 62,816명과

58) 膠濟鐵路管理局車務處, 『膠濟鐵路經濟調査報告分編』, 文化印刷社, 1934, p. 2.
59) 濟南市政府秘書處, 『市政月刊』 第一卷 第二期, 工作報告, 1929. 10, p. 7.

125,798명이었으며 그 합계는 188,614명으로 지난시 전체 인구의 46.69%에 해당하였다.[60)]

지난으로 이주한 농촌 인구 중 상당수가 실업자의 지위에 처해 있거나 직업을 구한다 하더라도 막노동꾼(쿨리)의 신세를 벗어나지 못했던 것은 그들의 교육 수준과도 밀접한 관계가 있었다. 1932년 지난 인구는 모두 421,584명이었는데 당시의 표본조사를 따르면 10,505명 중 교육을 받은 적이 있는 사람이 5,253명으로 50.1%를 차지하였고 문맹자는 5,252명으로 49.9%를 차지하였다. 문맹자 중 50세 이상이 1,069명으로 20.35%를, 30~49세가 1,516명으로 28.87%를, 20~29세가 781명으로 14.87%를, 11~19세가 662명으로 12.6%를, 10세 이하가 1,244명으로 23.3%를 차지하였다.[61)] 이는 인구의 교육 분포가 양극으로 분화되어 있음을 나타내어 주는데 문맹자중 10세 이하의 취학연령 아동이 23.3%를 차지한다는 것은 교육기회를 제대로 제공받지 못한 아동의 수가 많다는 것을 보여준다.

성인 문맹률의 정도는 인구의 질을 평가하는 중요한 표지라고 할 수 있다. 성인, 즉 경제활동인구는 도시의 경제활동을 이끌어 가는 주체로서 도시사회발전의 동력이다. 따라서 그들의 교육 정도는 도시의 발전 정도와 직접적으로 관련이 있었다. 노동자는 공업 활동을 이끄는 주체이므로 노동자의 교육 수준은 지난의 공업에서 중요한 의미가 있다고 할 수 있었다. 1929년 지난시 사회국의 조사에 따르면, 당시 지난에 있는 수만 명의 노동자 중 문맹자가 80~90%에 달하였다.[62)] 이를 통해 볼 때 새로운 생산계급이었던 지난 노동자들의 문맹률은 상당히 높은 편이었다. 공업의 발전은 노동자들의 전문기술 습득 수준이 그만큼 높아졌다는 것

60) 濟南市政府秘書處, 『市政月刊』 第二卷 第一期, 「濟南市市民男女職業有無比較圖」, 1930. 1.
61) 濟南市史志編纂委員會, 『濟南市志』 第一冊, p. 495.
62) 濟南市社會局, 『濟南市社會局十八年度工作報告』, 1929, p. 30.

〈표 1〉 1930년대 지난시 형사범죄 분류 통계표[63]

연도	인수	범죄 유형 및 건수					
		풍속저해	혼인 및 가정파괴	마약사용	도박	살상	절도
1932	3,710	96	54	1,433	1,214	30	185
1933	3,021	22	259	842	1,094		274

을 의미한다. 하지만 전문기술 수준의 전제가 되는 것은 바로 교육 수준이었고 근대 지난 노동자의 교육 수준이 매우 뒤떨어져졌다는 점은 바로 근대 지난 공업의 낙후성을 설명할 수 있는 또 다른 요소라고 볼 수 있다. 그리고 근대 지난의 공업이 다른 도시에 비해 상대적으로 낙후되었다는 점은 다시 공업 노동력의 수요창출에 장애가 되었고 이는 도시빈민의 형성 및 고도 문맹률의 유지와 같은 악순환을 가져올 수밖에 없었다. 이처럼 근대 지난 노동자의 낮은 교육수준은 근대사회로의 전환에 제약을 가져왔고 이로 인해 도시사회는 노동자들의 문화지식과 전문기술뿐만 아니라 생활방식, 가치관, 행동방식 등 각 분야에 걸쳐 통제하고 훈육할 책임을 져야 했다.

많은 농촌인구가 도시에 들어왔을 때 높은 기대를 품고 있는 경우가 많았다. 그들의 기대는 대부분 도시 안에서 안정된 생활을 영위하거나 또는 적어도 기본적 생존조건을 갖추는 것이었다. 이러한 기대가 현실화되지 못했을 때 사회적 목적과 이 목적을 달성하기 위한 수단 사이에는 큰 분열이 생기게 되었으며, 이에 많은 사람들이 정상적 생활규범에서 이탈하여 반사회적 생활 방식을 선택하게 되었다. 대량의 실업인구는 가장 기본적인 생존조건만을 겨우 유지하거나 아니면 이마저도 갖추지 못하는 경우가 많았다. 이는 각종 사회범죄의 발생으로 연결되었고 지난

63) 內政部年鑒編纂委員會, 『內政年鑒』, (二) 警政篇, 上海商務印書館, 1936, p. 1445, 1489.

도시사회에 극대의 혼란을 안겨다 주었다. 도시 공업발전의 낙후로 인해 많은 남성 청장년들이 취업의 기회를 잡지 못하게 되었을 때, 그들이 생계를 유지하기 위해 선택할 수 있는 유일한 길은 절도와 강탈이었다.

도시에 들어온 많은 여성의 운명은 이보다 훨씬 더 참혹하였다. 여성 노인과 여자아이들은 다른 사람의 옷을 세탁해 주고 취득한 수고비로 생활을 영위하였다. 이에 대해 『제남대관(濟南大觀)』에서는 "본시(지난시)의 의복 세탁은 각 세의국(洗衣局) 이외에 시민 중 빈곤한 노부인과 소녀가 옷 세탁을 대신해 주는 경우가 많다."고 밝히고 있다.[64] 상당수의 젊은 여성들은 기원(妓院)에 들어가 기녀가 되었다. 1924년의 조사에 따르면, 지난 경찰에 등록된 기호(妓戶)가 530곳, 기녀가 1,080명이었다. 기원은 다시 가구의 진열상태와 기녀 본인의 연령, 용모, 복장 등을 근거로 4개의 등급으로 나뉘어 졌는데, 1급 기원은 106곳, 2급 기원은 27곳, 3급 기원은 62곳, 4급 기원은 335곳이 있었다.[65] 1927년에 이르면 기호(기원)의 수는 증가하지 않았지만 기녀의 수는 크게 증가하여 지난시에 등록된 기녀(공창)의 수가 1,800명에 달하였다.[66] 등록된 기원 중 상당수가 수저우(蘇州), 상하이(上海), 양저우(揚州)의 세 지역에서 건너와 개원한 것이었고 이 외에 일본, 조선, 벨라루스에서도 많은 사람이 지난에 와 기원을 개원하기도 하였다.[67]

창기는 중국에서 일찍부터 존재하였지만 근대에 들어서자 도시의 발전에 따라 삽시간에 전 중국에 만연하게 되었다. 1920년대 중엽, 중국의

---

64) 羅騰霄, 『濟南大觀』, 濟南大觀出版社, 1934, p. 100.

65) A. G. Park, *Social Glimpses of Tsinan*, The Department of Sociology of Shantung Christian University, 1924, p. 15.

66) 周傳銘, 『濟南快覽』, 濟南世界書局, 1927, p. 235.

67) 王守中, 郭大松, 『近代山東城市變遷史』, p. 427.

대도시에는 허가증을 받았거나(공창) 받지 않은(사창) 기녀의 수가 서양 국가의 4배에서 많게는 10배 정도 되었다. 창기업은 마치 다른 상업회사처럼 공공연히 광고하여 "고객"을 끌어 모았다. 지난에서도 창기업은 오래전부터 있었지만 악성적으로 범람하게 된 것은 1914년 이후였다. 창기가 범람하게 된 원인은 상품경제의 발전, 여러 지역 출신자들의 혼재, 인구의 대량유동 이외에도 사회제도, 관방 또는 민간 통제기제의 불완전성 등 여러 방면에서 찾을 수 있었다. 당시 창기에 대해 실제로 정부가 취한 정책은 창기업을 독려하거나 공개적으로 허가증을 발급하여 징세하는 것이었다. 뿐만 아니라 당시 사회의식이나 여론은 창기업을 "낙업(樂業)"이라 칭하면서 각지의 경관을 소개하는 데 있어 이들을 빼놓지 않고 거론하였다.[68] 이러한 사회배경에서 도시발전에 따른 남성 노동력의 도시집중으로 남녀비율이 깨어지자 지난에서의 창기업은 나날이 번창하게 되었다.

아편 등 마약류의 범람 또한 중요한 사회문제가 되었다. 마약은 민중과 사회에 해악을 가져오는 것이었으므로, 청 말 이래로 역대 정부가 마약 금지정책을 펴왔으나 실질적인 성과는 이루지 못했다. 민국 이후 지난에 마약이 범람하자 다시 마약문제가 불거져 나왔다. 내외국인이 개설한 여관, 기원, 주점 및 약국 모두 마약을 팔았다. 그 중 여관, 기원 등은 공개적으로 마약판매 서비스를 제공하였다. 1920년대 이전 마약의 종류는 아편에 한정되었지만, 1920년대 중엽부터 점차 일본과 조선으로부터 모르핀이 들어오면서 마약 소비자들에게 인기를 끌었다. 산동 지역에 마

68) 1920년대와 1930년대 濟南에서 출판된 지역소개 책자에는 濟南지역 창기업의 개황에 대한 소개뿐만 아니라 심지어는 중요 기원의 특색과 기녀의 연령, 용모, 특징, 성격까지도 상세히 묘사해 주고 있다. 이러한 책자에는 『濟南大觀』, 羅騰霄, 濟南大觀出版社, 1934 ; 『濟南快覽』, 周傳銘, 濟南世界書局, 1927 등이 있다.

약류가 없어지지 않고 날이 갈수록 범람하게 된 이유로는 다음과 같은 세 가지를 들 수 있다. 그 첫 번째는 일본인, 조선인, 벨라루스 난민들이 마약을 들여와 판매했기 때문이었다. 이들은 외국인의 치외법권 권리를 이용할 수 있었기 때문에 중국의 법률제재를 피해 갈 수 있었다.[69] 두 번째로는 1920년대 이래 정부 재정의 고갈을 들 수 있다. 이에 따라 경찰의 월급이 5~6개월 밀리게 되고 또 월급을 받는다 해도 고작 6~7원(元) 정도로 한 사람의 생활비로도 모자랄 정도의 돈을 받게 되자, 공개적으로 뇌물을 받고 마약 매매를 묵과하거나 심지어는 마약 판매와 사용에도 관여하게 되었던 것이다. 세 번째로는 창기업의 창궐을 들 수 있다. 많은 내외국인이 기원을 개원하게 되면서 기원은 마약류를 판매하고 소비하는 장소가 되었던 것이다.[70]

총괄해 보건대 상부 건설 이래로 지난 인구의 급속한 증가는 한편으로 볼 때는 도시 상공업 발전에 있어 충분한 노동력을 제공해 주기도 했지만, 다른 한편으로 볼 때는 지난 도시사회의 계층화와 무질서를 초래하면서 도시의 균형 있는 발전을 저해하는 요인이 되기도 하였다. 즉 지난 공업의 낙후성으로 말미암아 도시가 과잉 산업예비군을 수용하지 못하게 되면서 대량의 실업인구가 발생하자 이는 도시발전의 불안정 요소로 작용하게 되었고 일련의 사회문제가 발생하면서 지난 도시사회의 안정적 발전에 영향을 주게 되었던 것이다.

---

69) David. D. Buck, *Urban Change in China : Ploitics and Developmnet in Tsinan, Shandong, 1890~1949*, The University of Wisconsin Press, 1978, p. 149.

70) 王守中, 郭大松, 『近代山東城市變遷史』, pp. 426-427.

5. 산동 근대도시화의 두 가지 경로

아편전쟁 후, 열강의 세력은 청 왕조의 쇠락과 더불어 점차 중국 내지로 침점해 들어오기 시작하였다. 산동에서 가장 먼저 열강의 주의를 끈 지역은 연해 지역이었다. 19세기 중엽 이래로 러시아 세력의 남하를 방어하기 위해 청 정부에 의해 장려된 동북 이민이 주로 옌타이와 룽커우(龍口)를 거쳐 이루어지면서 산동은 동북지역으로의 여객운수와 무역의 주요 통로로서 발전하기 시작하였다. 또한 운하 조운의 중단으로 인해 운하 연안 도시들이 쇠퇴하면서 그들이 맡고 있던 상공업 및 교통운수 중심의 경제적 기능을 산동의 황하 연안 도시들이 담당하게 되었고, 그들 도시들은 황하 수로운송의 최종 기착지이자 무역항인 연해 지역과 직간접적으로 연계를 맺기 시작하였다. 이러한 경제적 조건은 옌타이의 개항과 맞물리면서 연해 항구의 발전에 중요한 기회를 제공해 주게 되었고, 연해 항구는 수출입 무역의 중심지이자 내지와 경제적으로 연결되는 주요 통로로서의 역할을 하게 되었다. 하지만 연해 지역의 경제적 지위가 산동 경제의 중심적인 위치로 상승하게 되는 실질적인 계기는 교제철로의 개통과 칭다오항의 건설이라고 할 수 있었다. 이때에 이르러 산동의 근대적 시장체계가 초보적으로 형성되기 시작하였고, 여기에 근대적 교통체계의 건립이 이루어지면서 내지의 산지시장, 중개시장, 집산시장이 중심시장인 지난을 통해 항구의 수출입 시장과 직접적으로 연결되었던 것이다.

교주만 지역이 독일 제국주의의 식민지가 된 것은 1890년대에 본격적으로 추진하기 시작한 독일의 대외 팽창정책의 결과라고 할 수 있었다. 그동안 온건한 외교정책을 추구하던 비스마르크의 대외정책은 비판을 받게 되었고, 새롭게 등장한 빌헬름 2세와 군부 강경론자들은 팽창주의적 외교노선을 그 핵심으로 하는 '신노선 정책'을 펼쳐 나갔다. 이 '신노선 정책'의 구체적 실현 과정은 바로 막강한 해군력을 기초로 하여 국외 식민지를 건설하여 세계강국으로 나아가는 과정이라 할 수 있었다. 그러한 와중에 산동에서의 선교사 피살사건을 기회로 중국에서의 해군근거지 확보를 위한 침략이 자행되었고 이미 선정해 놓은 교주만은 결국 독일세력의 전초기지가 되었다.

1897년 발생한 "거야교안(巨野教案)"을 계기로 신속히 군사행동을 일으킨 독일 제국주의는 교주만을 점령한 후 1898년 청 정부와 중덕교오조계조약을 체결하였다. 그 조약을 통해 교주만에 대한 99년간의 조차권과 산동 지역 철도 부설권 및 광산 개발권을 갖게 된 독일은 교주만에 식민지 통치체제를 구축하고 칭다오항을 건설하였다. 독일 식민당국의 교주만 지역 도시계획과 도시건설은 세밀하고 엄격한 계획과 통제 아래 실시되었다. 염가로 촌장의 토지를 매수하고 나서는 촌민들을 다른 지역으로 강제 이주시켰으며, 풍경과 기후가 가장 알맞은 교주만 남쪽 해안 일대를 중심으로 도시건설을 진행하였다. 도시건설 과정에서 유럽인 거주지역과 중국인 거주지역은 엄격히 분리되었고 유럽인 거주지역은 칭다오 식민지 통치의 중심지역이 되었다. 독일은 칭다오에서의 식민지 건설에 주력하여 현대적 시설을 갖춘 계획적 근대도시를 건설하였는데 이것은 방사상 도로망, 견고하고 청결한 시가지, 엄격한 규정을 적용한 건축물, 현대적 시설을 갖춘 항구, 상하수도 시스템과 통신 및 전력 시설 등을 통해 구현되었다. 이러한 도시건설과 칭다오항의 개항을 통해 칭다오는 점차 독일의 군사근거지에서 산동의 상업중심지로 그 성격이 전환되었다.

독일 제국주의는 교주만 점령과 더불어 산동에서의 정치적, 경제적 침탈을 도모하기 위해 철도회사와 광산회사를 세웠고 이를 통해 철도 부설과 광산 채굴을 실행에 옮겼다. 즉 독일 정부와 대자본가들은 "덕화은행"을 설립하여 산동에 대한 금융 지배를 획책하는 한편, "산동철도공사"를 통해 칭다오와 지난을 잇는 교제철로를 부설하여 산동 내륙지역에 대한 경제적 약탈을 진행하고자 하였다. 교제철로는 1899년 공사가 개시된 후 1904년에 칭다오에서 지난에 이르는 전 구간이 개통되었고 이후 매년 여객 및 화물 운송량과 이윤이 급격히 증가하였다. 교제철로의 부설은 단순히 칭다오항으로 출입하는 무역화물의 수송에 그 의미가 있는 것이 아니었다. 철도의 부설 이후 칭다오항의 무역액은 훨씬 더 증가하였으며 독일 식민당국은 철도를 통해 산동 내지에 그 정치적, 경제적 영향력을 확대해 나갔다. 그뿐만 아니라 철도 연선의 광산에서 막대한 양의 석탄을 채굴하여 큰 이익을 올렸다. 따라서 교제철로는 독일이 경제자원을 약탈하고 정치적 통제를 가하게 해줌으로써 산동을 자신의 세력범위로 만드는 데 중요한 정치적, 경제적 수단이 되었다.

지난이 스스로 상부를 개설하게 된 주요한 원인 또한 독일의 산동 침략에 있었다. 즉 1899년 부설공사에 들어간 교제철로가 1904년 칭다오에서 지난에 이르는 전 구간의 개통을 앞두고 있었던 것이다. 당시 산동을 관장하던 청조의 고위 관리들은 독일 세력이 철도를 통해 산동의 내륙지역으로 쉽게 진출함으로써, 머지않아 중국과 독일이 산동의 정치적, 경제적 이권을 놓고 치열한 접전을 치르게 될 것임을 예상하고 있었다. 따라서 그들은 이 문제를 원만히 해결할 묘책을 강구하게 되었고 결국 "자개상부(自開商埠)"라고 하는 정책안을 내어 놓게 되었다. 대부분 "약개상부(約開商埠)"였던 기존의 조약항들이 결국 열강의 식민지로 전락했던 것을 잘 알고 있었던 산동의 위정자들은 지난을 "자개상부"로 만들어 스스로 상부의 건설과 운영에 관한 법규를 제정하고 상부를 관리함으로써 완전한 주권을 행사하고 또 독일 세력의 정치적, 경제적 침략을 억제하고자 했던 것이다.

개부 초기 지난의 상부에는 거대한 외국 자본에 의해 수많은 외국 은행과 양행이 생겨나 양화의 판매는 물론 각종 경제활동을 담당하였다. 따라서 지난은 외국 자본의 파괴적 위력 속에서 기존의 전통적 상업경제에서 벗어나 세계 자본주의 시장의 일부분으로 새로 편성되는 구조조정을 거쳐야 했다. 이는 곧 도시의 기능과 성격이 바뀌는 것을 의미하였고, 기존의 경제구조와는 완전히 다른 새로운 구조의 도시가 탄생하는 것을 의미하였다. 상부가 건립된 후 주동적으로 대외에 개방하여 전통적 고대 도시의 폐쇄적 구조에서 탈피한 지난은 도시 근대화의 길을 걷기 시작하였고, 이에 따라 도시의 경제구조와 사회구조 그리고 공간구조가 모두 근대적으로 변화하기 시작하였다. 도시구조의 변화는 단일했던 도시기능을 다원화시켜 주었고, 지난은 지역적 정치중심이자 소비형 도시라는 기존의 면모에서 벗어나 상업 및 무역 기능, 생산기능이 현저히 증강된 종합형 도시로 거듭나게 되었다. 즉 지난은 개부를 통해 원래의 전통적이고 봉건적인 행정중심도시로부터 개방적이고 국제적인 상업중심도시로 발전하게 되었던 것이다.

1904년 상부 개설 이래로 지난의 도시화 속도는 확연히 빨라졌고 이에 따라 대량의 이질적 이주민이 지난으로 들어오게 되어 지난의 도시 인구가 급격히 증가하게 되었다. 이주민은 바로 근대 지난 인구의 주요 구성원이었는데, 근대 지난의 도시인구가 급속히 증가한 것은 상부 건설 이후 강화된 도시의 경제기능이 농촌경제의 파산으로 발생한 유민들을 흡인하게 된 데 그 중요한 원인을 돌릴 수 있다. 이처럼 대량의 농촌인구가 유입되고 있는 가운데 지난 공업의 상대적 낙후는 도시 수용력을 저하시켰고 이로 인해 지난의 노동력 시장은 포화상태가 되어 실업인구가 증가하였다. 대량의 실업인구는 거리 구석구석에 표류하게 되어 결국 도둑이 되거나 창기가 되고 말았다. 이러한 실업인구의 발생은 지난의 도시발전을 제약하는 불안정 요인이 되었으며 이로 인한 빈민계층과 노동계급의 생성은 지난 노동운동의 발전에 불가결한 조건을 제공해 주었다.

하지만 지난으로 유입된 외지 인구는 지난의 도시사회 변화를 촉진한 중요한 요소 중의 하나가 되기도 하였다. 많은 수의 이주민이 지난에 들어오면서 지난의 인구 구조를 변화시켰고, 지난 도시발전에도 중요한 작용을 하였던 것이다. 즉 산업노동력의 충분한 공급은 상업부문과 더불어 방직업, 제분업, 성냥제조업과 같은 노동집약의 경공업부문에 있어서도 일정 정도 발전할 수 있는 조건을 제공해 주었고, 동시에 인구의 이질성은 근대 지난의 소비시장 구조를 다원적인 방향으로 발전하도록 이끌었다. 이주민이 지난 인구의 주체가 되었고 또한 사람의 이동은 문화의 이동을 의미하는 것이었기 때문에 이주민 사회의 거대한 인구 이질성은 필연적으로 각종 이질적 문화의 합류와 융합을 만들어 내었다. 세계 10여 개 국가로부터 온 교민과 중국의 20여 개 성으로부터 온 이주민들은 지난에서 빈번한 사회적 상호작용을 하였고, 이러한 와중에서 각양각색의 문화 충돌을 통해 서로 다른 문화 간의 융합과 변천을 낳게 되었던 것이다.

한편 독일은 칭다오라고 하는 근대적 식민도시를 건설하는 데 중요한 역할을 하였다. 하지만 독일 식민당국은 중국 주민을 식민지의 동등한 구성원으로 받아들이고자 하지 않았다. 따라서 식민지 초기의 식민정책은 중국인을 독일인과 분리해서 그들을 차별대우하고 폭력적, 강압적으로 다룸으로써 조계지역 내 사회갈등을 촉발하였다. 이에 따라 교주만 지역에서는 중국인들의 독일 식민당국에 대한 저항과 이권회수 운동이 끊이지 않았다. 따라서 교주 총독부는 중국인에 대한 지배정책에 있어서 교육과 종교를 통해 교화를 진행함으로써 중국인들의 사상을 개조하고 저항의지를 상실하게 하는 문화정책으로 점차 전환해 갔다. 하지만 이러한 문화교육 또한 식민통치자의 우월성을 강조하고 중국인의 열등감을 고취한 교육으로서 장기적으로 볼 때 그 효용가치는 떨어질 수밖에 없었다. 이렇듯 독일 식민당국은 식민지의 건설이라는 하드웨어적 부분에서는 큰 성과를 거두었지만 중국인의 통치에 대한 소프트웨어적 부분에서는 오히려 실패를 가져오고 말았으며 식민도시의 사회갈등을 심화시키는 역할을 하였다. 또한, 이러한 결과는 이후 전개된 칭다오의 도시발전 중에서 독일의 영향을 받은 도시구조와 일본의 영향을 받은 도시성격으로 대표되는 식민도시 칭다오 특유의 도시특징으로 구현되었다.

▮ 참고문헌

中國史學會濟南分會, 『山東近代史資料』, 第三分册 , 山東人民出版社, 1958

濟南市志編纂委員會, 『濟南市志』, 第二册, 中華書局, 1997

青島市史志辦公室 編, 『青島市志 · 城市建築規劃志』, 新華出版社, 1999

曾業英, 『五十年來的中國近代史硏究』, 上海書店出版社, 2000

陳曉鳴, 張雷, 「中國近代城市史個案硏究擧要」, 『上海師範大學學報』, 第33卷, 第2期, 2004

何一民, 「中國近代城市史硏究述評」, 『中華文化論壇』, 第1期, 2000

呂穎慧 著, 「占時期青島的崛起與山東近代城市體系的形成」, 『東方論壇』, 第6期, 2004

李萬榮, 「膠澳開埠與青島城市的早期現代化(1898～1914)」, 東北師範大學 碩士學位論文, 2002

李百浩, 王西波, 「濟南近代城市規劃歷史硏究」, 『城市規劃滙刊』, 第2期, 總第144期, 2003,

김춘식, 「독일제국과 바다－독일의 동아시아 해양정책과 식민지 건설계획을 중심으로」, 『대구사학』 91, 2008

David. D. Buck, *Urban Change in China : Ploitics and Developmnet in Tsinan, Shandong, 1890～1949*, The University of Wisconsin Press, 1978

安作璋 編, 『山東通史』, 近代卷, 下册, 山東人民出版社, 1994

濟南社會科學硏究所 編, 『濟南簡史』, 齊魯書社, 1986

中國第一歷史檔案館, 青島市博物館, 青島市社會科學硏究所 編, 『德國侵占膠州灣史料選編』, 山東人民出版社, 1986

王守中, 『德國侵略山東史』, 人民出版社, 1988

青島市檔案館 編,『帝國主義與膠海關』, 檔案出版社, 1986
王守中, 郭大松,『近代山東城市變遷史』, 山東教育出版社, 2001
孫祚民,『山東通史』, 下卷, 濟南 : 山東人民出版社, 1992
中共青島鐵路地區工作委員會, 中國科學院山東分院歷史研究所, 山東大學歷史系,『膠濟鐵路史』, 山東人民出版社, 1961
李岫,「濟南, 周村, 濰縣開埠始末」,『周村開埠與山東近代化』, 孔令仁, 李德徵 主編, 山東大學出版社, 1996
汪堅强,『近現代濟南城市形態的演變與發展研究』, 清華大學出版社, 2004
牛國棟,『濟南乎』, 濟南 : 山東畵報出版社, 2003
王西波,『濟南近代城市規劃研究』, 武漢理工大學, 2003
曹洪濤, 劉金聲,『中國近現代城市的發展』, 中國城市出版社, 1998
任銀睦,『青島早期城市現代化研究』, 三聯書店, 2007

5장

상하이 도시사회의 헤게모니 투쟁과 노동자

-1927년부터 상하이사변까지

| 김태승 |

1. 상하이에서의 국가, 부르주아지, 노동자

1920년대 상하이의 노동자 사회는 복합적인 상황에 놓여 있었다. 개인으로서 노동자의 생산자적 측면과 소비자적 측면은 도시의 '스펙터클한 경관' 속에서 상하이의 시장사회에 통합되어 가고 있었다. 하지만 개인적으론 노동자들이 시장사회에 통합되어 가더라도, 집단이라는 측면에서 볼 때 노동자들은 여전히 상하이 사회의 최하위에 있는 종속적 지위에 머무르고 있었고, 주류 상하이 사회에서 분리되어 있었다. 또한 도시공간의 측면에서 중국인의 상하이는 이미 조계권력으로 상징되는 '초국적' 자본가들에 의해 '개척된 식민지'로 변모하고 있었다. 생산이 자본주의 시장경제체제의 보편적 현상이고 그런 점에서 도시 역시 그러한 범주를 벗어나기는 어려웠으나, '도시라는 공간적 단위에 기초해 이뤄지는 사회적 활동'[1]으로서의 소비는 도시적 재생산 구조의 핵심을 이루고 있었기에, 상하이의 노동자들은 '국산품 애용운동' 등 시장헤게모니 장악을 위한 투쟁에 집단적으로 동원되었다. 상하이의 노동자들은 그러한 운동에서 강력한 파괴력으로 실질적 힘을 발휘하였다는 점[2]에서 상하이 사회의 권력으로 부상할 기회를 가졌으나 현실은 그렇게 진행되지 않았다.

다양한 권력주체들이 도시 공간에서의 주도권 장악을 위해 경쟁하고 또 연대하는 상하이 사회에서 노동자들은 구조적으로 "자신들의 행동으로부터 그리고 그 자신들 노동의 산물로부터, 동료 노동자들로부터, 심지어는 자기 자신들로부터 분리되어 있었으므로"[3], 외부의 지도나 자극이 없이 자신의 힘으로 상하이 사회의 '인정'받는 장으로 나아가기는 어려웠다.

따라서 상하이 노동자들은 1919년과 1925년 그리고 거의 환상적이라고 생각되었던 1927년의 꼼뮨 건설에서 보여 주었던 열정적이고 전투적인 힘이 강력한 국가권력과 자본의 힘에 부딪히게 되자, 상하이 정치사회에서 분리된 일상의 세계로 물러나게 되었다. 노동자들이 그들의 생활공간에 갇혀 있었다는 점에서, 상하이에 거주하지만 상하이 사회의 일원이라고 말하기는 어려운 위치로 되돌아갔던 것이다. 외부에서 어떤 문제가 발생해서 그들을 끄집어내거나, 그들 자신이 탈출하지 않는 한 그들은 작업장과 거주지라는 선택된 영역 안에서 '식민화'된 삶을 영위해 나가는 존재로 남아 있게 되었다.

기존의 중국 노동운동사 연구에서 특히 상하이 도시사 연구에서 1920

---

1) Andrew Merrifield, *Metro Marxism : A Marxist Tale of the City*, Routledge, 2002 (남청수 외 옮김, 『매혹의 도시, 맑스주의를 만나다』, 서울, 2004), p. 273.

2) 대규모 파업을 통해 제국주의 생산체제에 직접적인 타격을 줄 수 있었다는 점에서 그러했다.

3) 남청수 외 옮김, 앞의 책, p. 241.

년대 노동운동에 대한 연구는 지나치게 과장된 측면이 많다. 노동운동이 보여준 정치적 파괴력에 논의가 집중되었기 때문에 상하이 노동자들의 시민적 역할이 지닌 한계는 제대로 파악하기 어려웠다. 오늘날도 도시 노동운동이 정치, 경제, 사회, 이데올로기 차원에서 분절되어 있고, 그래서 도시를 장악한 자본의 논리에 효율적으로 대응하고 있지 못하고 있기에 1920년대의 상하이에서 그 이상을 찾고자 하는 것은 과도한 기대라고 말할 수 있을 것이다.

이 글에서는 1차적으로 1927년 이후 상하이 사회의 변화 양상들을 검토하고, 그러한 상하이 사회에서 노동자들이 처한 위치를 국가/도시/부르주아지와의 관계를 통해 분석해 보고자 한다. 이는 상하이의 노동자들이 왜 27년 이후 20년대에 보여주었던 계급적 활력을 상실하고 있었는지에 대한 배경적 이해에 도움이 될 것이다. 그 다음으로 고용체계와 사회교육체제 등 노동자의 도시화의 경로에 대한 분석을 중심으로 도시사회 안에서 그들이 처한 위상을 검토하여, 정치화되어 있었던 집단으로 보였던 상하이의 노동자들이 27년 이후 어떤 변화를 겪고 있었는지를 살펴볼 것이다. 이러한 논의를 통해 궁극적으로는 1920~30년대의 상하이에서 도시지배의 헤게모니가 어떤 방식으로 관철되었으며, 노동자들은 그러한 헤게모니의 행사과정에 어떤 형태로 참여 혹은 배제되고 있었는지를 드러내 보고자 한다. 이 드러냄을 통하여 우리는 이 시기 국가/부르주아지/노동자 3자가 어떤 관계망을 만들어 가고 있었는지, 도시에서의 그러한 사회적 갈등 조절체제의 형성이 도시사회의 지배구조와 어떤 관련성을 가지는지를 이해할 수 있게 되기를 기대한다. 그것은 아마도 국민당-국가 통치의 현실성을 과도하게 높이 평가해 온 기존 학문 성과들에 대한 비판적 성찰의 의미로 해석될 수도 있을 것이다.

2. 상하이 사회의 변화

1) 국가와 상하이 부르주아지

1927년 이전까지 상하이 사회에서 국가권력은 매우 소극적으로 중국인 사회에 개입하고 있었다. 군벌이 각축하는 상황 속에서 형해화 되어 있던 국가권력은 지역차원에서 정치자금의 확보 통로 정도로 상하이 사회에 개입하고 있었으므로, 사실상 상하이의 중국인 사회는 민간 우위의 정치 환경이 마련되어 있었다. 그래서 개항 이래 상하이 중국인 사회에 축적된 자치운동의 전통은, 1927년 쿠데타 이후 정치상황의 변화에도 불구하고, 상하이 중국인 사회의 정치적 동향에 영향력을 발휘하고 있었다고 말할 수 있다.

실제로 조계의 존재에도 불구하고 민간의 활동은 비교적 경계를 자유롭게 넘나들 수 있었지만, 국가권력은 그럴 수 없었으므로 민간사회가 정서적, 현실적 힘을 완전히 상실한 것은 아니었던 것이다. 그러나 상하이를 장악한 국민당은 그런 상황을 용인하려 하지 않았다. 상하이의 부르주아지들도 국민당의 상하이 장악에 대해 양면적 반응을 보이고 있었다. 상하이에서 국가권력은 〈그림 1〉에 나타나 있듯이 갑북(閘北) 지역(①)과 남시(南市)지역(②), 포동(浦東) 지역(③)으로 분단되어있었다. 상하이의 부르주아지들은 한편으로, 분단되었던 중국인 사회가 하나의 정치권력 아래에 통합되고, 국가권력이 합리적으로 작동하여 자신들을 지원한다면, 상하이시장에서 조계를 근거로 헤게모니를 행사하는 제국주의 세력과의 경쟁에서 유리할 것으로 기대하였다. 다른 한편으로는 국가권력이 이전의 군벌들과 마찬가지의 행태를 보임으로써 상하이시장의 헤게모니 투쟁에서 오히려 불리하게 작용할 것을 우려하였다. 결과적으로 보면 상하이시장의 주도권 장악을 위한 국가(국민당)의 노력은 그다지 성공적으로 진행되지는 않았으나, 행정체제의 정비를 통한 상하이 중국인 사회에 대한 국가 권력의 침투는 과거와 비교할 때 상당히 정교하게 진행된 것 역시 사실이었다.

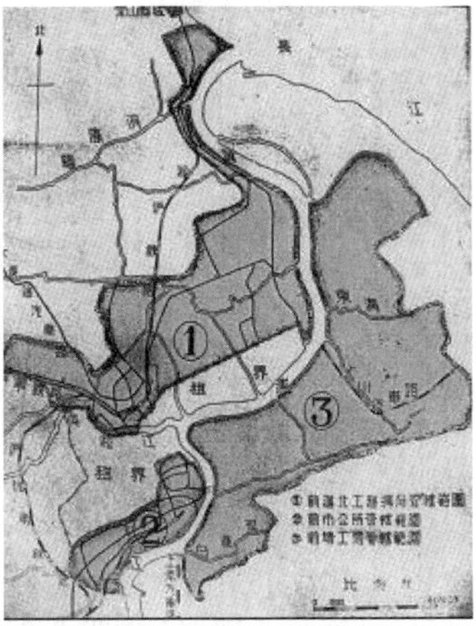

〈그림 1〉 상하이 중국인 공간의 분할도

상하이특별시 정부의 출현은 국가 기구의 상하이 사회 침투와 권위체계의 건설을 상징하는 것이었다. 1927년 4·12쿠데타를 통해 상하이를 장악한 중국 국민당은 본격적으로 통치기구를 건설하기 시작하였다. 쿠데타 직후 설립한 중국국민당 상하이 시당부 임시정치위원회(뒤에 집행위원회로 개조했다가 정리위원회로 변경)가 상하이시에 대한 통제를 본격화하기 시작하였고,[4] 1927년 당내 청당을 통하여 좌파를 숙청한 뒤 7월 7일 상하이 특별시정부가 성립하였다.

그러나 상하이특별시정부 출범을 경축하는 자리의 축사에서 상하이 중국인 상공인들의 지도자였던 우흡경(虞洽卿)이 시장의 '사사로운 축재'를 걱정했듯이[5] 상하이 중국인 사회의 반응은 우려가 섞인 것이었다.

---

4) 白華山,『工商界·市政府·市黨部-上海地方治理中三者關係的綜合考察(1927~1937)』, 上海復旦大學博士學位論文, 2003, pp. 21-22. 1927년 4·12쿠데타 상황에서 16,000여의 당원을 거느리고 있던 국민당 상하이시 당부는 '청당'을 통해 공산당 관련자들을 축출하자 1928년 2월에는 당원 수가 5,919명으로 감소하고 있었다. 上海通志館編,『上海市年鑑』, 1927, pp. 16-17. 당원 구성을 보면 전체 5천여 명 중 노동자가 가장 많았으나 학생과 정당인, 정치인 등을 포함하면 지식인들의 비중이 가장 높았다. 학력에서 중등교육 이상의 학력자가 60%에 달하고 있는 것은 그 점을 방증한다. 주요 당부 인물들은 C.C.계 인물들이었다.

5) 白華山, 앞의 글, p. 28.

특히 상하이를 지배하고 있던 부르주아지들은 노동운동의 '과화(過火)' 상황에서 계급적 이익을 위하여 국민당-국가와의 제휴를 선택하기는 했으나, 그것이 계급적 이해관계에 따른 선택이었든 만큼, 여전히 국민당과의 관계는 이전 군벌 정치세력과의 관계 이상이 되기 어려웠다. 당시의 언론 자료를 보면 '민선시장제'에 대한 여론이 상하이에서 상당한 지지를 얻었던 것으로 보이는데[6], 이 역시 상하이 중국인 부르주아지들이 국민당 지배체제에 대해 어떤 생각을 하고 있었는지를 드러낸 것이라고 말할 수 있다. 다만, 국민당은 뒤에 참사회(參事會)라는 자문기구를 설치하여 이들을 상하이지배에 활용하는 수준에서 권력분배의 문제를 정리하려 하였다.[7]

그러나 상하이 부르주아지들이 4·12쿠데타를 통해 상하이 사회에서의 주도권을 유지하기 어렵게 되었다고 하더라도, 지역사회에서의 그들의 영향력은 여전히 상당 수준 유지되었다. 국민당이 시민사회단체에 대한 정리와 개조작업을 통해 국가지배력의 침투를 시도하였으나, 그것은 '계몽'과 '폭력'을 배합한 일방적 강요에 의한 것이었으므로 제한된 성과를 거두는데 그쳤다.[8] 상하이 부르주아지들의 자율성은 약화되었고 상하이 사회에서의 지배력에 타격을 입기는 했으나, 그들은 국가를 견제할 수 있는 경제력을 가지고 있었다. 게다가 국민당 내의 파벌투쟁은 상하이에서의 국가권력의 일관성을 유지하는데 많은 문제를 발생시키고

6) 1927년 상하이특별시 정부 출범이후 『申報』에는 상하이 중국인 상인들의 민선시장에 대한 요구가 다수 소개되고 있다.

7) 參事會의 연락처가 상하이총상회에 설치된 것은 이 조직의 특성을 반영한다.

8) 徐鼎新과 같은 연구자는 1928년 이후 상하이의 공상단체는 영향력을 급격히 상실하고 정부에 부속되는 상황에 놓이게 되었다고 평가한다. 완전 종속 상태에 들어갔다고 말하는 것은 다소 과장되었다고 말할 수 있으나 그 영향력이 쇠퇴된 것은 부인할 수 없는 사실이다.

있었으므로[9] 상하이 부르주아지들을 철저하게 장악하기란 쉬운 일이 아니었다. 1931~32년에 이르는 시기까지 27년 이후 약화한 상하이 부르주아지와 과거보다 강력하기는 했으나 재정적 취약성을 지닌 국민당 정권은 일종의 계급합작형식의 통치방식을 상하이에 출현시키고 있었다.[10]

특히 국민당 지도부의 권력투쟁에 따른 재정적 위기는 상하이의 경제활동 전반에 대한 국가의 개입 수준을 더욱 강화하였다. 그래서 나온 것이 〈상하이특별시 상인단체 정리위원회〉의 출범이었다. 개인이나 기업 단위가 아닌 동업 공회 단위로 부르주아지 이익단체들을 정리함으로써 '통치의 효율성'(사실은 정치자금 획득의 수월성)을 제고시키기 위한 목적으로 진행된 이러한 정리위원회의 출범은 그러나 1930년대 상하이 사회에서 가장 큰 영향력을 가지고 있어서 사대금강(四大金剛)으로 불렸던 〈상하이시상회(上海市商會)〉, 〈상하이시지방협회(上海市地方協會)〉(전신은 상하이시지방유지회), 〈은행공회(銀行公會)〉, 〈전업공회(錢業公會)〉[11] 등의 저항과 세력 갈등으로 그다지 실효적 성과를 거두었다고 평가하기는 어렵다. 하지만 국가권력의 개입이 매우 조직적으로 진행되었고, 그것이 상하이 민간사회의 권력관계에 영향을 끼친 것은 사실이었다. 말하자면 1927년 이후 국가는 현실성을 가지고 상하이에 등장했다.

1927년 이전까지 상하이의 부르주아지들은 주로 동향조직의 연결망

---

9) 국민당 상하이특별시 당부와 상하이 행정책임자들의 관계, 난징 국민정부와 상하이시와의 관계는 각 정파 사이에서 요동치고 있었다. 白華山, 앞의 글 참조.

10) Brian Martin, Shanghai Green Gang. 또는 이렇게 출현한 상하이에서의 국가가 state corporatism(국가 조합주의)적 국가였다고 지적하는 견해도 있으나, 상하이에서 국가가 그러한 중재자 내지는 선도자의 지위를 유지할 수 있었는지는 쉽게 결론을 내리기가 어렵다. 상하이에서의 국가는 그보다는 훨씬 약한 존재였다고 생각된다.

11) 朱英, 『轉型時期的社會與國家-以近代中國商會爲主體的歷史透視』, 華東師範大學 博士學位論文, 1997, pp. 493-494. 여기에 航業公會를 추가하기도 한다.

을 기반으로 삼아 군벌과 재정지원을 매개로 적절한 수준에서 타협함으로써 상하이 사회의 지배력을 유지해 왔다. 그것은 경제력, 동향조직을 매개로 한 시민에의 영향력을 기반으로 수행된 비폭력적 지배였고, 어떤 의미에서는 대중사회의 신뢰를 기반으로 한 헤게모니적 지배체제를 형성하였다. 각종 자선조직, 회관, 시민운동에의 자금지원 등이 그러한 사회적 동의에 기초한 지배체제를 유지시켜 온 기반이었던 것이다. 그러나 4·12쿠데타를 계기로 국민당이 상하이에 정착한 후 국가의 이름으로 수행된 상하이 사회의 재편은 상하이 부르주아지들로부터 그러한 동의에 기초한 지배의 도구를 빼앗아 가는 형태로 진행되었다. 우선 그것은 부르주아지의 도시사회에서의 지도력을 유지시키는 강력한 무기 중의 하나였던 사회교육기구의 탈취 혹은 교육내용의 장악 형태로 진행되었고, 그와 함께 상공인 조직의 국가장악, 1928년 이후 사회국의 주도로 진행된 공익자선단체에 대한 현황조사와 등록 강제 등의 형태로 발현되었다.[12)]

예컨대 상하이에서 부르주아지들의 영향력 유지를 위해 중요하게 기능했던 동향단체 기반의 사립학교 운영에 대해 국민당-국가는 그 형식은 존중하였으나 등기제도 등을 매개로 교육과정과 내용 구성에 대해 체계적 개입을 시작하였다. 말하자면 상하이 부르주아지들이 장악하고 있던 교육 콘텐츠의 지배권을 국민당-국가가 되찾아 왔던 것이다.[13)] 이러

---

12) 『上海特別市社會局業務報告(1928)』, 上海特別市 社會局, 1929, pp. 233-250. 이 부문에 대해서는 다른 연구자들에 의한 연구가 진행된 바 있어서 여기서 직접 다루지는 않으나, 민간과의 자선사업단체의 관리권을 둘러싼 경쟁은 사회국의 거의 일방적 개입의 형태를 띠는 경우가 많았다. 사회국은 이 외에도 사회의 풍속을 개량하는 사업을 기획했는데, 그것은 시민의 일상적 여가 생활 거의 전 영역을 포함하고 있었다. 이와 관련해서는 拙稿, 「國民政府時期, 地域社會에 투영된 國家와 民間社會-社會教育體制를 통해서 본 上海에서의 國家權力」, 『中國學報』, 48집을 참조.

13) 상하이에서 교육의 큰 비중을 차지하고 있었던 것은 동향단체가 출자하여 운영하던 사립학교들이었다. 상하이인의 출신 지역별 분포는 강소 40.5%, 절강 19.2%, 안휘

한 사립학교들은 동향정서를 매개로 이민자들을 위한 생활교육, 도시생활에서 살아남기 위한 지식 교육 등을 주 내용으로 하는 교육을 시행하고 있었는데, 상하이특별시 성립 이후 국민당은 이러한 학교에 대해 교육내용, 운영 등에 대한 심사를 통하여 당화교육(黨化敎育)의 통제를 강화해 나가고자 하였다.[14)]

그러나 이러한 국가와 상하이 부르주아지의 관계는 일본이 상하이 지역에 대한 군사적 공격에 나섬으로써 다시 변화하기 시작했다. 그것은 국민당 정권의 현실적 무능력을 드러나게 한 사건이었는데, 상하이 시정부와 상하이 시당부는 전쟁과 관련된 재정과 여론의 지지를 얻기 위해서 다시 상하이 부르주아지들의 상하이 도시정치에서의 헤게모니 회복을 허용할 수밖에 없는 상황에 처하게 되었다. 하지만 그러한 과정이 순탄하게 진행된 것은 아니었다. 1931년 12월 9일의 사건을 계기로 상하이 부르주아지들은 국민당의 상인단체에 대한 간섭을 비판하고 과거의 독자적 상인조직의 회복은 천명하는 데까지 나아갔고,[15)] 상하이의 부르주아지들 중 일부는 과거와 같은 영향력을 회복하기 위해 상하이 총상회를 재건하려 하였으나, 이번에는 일반 상인집단들의 강력한 반대에 직면하여 무산되었다. 27년 이래 상하이 부르주아지가 도시정치의 지도력을 상실한 상황이었으므로, 그러한 일부 대 부르주아지들의 기회주의적 태도는 과거로의 복귀를 의미하는 행위로 여겨져서 상하이 사회의 지지를 얻

4.4%, 광동 2.7%, 산동 0.16%의 순서였고, 이들이 상하이인구의 66.96%를 차지하고 있었는데, 특히 상하이 사회에서 가장 강력한 세력을 과시하고 있던 강소, 절강 출신들은 각종 사립학교를 설립하여 동향이익을 국가보다 사실상 우위에 두는 교육을 수행하고 있었다.

14) 于珍, 『近代上海同鄕組織與移民敎育硏究(1843～1949)』, 華東師範大學博士學位論文, 2008, p. 115.

15) 白華山, 위의 글, p. 105.

지 못했던 것이다.[16)]

게다가 항일구국회의 활동과 관련하여 일본의 강력한 항의에 직면하자 상하이 시정부는 상하이의 공상계 지도자들의 지원을 받아, 상하이항일구국회 활동을 막아 대일 긴장국면을 해소하고자 하였고, 그러한 상하이 시정부와 은행공회 등이 중심이 된 배일운동 탄압은 상하이 도시사회에 상당한 충격을 주었다. 그리고 그에 따라 그들의 도시사회에서의 지도력은 더욱더 위기에 직면하게 되었다. 그러나 도시시장에서의 계급적 이익을 유지하기 위한 국민당-국가와 일부 대 부르주아지들의 타협에도 불구하고 전쟁을 막지는 못하였다. 1932년 1월 28일 일본군이 상하이에 대한 공격을 시작함으로써 상하이 도시사회는 혼란에 휩쓸리게 되었다.

전쟁의 주 무대가 되었던 상하이의 갑북, 오송(吳淞) 등의 지역에는 전 상하이시 공장의 1/4이 위치했고, 전쟁 지역의 상점은 13,000가에 달했다. 이들은 상하이시 정부 재정의 근간을 이루는 중국인 자본 사업체였으므로, 전쟁으로 인한 이 지역의 파괴는 상하이시 정부의 재정적 곤란을 가져왔다. 이러한 정치 상황 속에서 출범한 〈상하이시(민)지방유지회〉는 『신보』 발행인이었던 사량재(史量材)를 회장으로 하는 조직이었으나, 왕효뢰(王曉籟), 장소림(張嘯林), 두월생(杜月笙) 등 상하이비밀결사 조직의 지도자들이 대거 참여하고 있었고 금융공회 인사들이 지도부의 상당수를 장악하고 있었다. 게다가 이들 지도부 인사들은 대부분 조계에 세력기반을 가지고 있었던 인물들[17)]이었기에 국가가 상하이 사회에서 그들

---

16) 이러한 풍소산 등의 총상회 복귀 노력은 광동계 인사들의 책략에 의한 것으로 강절지역 출신이 압도적이었던 상하이시 대 부르주아지들의 지지를 얻지 못했을 뿐 만 아니라 대중의 지지도 얻지 못해서 실패했다고 지적하는 견해가 있는데, 이는 이 시기 각마로 상계연합회 등의 조직부활 행동들을 설명해 주지 못한다.

17) 회장인 사량재와 부회장 왕효뢰는 공공조계 납세화인회 집행위원이었고, 부회장 두월생과 이사 장소림은 프랑스조계 공동국 동사였으며, 이사 우흡경은 상하이 공공조

을 통제할 수 있는 영역에는 한계가 있을 수밖에 없었고, 그에 따라 다시 국가는 27년 이전의 상태로 후퇴할 수밖에 없었다. 그러나 그렇다고 하더라도 상하이 사회에서 부르주아지들의 지도력이 사회적 지지를 전폭적으로 받을 만큼 회복된 것은 아니었으므로 과거와는 다른 형식의 국민당-국가와 도시 부르주아지의 연합체제가 도시정치를 지배하게 되었다.

2) 국가와 노동자

상하이 중국인 사회에서 부르주아지들과 국민당-국가가 도시정치의 주도권을 놓고 힘겨루기를 하는 동안, 상하이 사회의 최대 구성부분이었던 노동자 사회와 부르주아지들의 관계에도 변화가 발생했다. 우선 1925년의 5·30운동 시기까지 애국적 노동운동의 후원자였던 상하이 부르주아지들의 전반적 분위기가 1927년 상하이 시민공회의 출현으로, 완전히 반노동계적 정서로 나아가고 있었다. 시민공회의 주도권을 둘러싸고 진행된 권력투쟁의 결과 상하이 상업연합회/상민협회 등 상하이 부르주아지들은 노동자들과 대립하는 노선을 선택했었다. 이 과정에서, 노동자들의 이익을 대변했던 상하이 총공회의 판단착오 등 전략적 오류가 있기는 했으나, 27년 4월 12일에 있었던 상하이에서의 쿠데타는 당시 도시사회에서 지도력을 행사하고 있던 부르주아 권력의 정당성을 스스로 훼손하는 '야합'의 결과물이었다.

1920년대 상하이 부르주아지들은 널리 알려져 있듯이 동향회, 자선조직 등을 기반으로 노동자 사회에 대한 지도력을 유지해 나가고 있었다. 1927년 이후 노동운동은 상대적으로 보수주의시기에 접어들고 있었

계 공부국 화동(華董)이었다(白華山, 앞의 글. p. 120).

다.[18] 경제적 위기 상황 속에서 그들의 목소리는 애국주의의 물결 속에서 본래 지위를 찾기 어려웠던 것이다. 게다가 장제스는 4·12 쿠데타 직후 상하이에서, 〈상하이노자조절조례(上海勞資調節條例)〉를 반포하여 노동운동에 대한 대규모 압박 이후의 상황전개에서 주도권을 장악하기 위한 조치를 취하기 시작하였다. 이 조례는 노동조합의 존재 인정, 물가에 따른 최저임금제 규정, 최대노동시간의 조절, 포공제의 폐지, 고용주의 자의적인 노동자 해고 금지[19] 등 노동자들의 일상적 요구를 어느 정도 반영한 것이었다.

따라서 총공회로 상징되는 급진적 노동운동의 흐름은 공산당 지도력의 후퇴와 상하이시의 적극적 개입, 부르주아 사회의 각종 교화사업 등에 의해 예전의 활력을 유지할 수 없었다. 국민당은 각종 법령정비를 기초로 노동자 세계의 헤게모니 장악에 적극적으로 나섰고 그것은 공산당이 어용 노동조합으로 비판했던 '황색공회'의 해체와 재편까지를 목표로 한 것이었으므로[20] 전투적 노동조합은 커다란 위기에 직면하게 되었다. 상하이 부르주아지가 국민당과의 연대를 선택한 것이 바로 이러한 정책을 기대한 것이었으므로 그들은 적어도 대 노동자문제에 대해서만큼은 국민당과 보조를 같이하고 있었다고 말할 수 있다.

1928년 6월의 〈노자쟁의처리법〉, 1929년 10월의 〈공회법〉, 1929년 12

---

18) 周石峰, 『近代商人與民族主義運動』(1927~1937)』, 浙江大學博士學位論文, 2005, p. 176.

19) 劉明逵編, 『中國工人階級歷史狀況(1)』, 中共中央黨校出版社, 1985, p. 703. 포공제의 폐지는 지역주의적 이익정치에 대립되는 측면이 있었으므로 사실상 선언적 의미 이상을 갖기는 어려웠다.

20) 中共中央文獻硏究室 中華全國總工會編, 『劉小奇論工人運動』, 中央文獻出版社, 1988, p. 42. 유소기는 모스크바에서 개최된 '赤色職工國際第5次大會' 석상에서 중국노동운동의 현상을 보고하면서 그 이유를 노동자 투쟁의 고양으로 황색공회의 활동영역을 국민당이 통제할 수 없어서 아예 정리하려했다고 평가하고 있다.

월의 〈공창법〉, 1930년 10월의 〈단체협약법〉 등 잇달아 노동자와 관련된 법령이 정비되고 그에 따라 이전의 모든 노동조합에 대한 평가와 재구성이 진행되었으며, 국가는 노동자 조직 전체에 걸쳐 헤게모니를 행사해 나가고자 하였다. 그러나 이러한 국민당-국가의 전략은 국민당-국가 진영의 분열을 일으키는 요인이기도 했다. 황색공회의 상당수는 국민당의 후광으로 합법성을 얻어 활동하고 있던 청방 등 비밀결사의 영향력 아래 놓여 있었기 때문이었다. 1928년 429개의 노동조합 중, 사회국의 성립과 함께 상하이시는 〈공회주책잠행규칙〉에 따라 1928년 9월에서 1930년 7월 사이에 249개 노동조합의 재편을 시도하였다. 하지만 개조작업은 순탄하게 진행되지 않아 90개의 노동조합에서만 성공을 거둘 수 있었다.[21)]

1927년 4·12쿠데타 이후 상하이에 진입한 국민당 중앙 정치분회 상하이임시분회는 장제스가 직접 제시했던 〈상하이노자조절조례〉를 기초로 〈상하이임시노자중재위원회〉를 출범시키고 5월 13일에 〈상하이해결공상분규조례〉를 공포하였다. 이어서 7월 7일에 관계기관인 상하이특별시정부 농공상국이 성립했고, 7월 23일에 〈상하이노자조절잠행조례(上海勞資調節暫行條例) 20조〉를 공포하고 다시 8월 1일에는 〈상하이노자조절위원회조직대강〉를 제정한 뒤 13인의 위원을 임명하였다.[22)] 그러나 시행상의 문제가 발견되어 조례를 수정하여 분쟁 쌍방당사자가 각각 2인씩 추천하고 쌍방과 관계없는 인물 2인, 농공상국이 추천한 위원 1인으로 〈조정위원회〉를 구성하되, 조정이 실패하면 5일 이내에 시정부에 중재를 요청하고 시정부는 농공상국, 공안국 대표 각 1인을 파견하여 시정부

---

21) 上海市社會局編(1), 위의 책, p. 3. 나머지는 불법단체로 간주되었다.

22) 그 구성은 시정부 공상국과 공안국에서 각 1인씩, 공회조직통일위원회와 상업단체대표 각 5인씩이었다.

대표가 위원장이 되는 〈중재위원회〉를 구성한 뒤 거기에서 결론을 내리는 것으로 정하였다.[23)]

이러한 체계가 완성되기 전까지 1927년 4·12쿠데타 후 강제 해산된 상하이총공회를 대신하여 군정기관의 파견원이 조직했던 〈상하이공회조직통일위원회(工統會)〉와 1928년 11월 상무인서관 공회 등 300여 공회가 조직한 〈공인총회(工總會)〉 등이 노자분규의 처리를 담당하였으나, 같은 해 10월 국민당 중앙과 상하이시 당/정/군/경/노동운동 전문가 등이 성립시킨 〈상하이공회정리위원회(工整會)〉가 성립하여 본격적으로 활동하고 상하이 시정부의 조직이 정비되면서 상하이의 노자분규는 대부분 상하이시정부의 통제 아래 놓이게 되었다.

그에 따라 1928년 이후 1930년까지 조정위원회와 중재위원회의 개입으로 처리된 노자분규는 36.71%, 43.79%, 65.19%, 73.12%로 매년 증가하였다. 상하이시의 영향력이 확대되고 있었던 것이다. 게다가 1929년 5월 상하이시 당국은 〈획일처리노자쟁의사건판법(劃一處理勞資爭議事件辦法)〉을 제정하여 법에 따라 등록하지 않은 노자 쌍방의 조직은 노자쟁의처리법의 적용 대상에서 제외함으로써 노동자나 고용주 모두에게 시정부의 통제에 들어오도록 강제하는 조치를 취하였다.[24)]

이러한 국가의 노동자 통제 강화는 노자쟁의처리법의 개정 과정에서 보다 분명히 드러난다. 1928년의 규정에서 해당 법의 적용 대상 사업장을 노동자 30인 이상을 고용한 사업장으로 한정하고 있었으나, 1930년에 15인으로 적용 범위를 확대하였다. 또한 국영사업장에서 발생한 쟁의의 경우 주관 행정관서가 정해져 있지 않은 경우, 1932년 주관기관이 관련

23) 上海市社會局編(1), 위의 책, p. 10.

24) 上海市社會局編(1), 위의 책, p. 11.

쟁의를 처리할 수 있도록 개정하였으며, 공용교통, 군수제조업 등에서 쟁의가 발생했는데 조정이 되지 않을 경우 중재에 붙여야 한다고 되어 있던 것을 1932년 개정 후 해당 업종의 쟁의만이 아니라 분규가 오래 지속되어 사회의 질서와 안녕에 큰 영향을 끼치는 경우까지를 강제 조정 대상에 포함했다. 더구나 1930년 개정 시에 중재위원회의 결정에 이의가 있으면 결정 통지를 받고 나서 5일 이내에 이의를 제기할 수 있었는데, 1932년 수정 시에 이의제기 관련 부분을 삭제하였다.[25] 이러한 법 개정의 전체적 방향은 노동자 세계에 대한 국가의 개입과 통제를 더욱 강화하려는 것이었고, 어느 정도의 성과를 거두었다.

전투적 노동운동의 중심에 있던 중국공산당은 이러한 국가의 노동운동에 대한 개입의 제도화 전략에 대해 뚜렷한 대책을 갖고 있지 못했다. 그래서 당시 노동운동의 현실을 잘 이해하고 있던 유소기(劉少奇)와 같은 인물은 황색공회(친 국민당 노동조합 혹은 비밀결사의 장악 하에 있는 노동조합) 역시 개조와 해산에 저항하고 있으므로 그들과 연대를 통하여 우선은 '노동자에 의한 노동조합'을 주장하는 운동을 전개할 것을 제안하였다.[26] 1927년 4월 정점에 달했던 상하이의 노동운동은 당근(복지)과 채찍(강제조절)을 구사하는 국민당 국가에 의해 다시 그 존립기반 자체를 걱정해야 할 상황에 이르고 있었다.

---

25) 上海市社會局編(1), 위의 책, pp. 11-12.

26) 中共中央文獻硏究室 中華全國總工會編, 『劉小奇論工人運動』, 中央文獻出版社, 1988, p. 46. 유소기는 공산당이 변화된 노동운동 상황에 대해 어떤 적절한 대안도 내놓지 않아서 현장의 공산계 노동운동가들이 겪는 혼란을 지적하고 있을 정도로 공산당의 노동운동에 대한 지도력은 위기에 처해있었다.

3) 사회적 변화

4·12쿠데타 이후 상하이 사회는 대공황의 전개, 일본 침략의 본격화에 따른 동북시장의 상실 등 자본주의 경제의 위기 상황에 처해있었다. 전쟁으로 인하여 대량의 이민이 발생하고 중국인들은 전란을 피해 조계로 이주하는 상황이 확대되었다. 따라서 상하이 중국인 사회는 극심한 곤란에 직면해 있었으나, 조계의 상황은 차이가 있었다.

조계는 일종의 섬처럼 역사적 격량의 외부에 자리 잡고 있었다. 그래서 일본 침략의 상황에서도 여전히 소비문화가 극성을 부리는 사회 분위기를 유지할 수 있었다. 예컨대 반일정서를 이용한 '국화운동(국산품애용운동)'의 상황 속에서도 그 실천에는 한계가 있었다. 그래서 "중산계급 이상의 사람은 당/정/군/상/학계를 불문하고 집안에서 쓰는 물건과 몸에 걸친 옷 등은 수입품이 대종을 이루었다"는 지적이 나올 수 있었고[27], 국산품 애용운동은 오직 일본 상품에 한정되어 진행될 수밖에 없었다. 말하자면 이 시기 대중 민족주의는 항일 애국주의의 한계를 벗어나지 못하고 있었다.

상하이인이 그처럼 항일 애국주의를 넘어서서 제국주의 일반에 대한 저항이라는 정치적 목표를 추구하는 것과 관계없이 서구식 생활과 삶의 형식에 익숙해 있었던 것은, 개항 이래 지속적으로 유지되어 온 조계로 대표되는 서구문화의 헤게모니와 관련되어 있었다. 특히 조계 권력이 특정 국가에 의해 독점될 수 없는 현실적 상황 때문에 상하이조계는 다양한 외국문화가 수입되고 융합되는 장소였으며, '상하이에 도착하면 어

27) 周石峰, 앞의 논문, p. 177. 그는 이를 '崇洋風潮'와 연결시켜서 설명하나, 이는 매우 단편적 해석이다. 이미 조계의 상하이지배 하에 세계자본주의 시장경제체제에 깊숙이 포섭된 상황에서 수입품 전체에 대한 사용 거부는 실현 불가능한 희망이었던 것이다.

리석은 사람도 총명해지고, 충후한 사람도 곧 교활해지는'[28] 교육공간으로 변해 있었다. 상하이 도시 공간은 '미디어'로서 거주인들에게 작동하고 있었던 것이다. 십리양장으로 지칭되던 화려한 상가들, 웅장하게 지어진 신식 건물, 전차, 가스등 등 상하이에 이민 온 중국인들은 그러한 건조환경과 도시풍경 속에서 자신의 지위를 재설정하지 않으면 안 되었던 것이다. 그래서 "不中不西, 亦中亦西(중국식도 아니고 서구식도 아니며, 중국식이기도 하고 서구식이기도 하다)"의 대중문화가 형성되었고, 서구식 풍경 속의 중국인들에게 서구식 삶의 방식은 별다른 저항 없이 침투할 수 있게 되었다.

조계에 직장을 가진 중국인들에게 있어서 삶은 조계에 거주하는 서구인들의 시간표에 맞추어졌고, 그래서 미국독립기념일, 성탄절, 신정 등은 손문탄신일, 중추절, 춘절과 함께 자신들의 삶의 일부가 되었고, 그러한 휴일에는 번화가에 나가 영화를 보거나 영어를 배우는 일상생활에 적응하게 되었다.[29] 물론 모든 사람들이 그런 도시적 삶에 익숙해지거나, 잘 적응했던 것은 아니었다. 그래서 상하이에 이민 온 중국인들은 직업과 생활습관을 바꿔 근대적 생산과 생활방식에 적응하여 시민이 되는 교육과정을 거치지 않으면 안 되었다. 동향조직이 교육기관 설립에 매진하고 국가가 그 통제에 나서게 된 것도 그러한 현실과 관련되어 있었다.[30] 그러나 이러한 어려움에도 불구하고 그들이 농촌으로 돌아가지 않았던 것은 생활수준, 위생설비, 과학기술의 습득, 자녀교육, 여성지위의 상대

28) 張雪偉, 『日常生活空間研究-上海城市日常生活空間的形成』, 同濟大學博士學位論文, 2007, p. 78.

29) 忻平, 『從上海發現歷史-現代化進程中的上海人及其社會生活』, 上海人民出版社, 1996, p. 34.

30) 于珍, 『近代上海同鄉組織與移民教育研究(1843~1949)』, 華東師範大學博士學位論文, 2008, p.100.

〈그림 2〉 1928년 10월 9일
百星大戲院의 廣告

적 높음, 출세의 기회 포착 등 도시가 주는 근대적 삶의 매력을 벗어나기 어려웠기 때문이었다.[31)]

일반적으로 말해서 상하이 사회의 상층, 중층, 하층 간의 계급적 격차는 매우 컸고, 1920~30년대의 상하이가 '금전숭배 사회'로 불리는 데서 알 수 있듯이 차가운 자본주의 시장사회의 특질들이 사회 전반을 지배하고 있었다. 그래서 이 사회는 욕망이 격려되는 사회가 되었다. 정치·경제적 대 격동기였음에도 불구하고 이 시기는 또한 '소비변혁'이라고 부를 수 있는 혁명이 다른 한쪽에서 진행하고 있었고[32)], 상하이는 그 중심에 있었다. 그래서 한 서구의 관찰자는 상하이에 거주하는 상당수의 사람들은 쾌락과 자극을 찾는 생활을 하며 술, 여자, 노래, 춤은 그들의 일상생활에서 필수품이고 이런 것이 상하이의 특색이라고 비아냥거렸다.[33)] 상하이인들은 "고독을 느끼면서도 오직 자기만을 알 뿐, 다른 사람을 돌아보지 않고 자기만의 목적, 자기만의 사정, 자기만의 이익만을 생각하는" 개인 중심적 사회에서 살아갔다.[34)]

이러한 상황이었으므로 정치적으로 매우 격심한 변동이 진행되고 있던 1928년, 신보에 실린 한 광고는 "세계에서 가장 위대하고, 가장 요염

---

31) 張雪偉, 위의 논문, p. 109.

32) 王儒年, 『〈申報〉廣告與上海市民的消費主義意識形態-1920~1930년대〈申報〉廣告研究』, 上海師範大學博士學位論文, 2004, p. 3.

33) 愛狄密勒, 『上海-冒險家的樂園』, 1938. p, 48.(출판사항 미기재)

34) 王儒年, 앞의 논문, p. 4.

하고, 가장 육감적이고, 가장 화려한 작품" 으로 파리의 '캉캉' 쇼를 소개하고[35] 있는데, 전혀 현실과는 다른 세계가 상하이에 덧씌워져 있는 듯한 느낌이 들 정도로 일상생활은 화려한 소비와 욕망을 자극하고 있었다. 이러한 상하이 도시 소비문화의 현상은 많은 연구자들이 지적하고 있듯이 상하이에 비정치적 도시공간을 출현시키고 있었다. 물론 이에 대해 비판적인 다양한 담론들이 존재했으나, 도시 소비문화의 확산을 저지하거나, 윤리적 도덕적 측면에서 상하이를 변화시킬 어떤 동력도 발견하기 어려웠다.

도시공간에서의 이익을 보전하거나 발전시키기 위한 권력투쟁이 한쪽에서는 진행하고 있었고, 소비는 상층에서 시작되어 도시 전 사회집단에 영향을 주면서 욕망이 넘치는 잔인한 도시풍경을 만들어 내고 있었다. 혼돈 속에서 애국주의적 도시정서는 금융자본과 산업자본 등 이익집단의 관점 사이에서 요동치고 있었고, 탈정치적 혹은 비정치적 영역으로 탈출한 사회집단도 출현하고 있었다. 상하이의 노동자들은 이런 도시정치의 바깥에 위치하고 있었다.

3. 공간정치와 상하이 노동자 사회의 상황

1) 상하이의 공간배치와 노동자들의 삶의 양상

상하이의 노동자들이 가장 많이 거주하고 있던 지역은 당시 상하이의 최대 공업이라고 할 수 있는 면방직 공업이 집중되어 있던 호서(滬西) 지

35) 王儒年, 앞의 논문, p. 102에서 재인용.

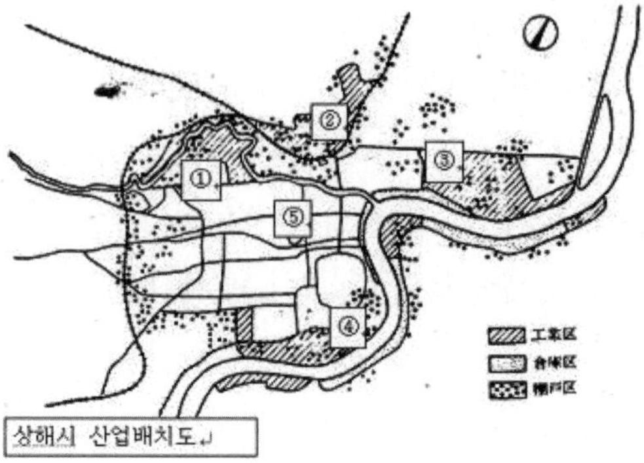

〈그림 3〉 상하이시 산업과 하층 노동자 주거지 배치도

역(지도의 ①)이었다. 이 지역은 조계와 화계에 걸쳐있는 지역으로 각국 자본의 대방직업 공장들이 집중되어 있었다. 공산당도 일찍이 이 지역에 주목하여 〈호서공인구락부〉를 만들어 활동한 바 있었고 이 지역과 인접한 조계 외곽의 담자만(潭子灣) 지역은 한때 노동자 시위가 진행되는 장소이기도 했다. 다음으로 많은 노동자들이 살고 있었던 지역은 호동(滬東) 지역(지도의 ③)으로 견직업과 전기업 관련 공업이 집중되어 있던 지역이었다. 세 번째로 노동자의 집중도가 높았던 지역은 호남(滬南) 지역(지도의 ④)으로, 기기공업 등 전통과 관련된 공업이, 호북(滬北) 지역(지도의 ②)은 제사업과 인쇄업 관련 노동자들이 밀집된 지역이었다.[36)]

한편 노동자의 평균임금의 측면에서 보면 인쇄업, 조선업, 기기업, 공공사업 순으로 순위를 매길 수 있었다. 이를 노동자의 거주지에 대입시켜 보면 호북, 호동/호남, 호서 지역의 순서였다. 1932년 공안국과 사회국은 호남 지역에 있었다. 조계 등 중심업무지구에의 접근성은 호북, 호

36) 上海市政府 社會局編(2), 『上海市工人生活程度』, 上海市政府 社會局, 1934, pp. 1-2. 이 지역 구분은 이 자료의 분류방식을 따름.

남, 호동의 순서였으며 호서 지역은 상하이의 중심 지역에서 가장 먼 곳에 있었다. 소주하를 사이에 두고 남북으로 연결하는 다리도 대부분의 경우 호동 지역까지만 건설되어 있었다. 지도[37]의 ⑤는 중심업무지구, 호남은 황포강 서쪽, 구(舊) 남시(南市) 지역을 가리키는데, 이 지도를 통해서 알 수 있듯이 대체로 노동자들은 중심업무 지구를 포위한 형태로 거주하고 있음을 알 수 있다. 또한 호남 지역의 노동자들이 다른 지역의 노동자들과 연결되기 위해서는 반드시 조계 지역을 통과해야 하는 어려움을 겪지 않으면 안 되었는데, 이 점은 어떤 측면에서는 조계에 노동운동의 지도부를 두면 상하이시 당국의 사찰로부터 비교적 자유롭게 활동할 수 있다는 장점으로도 작용할 수 있었다.

이렇게 도시의 주변부에 배치된 상하이의 노동자들은 상하이 사회국의 조사에 따르면 지역에 관계없이 대부분 임금수입만으로는 적자 상태에 놓여 있었다. 그래서 보충노동이나 가족노동(유년공 노동 포함)을 통해서 보완해야 했으나 그것도 쉬운 상황은 아니었고, 그래서 고리대업 등에 의존해서 부족한 생활비를 충당했다.[38]

그러니까 거주지, 생활상황 등의 측면에서 상하이의 노동자들은 사치스러운 도시문화의 외곽에 있었다고 말할 수 있다. 또한 비정규 노동을 통하거나, 고리대를 통한 생활비 보완의 현실은 노동자들을 청방과 같은 무뢰조직과의 관계를 불가피하게 만드는 원인이 되었다. 따라서 노동자들을 교육을 통해 각성시킴으로써 더 나은 삶에 대한 희망을 품게 하는 것이 필수적이었다. 특히 호서 지역 등 노동자 밀집지역에서는 이러한 삶을 벗어나기 위한 노동쟁의가 빈번히 발생하였으므로 그에 대한 대책

---

37) 그림의 출전은 魏樞, 『《大上海計劃》啓示錄-近代上海華界都市中心空間形態的流變』, 同濟大學 博士學位論文, 2007.

38) 자세한 정황은 上海市政府 社會局編(2), 앞의 책. 3장 〈가정의 수입과 지출〉 항목을 참조.

을 마련하는 것이 국가나 상하이 부르주아지의 입장에서도 중요한 문제였다. 그러나 강력한 노동수탈적 임금체계를 통해 상하이시장이나 국제시장에서 경쟁력을 유지했던 상하이산업의 구조적 특성상, 상하이 부르주아지들은 이중적 태도를 보이고 있었고, 국가는 이러한 구조적 문제를 개인 윤리적 차원에서 해결하려는 경향을 나타내고 있었으므로 노동자들의 현실은 매우 엄혹했다.

사실 노동자들의 입장에서도 제대로 교육받지 못한 채 도시생활에 편입되었으므로, 그 과정에서 겪어야 할 문제는 한두 가지가 아니었다. 동향조직의 사립학교도 거의 수익자부담의 원칙이 관철되고 있었으므로[39] 생활비 적자상태인 노동자들에게는 접근할 수 있는 경로가 거의 없었고, 그래서 도박 등의 비정상적인 소비가 노동자사회에 만연하는 현상도 나타났다. 따라서 노동자들을 정치전선에 동원하는 문제는 항상 그러한 전선을 유지하는 데 필요한 경비를 조달할 능력(외부의 후원 혹은 파업준비금의 축적 등)과 밀접한 연계를 가질 수밖에 없었다.

2) 공장체제와 직업교육체제

상하이특별시 출범 이후 시정부는 사회교육체제의 구축에 상당한 노력을 하였고, 그것은 1928년 설립하기 시작한 〈직공보습학교〉등을 통해 현실화되기 시작하였다. 1928년에 처음 개설되기 시작한 직공보습학교는 1년의 수업기간 동안 국민당 정치교육과 실무적인 생활지식 교육으로 그 내용이 구성되어 있었으나, 실제로는 교육내용보다도 학교체제 안

39) 1931년 영파방이 설립한 한 한 학교의 교육경비의 내역을 보면 동향회지원 25.7%, 학생 본인부담 63.6% 등으로 구성되어 있어서 본인부담이 상당함을 알 수 있다(于珍, 앞의 논문, p. 122).

에서 학생들의 행동 전반을 통제하고 관리함으로써 사실상 공장체제를 국가교육 안에 그대로 이식한 형태를 지니게 되었다.[40)]

급진적 노동운동에 대한 가혹한 탄압이 폭력을 통한 국가권력의 행사였다면, 교육활동은 계몽을 통한 노동자사회의 장악 시도였다. 그러나 노동자들의 교육수준은 매우 낮았다. 이 시기 도시인의 생활에 대해 연구를 진행한 한 연구자는 대체로 소학교 이상의 교육정도를 가져서 신문을 볼 수 있는 노동조합의 지도자나 상층노동자 정도가 사회적 진보에 대해 관심을 두고 변화를 갈망하는 적극적 삶의 태도를 보이고 있었으나, 대부분의 노동자는 그러한 수준에 이르지 못했음을 지적하고 있다.[41)] 한 조사에 따르면 조사대상 노동자들의 7.9%만이 공장노동자 생활을 지지했고, 나머지 공장노동자들은 공장생활을 부정적으로 보고 있었다. 대부분의 노동자는 일자리의 불안정성(경기변동에 따른 해고나 질병 등으로 일한 해고에 대한 두려움), 감당하기 어려운 노동강도와 기계화에 대한 적응의 어려움 그리고 희망이 없는(노년생활 등에 대한 전망이 없는) 미래 등의 이유로 공장노동자의 삶을 부정적으로 보고 있었다.[42)] 실제로 조사대상 노동자들의 51.3%는 자신의 삶에 미래가 없다고 생각하고 있었고, 28.9%의 노동자만이 미래에 대해 긍정적 전망을 가지고 있었다. 긍정적 의견 중에는 노동자들이 단결하여 노동조합의 역량을 강화해야만 노동자들의 미래가 나아질 것이라고 생각하는 입장도 있었다. 그러니까 노동자 사회 내부에서도 교육수준, 생활수준 등에 따라 다양한

40) 이와 관련된 부분은 拙稿, 「國民政府時期, 地域社會에 투영된 國家와 民間社會-社會敎育體制를 통해서 본 上海에서의 國家權力」, 『中國學報』, 48집을 참조.

41) 陸漢文, 『民國時期城市居民的生活與現代性(1928～1937)-基于社會統計的計量研究』, 華中師範大學博士學位論文, 2002, p. 99.

42) 陳達, 『我國抗日戰爭時期市鎭工人生活』, pp. 520-524(陸漢文, 위의 논문, p. 102에서 재인용).

가치관의 편차가 존재하고 있었던 셈이다.

그리고 다양한 교육수준, 도시적응 수준을 지닌 노동자의 고용은 자본가의 입장에서 볼 때, 제품의 질을 유지하는데 상당한 문제가 되는 것이었다. 따라서 상당수의 공장에서는 직공보습학교를 운영하게 되었다. 실제로 상무인서관(商務印書館), 항풍사창(恒豊紗廠) 등 비교적 규모가 큰 사업장에서는 상당수의 노동자에게 직업교육과 공장체제 안에서의 적응능력을 높이기 위한 교육을 시행하고 있었다.[43] 이러한 보습교육은 근대적 공업체제에 노동자들의 적응 능력을 키우기 위해서 수행된 것이었다. 공장체제 자체 또한 노동자의 육체와 정신을 변화시키는, 즉 새로운 삶을 교육시키는 측면을 가지고 있었다.

그것은 각 공장에서 제정하고 있던 처벌 규정을 보면 알 수 있다. 상하이의 덕대(德大), 후생사창(厚生紗廠)의 경우 지각, 출근 도장 위조, 허가받지 않은 대리 근무, 졸기, 광주리 안에서 자기, 기계 안에 물건을 떨어뜨리는 행위, 기계를 마음대로 가동하는 행위, 상관의 지휘에 복종하지 않는 행위, 작업 중에 술을 먹는 행위, 인화물품 휴대, 아무데서나 소변보는 행위 등 작업/공장 내 생활과 관련하여 90여 항목이 넘는 매우 구체적인 처벌 규정이 제시되어 있었다. 처벌 규정의 대부분은 공동생활과 관련된 윤리체계 수립, 공장 기물이나 생산물의 소유권, 작업질서 유지 등과 관련된 것으로 도시생활에서도 필요한 생활의 규칙들이었다. 이외에도 이 두 공장에서는 각 작업 영역마다 다시 그에 적합한 처벌 규정을 마련하고 있었다. 따라서 노동자들이 공장체제에 적응하기 위해서는 자본이 정한 규율에 익숙해지지 않으면 안 되었고, 공장은 노동자들에게

43) 『中國勞動年鑑, 제3편』, pp. 80-81. 이 자료는 1925년의 조사 자료인데, 1928년 이후 보습학교설립은 더욱 확대되었다.

시간과 공간을 공유하는 도시적 삶의 양상을 익히는 또 하나의 학교이기도 했던 것이다.[44)]

공장이 노동자에게 요구했던 각종 규율은 몇 가지 생산공정과 관련한 특수한 사례나 상하이시 당국에 강조했던 정치교육의 측면을 제외하면 대부분 상하이시 당국이 시행했던 민중교육, 직업교육과 거의 같았다. 이는 시당국의 사회교육이 무엇을 지향했는지를 잘 보여준다. 그것은 자본이 지배하는 도시적 삶에 적응하는 인간, 국민당의 정치적 이념에 충성을 바치는 인간을 육성하기 위한 교육체제였다. 그러한 요소는 1935년 상하이시 교육국이 제작 배포했던 『상하이시민중식자독본(上海市民衆識字讀本)』이나 상하이시 사회국이 관리했던 〈유민습근소(游民習勤所)〉운영체제에 잘 나타나 있었다.

『상하이시민중식자독본』은 사람은 노동해야 한다는 주장에서 출발한다, 그런데 노동은 단결해야 효율적이며, 노동해야 의식주행 등 생활을 할 수 있다고 가르친다. 그러기 위해서는 사람과 사람, 가정, 형제와 친구를 잘 도와야 한다. 노동신성과 생활윤리교육을 가르친 다음 생활지식(화폐단위, 도량형 단위, 금전출납부 작성, 편지쓰기)을 설명한다. 그리고 이어서 신생활 운동(아편, 술, 도박, 매춘을 피하며, 청결하게 생활하고 운동을 통해 건강을 유지하는) 실천을 학습시킨다. 이러한 전제로 이어지는 것이 정치교육이다. 중화민국의 의미, 손문, 중국국민당, 삼민주의와 장제스에 대한 설명으로 당시의 중국정치의 큰 흐름을 교육한다.

근대적 도시 국민의 계몽 도구로 이미 작동하고 있던 공장체제에 민중교육체제 등의 사회교육체제를 덧붙이고 모든 교육의 내용에 대한 국가 개입을 강화함으로써, 상하이 노동자의 삶의 실질을 국민당 체제로 구축

44) 劉明逵編, 『中國工人階級歷史狀況(1)』, 中共中央黨校出版社, 1985, pp. 339-363.

하려는 시도였던 것이다. 그러나 그 결과를 국민당-국가가 향유하는 것은 미래의 일이었다. 국가가 노동자들의 공장에서의 삶에 침투하는 데는 많은 장애가 가로놓여 있었는데, 그것은 상하이의 왜곡된 노동시장과 관련된 것이고, 국민당-국가가 그러한 노동시장에 개입할 역량이 부족했었다는 현실과도 관련된 것이었다.

3) 작업장에서의 노동자의 지위

공장체제 도입 상황에서도 상하이의 전통적 노동자 질서는 공장 내의 노동자들 사이의 위계질서 형성에 상당한 영향력을 행사하고 있었는데, 그것은 노동자 충원 관행에서 기인한 것이었다. 공장체제 안에서 전통적 노동자 질서를 유지하게 한 대표적 고용 관행은 포공제(包工制:노동청부제)였고, 그 변형된 형태인 〈학도제(學徒制)〉였다. 이것은 행회로 불리던 수공업의 노동자 충원체계가 근대적 공장에 수용된 것이라고 할 수 있었는데, 〈양성공(養成工)〉이라는 새로운 이름으로 불리는 경우도 있었다. 공장 안의 노동자 관계가 학공(學工)과 사부(師傅)의 관계가 되는 이 고용체제 안에서 사부로 불리는 노동자는 초보 노동자인 학공 혹은 학도에 대해 절대적 권위를 가지고 있었다.[45] 기계공업이나 조선공업에서도 이러한 노동 관행은 광범위하게 존재하고 있었는데, 학도 노동자가 전체 노동력의 80%를 차지할 정도로[46] 지배적 고용방식이었다. 이러한 체제에서 학도는 대략 3년여의 계약기간 동안 사부에 종속적 신분이므로 독립적 활동을 거의 할 수 없었다.

---

45) 畸, 「上海申新紗廠一瞥」, 『勞動界』(제1책), 1920, pp. 13-14.

46) 劉明逵編, 앞의 책, p. 578. 上海 大隆機器廠의 경우.

양성공제는 중국의 전통적 고용방식이 자본가의 노동시장에의 장악력을 약화시키는 측면이 있으므로, 그에 대처하기 위해 중국에 진출한 일본자본 공업에서 채택한 방식으로 노동자 충원은 현지 전문가(招工頭)의 손을 빌려서 하되, 일단 공장에 들어온 후는 철저하게 공장주의 장악하에 노동수탈을 강화하는 비인간적 고용 관행이었다. 주로 어린 노동자(童工)인 양성공이 성인이 될 때까지 거의 외부와 차단된 생활을 해야 했으므로 적극적 외부세력의 개입 없이는 노동자로서의 누려야 할 권익을 누리기 매우 어려운 상황에 있었고, 노동자 사이의 질서도 대체로 자본가와의 관계에 의해서 결정되었으므로 국가나 노동운동의 개입이 쉬운 일은 아니었다.[47)]

당시에 가장 수탈적인 고용 형태로 세간의 비판을 받았던 포신공제(包身工制)는 방직공장 등에서 널리 행해지던 공두제가 극단적 형태로 노동자를 공두에 예속시킨 경우였다. 상하이 노동시장에서 가장 일반적으로 존재했던 공두제는 공두(工頭)로 불리던 작업반장이 자본가로부터 노동청부를 받아 노동자 집단을 인솔하여 공장노동에 참여하거나, 자본가로부터 노동자 충원을 위임받아 개인적 관계망을 통해 노동자를 입사시키는 형태였다.[48)] 따라서 실제로 노동자들은 자본가와의 관계는 부차적이고 같은 사회집단에 속하는 상급 노동자 즉, 공두와의 관계가 그들의 공장 안에서의 지위를 결정했으므로, 노노갈등의 원인이 되는 경우가 많았다. 포공제가 생활공간까지 구속하는 것은 아니었음에 비해, 포신공제는 일종의 인신매매형 노동자 고용 형태로 포신공제 하의 노동자들은 사실상 인격체로서 보다는 인신 자체가 거래 대상이 되는 노예적 노동에 시

47) 劉明逵編, 앞의 책, pp. 580-581.

48) 翼成, 「一個工人的報告」, 『勞動界』(제1책), 1920, pp, 15-16.

달리고 있었다고 말할 수 있다.[49)]

크게 보면 공두들과 자본가의 관계는 공존과 대립의 상황에 있었다. 노동자들의 충성심이 기업을 향하기보다는 공두를 향하게 되는 한, 노동과정에 대한 자본의 지배력은 약화될 수밖에 없었고 그것은 시장에서의 자본가의 지위와 자본의 재생산과정에서 문제를 발생시킬 것이었으므로 양자 사이에는 대립이 발생할 수 있었다. 그러나 노동자 관리에 드는 비용을 공두들에게 제공하고, 노동자 세계를 분열시켜 자본에 대한 노동자들의 저항을 무력화함으로써 자본 축적을 용이하게 하는 부분에서는 양자가 이해관계를 같이 할 수 있었으므로 공존의 가능성도 있었다. 그래서 급진적 노동운동을 이끌었던 공산당이나 노동운동을 국가 장악 하에 두려했던 국민당 모두 원칙적으로는 공두체제에 대해 적대적이었다. 공산당은 노동자들을 정치적 우군화하고 그를 토대로 지역사회의 주도권을 장악하기 위해서, 국민당은 자본가들을 견제하고 노동자들을 계몽시켜 국가의 노동과정에의 개입을 용이하게 하기 위해서 포공제의 폐지를 지지했다. 그래서 4·12쿠데타 직후 장제스는 공두제의 폐지를 천명하였다.

그러나 현실 속에서는 정치집단이 노동자들 세계에 들어가기 위해서는 거꾸로 공두들을 활용하는 것이 유리한 측면이 있었으므로 국·공 양측 모두 공두를 정치적 우군으로 만드는데 열중했고, 공산당은 북벌의 흥분된 분위기 속에서 그들의 지원을 받아 대규모로 노동자들을 동원할 수 있었다. 하지만 공두집단 자체가 정치화된 존재라기보다는 이익에 따라 움직이는 측면이 강했으므로 장제스의 공격이 시작되자 공두들의 상당수는 총공회의 통제에서 벗어났고 따라서 상하이 노동자 세계에 대한 통제력도 상실하게 되었다. 국민당 역시 특정 공두들이 장악한 노동조합

49) 劉明逵編, 앞의 책, pp. 582-584.

을 힘으로 해체하는 것은 상당한 정치적 부담이 되었으므로, 적당한 선에서 타협의 길을 찾게 되었다. 청방과 같이 장제스를 지원했던 탈지역적 비밀결사 조직은 바로 이러한 공두들을 기반으로 노동시장에 개입하고 있었고, 노동자들의 정치전선 형성에서 상당한 영향력을 행사하고 있었으므로, 국민당은 이상과는 달리 이들을 제거할 수 없었다. 따라서 공산당이 청방을 제거하는 것은 국민당의 노동자 세계에 대한 지도력을 공격하는 것이 될 수 있었다.

이처럼 노동자 사회가 분열 내지는 분절되어 있었음에도 불구하고 정치적 투쟁 경험의 축적, 애국운동에의 참여를 통한 힘의 자각, 국가와 공산당에 의한 계몽활동의 영향 등의 결과 노동자 세계의 변화는 정치적 상황의 전개와 관계없이 계속 진행되고 있었다. 공산당과 국민당의 노동자세계에 대한 개입은 어쨌든 노동자들을 전통적 관습체제 밖으로 이끌어내고 있었고, 그것은 노동조합이 노동자의 당연한 권리로 인정받는 환경을 만들어내는 데까지 나아가고 있었다. 그러나 1930년대 중국에 불어닥친 경제공황의 파도는 다시 노동전선 전체를 위축시켰다. 이에 청방과 같은 비밀결사 조직은 국민당과의 협력관계를 이용하여 포신공제와 같은 가혹한 노동자 고용 방식을 확산시켜 나감으로써 노동자세계에 대한 개입을 강화시켜나갔는데 비해, 국민당-국가의 노동자에 대한 영향력은 약화되어 나갔다. 관념적으로는 노동자를 정치적 우군으로 생각했고, 그들을 계몽하기 위한 다양한 정책을 수립하였으나, 국공간의 대립, 일본의 침략에 따른 노동자 애국주의의 확대, 경제적 위기 등의 이유로 현실적으로 보다 쉬운 길, 즉 청방을 이용하여 상하이 노동자 사회를 장악하는 길을 선택한 것이다. 그러나 이는 역설적으로 도시정치에서 지배의 정당성에 훼손을 가하는 결과를 낳았다.

4. 상하이의 도시 헤게모니 투쟁 속의 노동운동

1) 국가/자본가의 전략

위에서도 잠깐 언급했지만 4·12 쿠데타 이후 상하이에 들어온 국민당 정권은 최초 공통회를 설립하여 상하이 노동자세계에 대한 지도권을 확보하고자 하였다. 그러나 공통회는 백숭희(白崇禧)의 지휘 하에 성립한 것으로 공통회 위원의 13인의 위원 중 1인을 제외하면 모두 동로군(東路軍) 지휘부가 선발한 당/정/군 관련 인사들이었다.[50] 그런데 공통회는 외부적으로 내건 표어와 관계없이 실제로는 장제스의 청당운동(공산당 숙청운동)이 목적이었고, 국민당내 광서파 군벌의 지도로 상하이의 모든 노동운동 조직을 장악하려는 것이었다. 따라서 국민당 내부에서도 반발이 있었고, 군사작전 식의 노동자 통제와 부패한 행동은 상하이시 당부와의 충돌을 발생시켰다. 따라서 상하이시 당부의 묵인과 지원 아래 상무인서관 노동조합 등 영향력이 비교적 큰 120여 개 노동조합이 〈상하이공인총회〉를 건설하여 이에 대항하게 되었다. 공통회가 노동자 세계의 내부에 대한 이해가 부족한 조직이었다면, 공총회는 상대적으로 노동자 내부의 기반을 가진 조직이었으므로 노동자 세계에 대한 영향력의 측면에서는 공총회가 우위에 있었다.

그러나 두 조직 모두 실제로는 국민당 내의 권력투쟁의 반영물이었을 뿐, 상하이 노동계에 대한 국가통제를 강화하려는 노력의 소산이라는 점에서는 차이가 없었다. 두 조직의 경쟁과 대립은 국민당 국가의 상하이 노동자에 대한 지배력을 약화시키는 것이었으므로 1928년 5월 〈공정회

50) 王永璽 主編, 『中國工會史』, 中共黨史出版社, 1992, p. 214.

(工整會)〉를 설립하여 양자를 통합하게 되었다. 그러나 공정회 역시 내부 갈등으로 오래가지 못하고 상하이시 당부가 그 대신 준비한 〈상하이시 총공회〉 건설은 법적 근거 미비로 취소되었다.[51] 이미 27년까지 활동했던 공산당 영향 아래 상하이 총공회가 수행했던 정치적 파괴력을 봤던 현장의 국민당 간부들이 국민당계로 재편된 상하이시 총공회의 건설을 시도하였으나, 지역 노동자 조직의 통합이 가져올 파괴력에 대한 중앙정부의 우려가 그러한 조직의 출현을 막았다.

어쨌든 국민당 국가가 노동자 세계에 대한 지배력을 확보하기 위해 시도한 이러한 노력은 그들 자신이 주장하듯이 일정한 성과를 내고 있었고, 특히 상하이 자본가들의 지지를 얻는데 매우 중요한 의미가 있었다. 〈공총회〉의 구성에서 나타나듯이 노동자 세계에 영향력을 가지고 있던 비밀결사 세력의 이해관계는 쿠데타 시에는 국민당과 일치했다. 하지만 상하이 노동시장에 대한 통제력을 기반으로 상당한 이익을 얻고 있던 비밀결사 청방이 국민당의 일방적 노동계 장악을 원하지 않았으므로 국민당 국가의 상하이 노동계 장악은 계획대로 진행될 수 없었다.

2) 상하이의 노자분규 현상과 국가/자본가/노동자

4·12 쿠데타 이후 상하이에서의 노동자와 자본가의 갈등은 매우 복잡한 양상을 보인다. 전체적으로 상하이 사회에 대한 국가의 지배력이 강화되었음에도 불구하고 노동쟁의의 발생은 양적인 측면에서 크게 감소

51) 1929년 반포된 〈공회법〉에는 시총공회의 설립 근거가 없었다. 1934년까지도 상하이시 총공회의 설립요구, 또 현실적 존재에도 불구하고 법적 근거는 마련되지 않았다. 王永璽, 앞의 책, pp. 216-217. 程海峰, 「近四年來上海的罷工停業」, 『上海勞工之通計』, 國際勞工會 中國分局, 1938, pp. 7-8.

하지 않았다. 그것은 다음과 같은 이유로 분석된다. 첫째, 법령의 모호성 때문이었다. 국민당과 상하이시가 제정한 노자관련 법규는 그다지 세밀한 것이 아니었으므로 노자 쌍방이 자신에 유리한 쪽으로 법령을 해석할 여지가 있었던 것이고, 그에 따라 분규를 오히려 조장하는 측면이 있었던 것이다. 둘째, 노동자들 사이에서 권력투쟁이 전개되어 적대적 세력들 사이에 자신들의 사익을 위한 상호 배제의 움직임이 현재화되었기 때문이었다. 쿠데타 이전에 총공회가 도시 전체의 노동자 세계에 대해 통제권을 행사하고 있었을 때도 이러한 문제가 없지는 않았으나, 대체로 그것은 당시의 열광적 분위기에 묻혀 크게 부각되지 않았던 문제들이었다. 셋째, 국민당이 노동운동에 대한 지배권을 확대하면서 전투적 노동운동(적색노조)의 영향력이 감퇴하기는 했으나, 노동자 사회의 헤게모니를 장악하기 위한 경쟁이 양자 사이에서 진행되었고 그 과정에서 노노갈등 등의 형태로 노동쟁의가 발생하였다. 넷째, 노동자가 아닌 제삼자가 노동운동에 개입하여 분규를 선동하고 그 과정에서 이익을 얻고자 하는 경우가 많았다. 또한 노동자의 소속 방회 간의 갈등, 자본가들 사이의 갈등이 노자분규로 확대되는 경우 등이 있었다. 그러나 전체적으로 보면 4·12 쿠데타 이후 상하이에서의 노자분규의 강도는 현저히 약화되고 있었다고 말할 수 있다.[52]

그런데 1932년 일본이 상하이에 대한 군사적 공격을 감행하면서 상황에 변화가 발생했다. 이 전쟁은 다시 노동자의 애국주의 정서에 불을 붙였고, 상하이시의 노자관계에도 커다란 영향을 끼쳤다. 그러한 상황 변화를 잘 보여주는 하나의 사례가 1932년 3월에 시작되어 635일 동안 지속한 삼우실업사(三友實業社)의 노자분규였다. 이 회사는 일본의 상하이

52) 上海市社會局編(1), 앞의 책, p. 5. 1928년에서 1932년까지 5년간의 사례분석의 결과임.

침략이 개시된 이후 일본군에 의해 점령되었다. 그에 따라 대부분의 노동자들은 일터를 떠나 흩어졌으나, 갈 곳이 없었던 노동자 140여 명은 상하이에 잔류하였다, 3월 전쟁이 끝나자 생활고에 시달리던 잔류 노동자들은 지역노동조합에 구제를 요청하였고, 상하이시 사회국은 정상을 참작하여 보조금을 지급하도록 자본가 쪽에 권유하였으나 회사는 이를 거부하였을 뿐만 아니라, 오히려 5월 정전협정 체결 후 상하이 공장을 항저우로 이전하고자 하였다. 이 사실을 알게 된 노동자들은 청원단을 구성하고 공장에 진입하여 공장설비의 이동을 막게 되었다. 전쟁이 끝남에 따라 공장을 떠났던 노동자들이 복귀하기 시작하고 그들이 공장에서 농성하던 노동자와 합류하면서 사태가 확산하기 시작하였다. 사회국이 개입하여 조정을 시도하였으나, 공장가동 재개와 그동안의 수당을 요구하는 노동자 측의 주장과 전쟁으로 인한 손실로 자금 압박에 시달리고 있고 재고도 많이 쌓여 있어서 공장을 닫을 수밖에 없다는 자본가 측의 주장이 팽팽하게 맞서면서 실패로 돌아갔다. 하지만 회사 측은 결국 사회국과 시정부의 압력에 굴복하여 노동자들에게 식대를 지불하였다.

이러한 상황에서 노동자들은 공공조계의 본사 영업부가 있는 남경로에서 두 차례에 걸쳐 시위를 벌였고 그 과정에서 조계경찰과 충돌하여 노동자들이 다치고 구속되는 사건이 발생하였다. 도시 여론이 비등하는 가운데 자본가 측은 노동자들의 공장 점거와 그로 인해 발생하는 손실을 이유로 식대 지불을 중지하였고, 노동자들은 단식으로 대응하였다. 상황이 이렇게 전 도시적 문제로 확산하자 중앙정부는 자본가를 강박하여 공장 가동을 시작하라는 지시를 내리게 되었다. 그러나 이 같은 지시는 상하이 자본가 사회를 격분시켜, 영안방직공사(永安紡織公司) 등 47개 공장주가 '그러한 지시는 約法(헌법 : 필자)정신에 맞지 않으므로, 정부지시에 반대한다'는 성명을 발표하고 정부지시의 거부를 천명하였다. 〈중화

공업총연합회(中華工業總聯合會)〉, 〈중화국화유지회(中華國貨維持會)〉 등 자본가 단체들도 그러한 공장주들의 성명에 동조하여 정부에 시정을 촉구하는 상황이 벌어지게 되었다.

결국 중앙정부는 이 지시를 철회하게 되었으나 이번에는 노동운동 조직들이 중앙정부를 옹호하고 자본가들이 그에 따를 것을 촉구하는 성명을 발표하는 기묘한 상황이 전개되었다. 이에 따라 시정부의 중재가 재개되었고 양측이 타협할 수 있다고 생각하는 중재안을 내고 강제집행을 결정하였으나, 자본가들은 그러한 결정은 법적 근거가 없음을 지적하면서 지방법원에 소송을 제기하였다. 그러자 흥분한 노동자들은 다시 단식을 시작하고, 300여 명의 노동자들은 난징에 가서 청원하는 상황이 전개되었다. 결국 국민당은 중재안이 결정되었을 때 어느 한 쪽이 불복하면 강제 집행할 수 있는 규정을 신설하고 소급 적용을 허용하는 관련법 개정을 통해 사태를 겨우 해결할 수 있었다.[53] 자본가들은 다시 이에 불복하여 법원에 소송을 제기하였으나 패소함으로써 〈면업통제회(綿業統制會)〉라는 정부기구의 조정에 응할 수밖에 없게 되었다.

이 사건은 1932년 상하이 사회에서 국가, 자본가, 노동자들이 어떤 관계에 있었는지를 잘 보여준다. 거시적으로 국가와 자본가가 전략적 제휴 상태를 유지하고 있었다 하더라도, 미시적 상황에서는 그것이 제도적 기반이 있다기보다는 관습에 기초를 두고 있는 측면이 강했는데, 그 한계가 이 쟁의과정을 통해 나타나게 되었던 것이다. 자본가들은 전통적 노무관리제도를 활용하여 노동자 세계에 대한 통제권을 상당히 확보하고 있다고 인식하였으나, 노자 갈등이 생존문제와 관련되었을 때는 공장체제 안에서의 자본가의 힘도 별다른 의미가 있을 수 없었음을 이 사건은

53) 上海市社會局編(1), 앞의 책, pp. 8-9.

보여주고 있었다. 이 사건에서 자본가들은 노동자들을 분열시키고, 친자본가 노동자들을 동원하여 공장 이전을 지지하도록 하거나, 노동자들을 매수하려고 기도하거나 노동자들이 농성 중인 공장 안에 전기 공급을 끊어 공장에서 노동자들을 축출하려고 시도하는 등 여러 방법으로 파업 해산을 시도 하였으나 노동운동 내의 헤게모니를 되찾아 올 수는 없었다. 또 노동자와 국가의 관계라는 측면에서 보면 이 사건을 통해서 정치색이 없는 생존권 투쟁 중심의 노동쟁의에서 상하이시 정부가 자본가의 편을 들기는 어렵고, 지배의 정당성을 훼손하는 어떤 강압적 조치도 취하기 어렵다는 사실이 확인되었다. 국민당-국가는 오히려 노동자 쪽에 섬으로써 자본가들을 견제하고 도시 전체에서의 헤게모니를 확장할 기회를 잡을 수 있었다.

하지만 노동자들은 전쟁과 공황이 지속된 1930년대의 상황에서 해고와 생존을 불가능하게 하는 임금문제를 제외하고는 노동쟁의를 지속할 힘을 발휘할 수 없었다. 그래서 1932년 이후의 노자분규를 분석한 보고자는 이 시기에 노동자들은 '회암시대(灰暗時代) 속의 불안상태'에 놓여 있었다고 묘사했다.[54]

5. 상하이 노동계급의 활력 상실

1927년 4·12 쿠데타 이전까지 상하이에서의 노동계급은 부르주아지, 학생과 함께 도시권력의 핵심으로 성장하였다.[55] 노동쟁의의 상당수도

---

54) 程海峰, 「近四年來上海的罷工停業」, 『上海勞工之通計』, 國際勞工會 中國分局, 1938, p. 2.
55) 언론 보도 등에서 일상적으로 사용되던 '工商學' 이라는 표현은 공인 즉 노동자의 성장을 상징한다.

1925년까지는 주로 외국자본 공장에서 발생했고, 노동자들의 애국주의를 이용한 외국자본 공업에서의 노동쟁의는 상하이 중국인 사회의 지지를 받을 수 있었다. 실제로도 1925년의 반제투쟁의 물결 속에서 노동자들은 '구국의 선봉대'로서의 역할을 수행하고 있었다. 그러나 이 과정을 통해 성립했고 국공합작의 정치환경을 이용하여 성장했던 좌파 특히 공산당 지도의 상하이 총공회는 급진적 정치화의 길로 들어섰는데, 그것이 공상학 연대를 깨는 결과를 낳았다. 특히 노동자와 노동운동을 후원했던 상하이 부르주아지들과의 관계는 1925년 5·30사건 이후의 정치상황 변화에 따라 요동치기 시작하였고, 1927년 북벌군의 상하이 진출 직전 상하이의 부르주아지들은 노동자와 결별함으로써 새로운 정치적 동반자를 맞아들이게 되었다.

이러한 상황의 전개에서 분명해진 사실은 상하이 부르주아지, 비밀결사, 국민당-국가의 연합세력이 상하이를 지배하기 시작했다는 사실이었다. 그러나 상하이 부르주아지들이나 상하이의 금융계와 노동자 사회에 상당한 영향력을 가지고 있던 비밀결사의 지도자 사이에는 근본적인 이해관계의 불일치가 있었고, 국민당-국가는 그것을 조율하면서 도시 전체의 지배권을 장악할 역량이 부족했다. 국민당-국가 자체도 군벌투항세력과 혁명적 좌파와 우파 등 다양한 정치세력 사이의 경쟁이 지속하고 있었으므로 체계적 정책으로 상하이 사회에서 지배력을 확보하기 어려운 상황에 놓여 있었다.

1932년 상하이에 대한 일본군의 침략은 이러한 권력관계를 변화시킬 것으로 생각하였고, 애국주의 정서의 확대 속에서 1925년 5월의 상하이 중국인 사회가 보였던 강력한 통일전선이 다시 부활할 것으로 생각하였다. 실제로 19로군 항쟁을 지원하는 상하이 사회의 노력은 그러한 과거가 재생하는 것처럼 보였다. 그러나 1925년과 1932년 사이에는 근본적으로 차이가 있었다. 그것은 항일전선에 노동자들의 참여 공간이 거의 존재하지 않았다는 점이었다. 개인적으로는 차이가 있었으나 집단으로서의 상하이의 노동자 계급은 부르주아와 국민당-국가가 지도하는 항일전선의 희생자로 존재할 뿐, 도시 권력의 종속적 지위에서 벗어날 수 없었다.[56)]

조계에 기반을 가진 타협적 중국인 금융자본가 등 상하이 대 부르주아지들의 투항주의는, 욕망이 춤추는 화려한 소비문화의 외양으로 치장된 경제적 논리에 가려져 은폐되었고, 민족주의자들의 저항 요구나 노동자들의 최소한의 삶을 지키기 위한 투쟁은 '잿빛 어둠' 속에서 활로를 찾을 수 없었다. 오히려 청방 등은 이러한 정치·경제적 불안정성을 이용하여 가혹한 고용체계로 노동시장에서의 지배력을 확대해 가고 있었으므로, 도시권력 체제 안의 상하이 노동자들의 지위는 더욱 종속적 상황에 머무르게 되었고, 노동자세계의 분열은 더욱 심화하였다.[57)] 따라서 자본의 재생산 체제의 유지와 상하이라는 도시사회를 단위로 하여 이루어지는 소비체제의 유지를 절대적 가치로 생각했던 상하이 부르주아지의 권력은 여전히 유효했고, 내외의 적에 직면한 국민당-국가는 동원 가능한 세력과의 연대를 통해 정치자금을 매개로 정권 유지를 도모할 뿐이었기에, 이를 변화시킬 어떤 동력도 상하이 사회 내부에서 찾기는 어려웠다. 노동자들은 새로운 거시적 변동이 상하이 사회의 기성 권력체제를 붕괴시킬 때까지 부르주아지/조계권력/국민당-국가가 지배하는 상하이 사회의 내적 식민지로 남아 있게 되었다.

56) 中共中央文獻硏究室 中華全國總工會編, 앞의 책, p. 95. '국난의 시기에 파업한 노동자'는 자본가에 의해 '반동분자'로 규정되었다.

57) 中共中央文獻硏究室 中華全國總工會編, 앞의 책, p. 99. 1932년, 한 군수공업 공장에서의 파업 실패를 반성하는 글에서 그는 공산당이 노동자들이 속한 조직의 복잡성을 지적하는 견해를 비판하고 있는데, 이는 역설적으로 당시 노동자들의 상황을 보여준다.

▮ 참고문헌

畸, 「上海申新紗廠一瞥」, 『勞動界』(제1책), 1920.

白華山, 『工商界 · 市政府 · 市黨部-上海地方治理中三者關係的綜合考察(1927～1937)』, 上海復旦大學博士學位論文, 2003.

上海市社會局編(1), 『近五年來上海之勞資紛糾』, 上海市政府 社會局, 1934.

上海市社會局編(2), 『上海市工人生活程度』, 上海市政府 社會局, 1934.

愛狄密勒, 『上海-冒險家的樂園』, 1938.(출판사항 불명)

王永璽 主編, 『中國工會史』, 中共黨史出版社, 1992.

王儒年, 『〈申報〉廣告與上海市民的消費主義意識形態-1920～1930년대〈申報〉廣告研究』, 上海師範大學博士學位論文, 2004.

于珍, 『近代上海同鄉組織與移民教育研究(1843～1949)』, 화동사범대학박사학위논문, 2008.

魏樞, 『《大上海計劃》啓示錄-近代上海華界都市中心空間形態的流變』, 同濟大學 博士學位論文, 2007

劉明逵編, 『中國工人階級歷史狀況(1)』, 中共中央黨校出版社, 1985.

陸漢文, 『民國時期城市居民的生活與現代性(1928～1937)-基于社會統計的計量研究』, 華中師範大學博士學位論文, 2002.

翼成, 「一個工人的報告」, 『勞動界』(제1책), 1920.

張雪偉, 『日常生活空間研究-上海城市日常生活空間的形成』, 同濟大學博士學位論文, 2007年.

程海峰, 「近四年來上海的罷工停業」, 『上海勞工之通計』, 國際勞工會 中國分局, 1938.

周石峰, 『近代商人與民族主義運動(1927～1937)』, 浙江大學博士學位論文, 2005.

朱英, 『轉型時期的社會與國家-以近代中國商會爲主體的歷史透視』, 華東師範大學 博士學位論文, 1997.

中共中央文獻研究室 中華全國總工會編, 『劉小奇論工人運動』, 中央文獻出版社, 1988.

忻平, 『從上海發現歷史-現代化進程中的上海人及其社會生活』, 上海人民出版社, 1996.

『上海特別市社會局業務報告(1928)』, 上海特別市 社會局, 1929.

Martin, Brian, *Shanghai Green Gang : Politics and Organized Crime 1919~1937*, UC Berkeley Press, 1996.

Merrrifield, Andrew., *Metro Marxism : A Marxist Tale of the City*, Routledge, 2002, 남청수 외 옮김, 『매혹의 도시, 맑스주의를 만나다』, 시울, 2004.

김태승, 「國民政府時期, 地域社會에 투영된 國家와 民間社會-社會教育體制를 통해서 본 上海에서의 國家權力」, 『中國學報』 48집, 2003.

6장

19세기 독일의 도시화와 사회 갈등

– 에센 시의 물 부족과 하수 문제를 중심으로

| 한해정 |

1. 독일의 도시화와 새로운 과제들

"(…) 우리는 (18)70년대까지 독일에서 대도시를 알지 못했다. 그래서 갑작스럽게 도시가 성장하기 시작했을 때 우리는 외국의 본보기를 살펴보았다. 우리는 프랑스와 영국으로 그곳 대도시들의 발전을 배우기 위해 갔다. 그리고 외국으로부터 상당한 자극을 받았다. 그러나 이 도시박람회는 완전히 달라진 모습, 우리가 이제 자립적으로 되었다는 점을 보여주었다. 우리는 외국에서 배워왔지만 이제 외국은 (우리의) 스승이 아니다." [1)]

위의 인용문은 1903년 도시박람회를 성공리에 마친 후 그 성과를 집약

1) R. Wuttke (Hg.), *Die deutschen Städte I. Geschildert nach den Ergebnissen der ersten deutschen Städteausstellung zu Dresden 1903*, Leipzig, 1904, pp. XX-XXI.

시켜 편찬한 『독일 도시들』의 소개말 일부이다. 부트케(R. Wuttke) 교수가 쓴 이 글을 읽다 보면 독일 도시들, 특히 도시에서 펼쳐진 지방자치단체 활동에 대한 높은 평가와 자부심을 느낄 수 있다. 독일인의 자화자찬처럼 보일 수 있지만, 실제로 독일 도시들의 지자체 활동은 20세기 초엽에 외국에서도 높이 평가받고 있었다.[2] 여기서 지방자치단체 활동이란 소위 '급부행정(Leistungsverwaltung)'이라고 불리는 시정(市政)활동을 가리킨다. '급부행정'은 지자체가 공적 수단으로 주민들에게 가치 있는 삶을 누릴 수 있도록 여건을 마련해 주는 활동을 말한다.

19세기 중반 이후 빠르게 진행된 독일의 도시화 속에서 주민들은 사회 전반에 걸친 변화를 겪어야 했다. 전통사회에서 주민들이 개별적으로 갖추었던 삶의 필수적인 요소들은 점점 도시에서는 손쉽게 얻기 어려워졌다. 그래서 시나 게마인데(Gemeinde)처럼 지자체들이 나서 주민들에게 안락하고 가치 있는 삶을 위해 필요한 요소들을 제공하기 시작했다. 양질의 물을 공급하고, 오물을 처리하고, 야간에 거리조명을 하는 것에서부터 병원, 학교, 도축장, 도서관, 박물관 건립 등 여러 분야에 걸쳐 지자체들은 주민의 삶을 배려하게 되었다. 이처럼 여러 영역에서 이뤄지는 급부행정은 '시영시설(Stadtwerke)', '시경영체(Stadtbetriebe)', '게마인데경영체(Gemeindebetriebe)', '지자체사업(Kommunale Unternehmen)' 등으로 불리는 공공시설을 통해 전개되었다.

급부행정 가운데서도 물을 공급하고 하수를 제거하는 일은 주민들의

---

2) 외국의 시찰단이 독일 도시를 방문하거나, 연구자들이 독일 자치활동을 본보기로서 주목하고 있음을 확인할 수 있다. Gustav Cohn, "Municipal Socialism", *The Economic Journal*, vol. 20, 1910 ; R. H. Tawney, "Municipal Enterprise in Germany", *Economic Review*, 20, 1910 ; J. G. Agar, "Die Stadt als Eigentümerin und Unternehmerin", *Städte-Zeitung. Zeitschrift für Kommunaltechnik I*, no. 3, 4. November 1903 참고.

삶을 위해 먼저 처리해야 할 대상이다. 그런데 어떻게 이러한 일들이 '공공의 영역'이 되었을까? 독일에서는 19세기 초만 해도 주민들에게 물을 공급하고 하수를 처리해주는 일은 공공의 영역에서 다루어지지 않았다. 그래서 물 부족과 하수문제가 나타났을 때, 도시 주민들은 그저 곤란을 감내해야 했다. 간혹 그 곤란함이 잠재적 갈등으로 남아 있기도 하고 혹은 밖으로 표출되기도 했지만, 처음부터 이런 문제들이 공적 수단을 통해 적극적으로 해결되지는 못했다. 그렇다면 이와 같은 문제들은 어떠한 과정을 거치면서 공공의 영역으로 들어오게 되었을까?

자치가 이뤄지던 독일 도시들을 전체적으로 조망하는 것은 어려운 일이므로, 여기서는 에센(Essen) 시를 중심으로 살펴보려고 한다. 에센은 19세기 초 주민이 4천 명도 안 되는 소도시였다. 그러나 급속한 산업화를 겪으면서 20세기 들어 손꼽히는 메트로폴리스가 된 곳이다. 산업도시 에센에서 물 부족과 하수 처리를 둘러싼 문제들은 도시화로 초래된 사회갈등을 잘 보여준다. 그리고 그 갈등을 풀어가는 모습은 물과 하수 문제가 공공의 영역이 되어 가는 좋은 사례를 제공할 것이다.

19세기 중반 이후 제1차 세계대전 이전까지는 독일이 초기 산업화를 거쳐 고도의 산업화 단계로 나가는 시기이다. 동시에 도시화가 진행되는 시기이기도 하다. 독일에서 10만 명 이상의 대도시는 1800년경 베를린(Berlin)과 함부르크(Hamburg) 두 곳에 불과했지만 1850년에는 4곳, 1900년에 이르면 33곳으로 늘어난다. 도시화는 전체 인구 가운데 도시 거주자의 비율을 늘려, 주민 5천 명 이상의 도시에 사는 인구비율은 1871년 23.7%에서 1910년에는 48.8%가 된다.[3] 독일에서 도시화가 집중적으

3) Wolfgang Köllmann, "The Process of Urbanization in Germany at the Height of the Industrialization Period", *The Journal of Contemporary History*, vol. 4, no. 3, 1969, p. 62.

로 일어난 지방을 들자면 라인-베스트팔렌을 꼽을 수 있다. 이곳은 농촌에서 도시로의 이주가 가장 높았던 지방이었다. 특히 라인-베스트팔렌에 자리한 루어지역(Ruhrgebiet)은 눈여겨볼 만한 곳이다.

다음 〈표 1〉을 보자. 이 표는 도시법 100주년을 기념해 출판된 『프로이센 도시들』(1908)을 토대로 만든 것이다. 알파벳순으로 제시된 도시들 가운데에는 루어지역의 도시가 6곳 포함되어 있다. 에센을 포함해 보훔(Bochum), 도르트문트(Dortmund), 뒤스부르크(Duisburg), 겔센키르헨(Gelsenkirchen), 오버하우젠(Oberhausen)이 그곳이다. 나머지 7곳은 1880년 기준, 인구 10만 명 이상의 대도시들이다. 1849~1900년 반세기 동안 이들 도시의 인구는 베를린이 4.5배, 브레스라우(Breslau) 3.8배, 단치히(Danzig) 2.2배, 프랑크푸르트(Frankfurt a. M) 4.4배, 하노버(Hannover) 8.4배, 쾰른(Köln) 3.9배, 그리고 쾨니히스베르크

〈표 1〉 독일 도시들의 인구변화[4)]

도시명	1849년	1861년	1871년	1880년	1890년	1900년
베를린	412,154	547,571	825,937	1,122,330	1,578,794	1,888,848
보훔	4,877	9,855	21,192	33,440	47,601	65,551
브레스라우	110,702	145,589	207,997	272,912	335,186	422,709
단치히	63,917	82,765	88,975	108,551	120,338	140,563
도르트문트	10,523	23,372	44,420	66,544	89,663	142,733
뒤스부르크	8,948	13,422	30,533	41,242	59,285	92,780
에센	8,813	20,811	51,513	56,944	78,706	118,862
프랑크푸르트	64,525	75,930	91,040	136,819	179,985	288,989
겔센키르헨	-	-	7,825	14,615	28,057	36,935
하노버	28,030	60,120	87,626	122,843	163,593	235,649
쾰른	94,789	120,568	129,233	144,772	281,681	372,529
쾨니히스베르크	75,240	94,579	112,092	140,909	161,666	189,483
오버하우젠	-	-	12,805	16,680	25,249	42,148

4) Heinrich Silbergleit (Hg.), *Preussens Städte -Denkschrift zum 100 Jahrigen Jubiläum der Städteordnung vom 19. November 1808*, Berlin, 1908, C. pp. 2-7 참고.

(Königsberg i.Pr)가 2.5배 정도 증가했다. 반면 루어지역에서는 보훔이 13.4배, 도르트문트 13.5배, 뒤스부르크 10.3배, 에센은 13.5배 정도 증가했다. 나머지 겔센키르헨과 오버하우젠은 자료가 없어 확인할 수 없지만, 1871~1900년 기간에만 각각 4.7배와 3.3배가량 증가했다.

루어지역의 인구 증가는 다른 대도시에 비해 증가 폭이 크다. 그 이유는 산업화 때문이다. 루어지역은 자르지역(Saargebiet), 오버쉴레지엔(Oberschlesien), 작센(Sachsen)과 더불어 독일의 산업 중심지로 손꼽히는 곳이다. 루어지역의 주요 산업은 광산업과 철산업으로, 루어지역에서 생산된 선철(Rohreisen)은 1850~70년 동안 독일 전체 생산의 5%에서 26%로 증가했으며, 1914년경에는 거의 50% 정도를 차지했다.[5] 철산업을 위시한 중공업은 루어지역 발전의 버팀목이었다. 루어지역 가운데서 산업 핵심지역을 꼽자면 헬벡크구역(Hellwegzone)과 엠쉐어구역(Emscherzone)을 들 수 있다. 그중에서도 중심은 헬벡크구역이라고 할 수 있다. 소규모 도시에서 산업도시로 발전한 보훔, 도르트문트, 뒤스부르크, 에센 등이 여기에 속한다. 그리고 엠쉐어구역에는 오버하우젠, 겔센키르헨처럼 신생 산업도시들이 자리한다.

루어지역이 중공업 중심지로 떠오르면서 작은 도시들은 산업도시로 변해갔고, 일자리를 찾으려는 노동자들이 이곳으로 몰려들었다. 에센도 산업 대도시로 변모해간 도시들 가운데 하나였다. 에센이 대도시로 성장할 수 있었던 이유는 지리적으로 석탄이 풍부한 지대에 자리했고, 더불어 1847년 쾰른-민덴(Köln-Minden)철도와 1857년 베르기쉬-메르키쉐철도(Bergische-Märkische Eisenbahn)가 루어지역의 중심부를 관통하

5) K. von Eyll, "Aspekte der Industrialisierung des Ruhrgebiets im 19. Jahrhundert", K. Düwell & W. Köllmann (Hg.), *Rheinland-Westfalen im Industriezeitalter I*, Wuppertal, 1983, p. 189, p. 193.

면서 석탄업과 철산업이 발전했기 때문이다. 1861년 루어지역에는 10개의 대규모 광산이 있었는데, 그중 5개가 에센에 있을 정도였다. 이 당시 에센의 산업 종사자 수는 11,067명으로 대개 광산과 철공장에서 일했는데, 그 수만 각각 8,281명과 2,569명에 달했다.[6)]

산업이 발전하면서 에센은 일자리를 찾으러 온 이주자들로 인해 인구수가 계속 증가했다. 1849년 9천 명이 안 되는 주민이 살던 에센은 1871년에 이르면 5만 명 이상의 주민을 갖는 루어지역에서 가장 큰 도시가 된다. 1861~71년 사이에만 3만 명 정도 증가했다. 급격한 인구 증가는 에센 시의 모습을 바꾸어놓았다. 농촌적인 모습은 사라져갔고, 높은 굴뚝과 가옥들로 도시공간이 빽빽하게 채워졌다. 약 881 헥타르(ha) 면적의 에센에서 주택은 부족했고, 먹을 수 있는 물도 부족해졌으며, 거리는 오수와 오물이 넘쳐 냄새가 났다. 에센은 대도시로 변모해갔지만 이곳에 사는 주민들의 삶은 윤택하지 않았다.

통상적으로 해왔던 지자체 활동으로는 도시로 모여든 사람들의 욕구를 더 이상 만족시킬 수 없었다. 그 동안 도시에서는 '주권 및 재산행정(Hoheits und Vermögensverwaltung)'이 전개됐었다. 이것은 중세부터 해오던 시정 활동으로서, 주로 화재예방이나 야간 보초처럼 치안과 관련된 활동, 구빈활동, 그리고 항만, 방앗간, 양조장 등의 주요 영업시설에 대한 통제활동을 포함한다.[7)] 이제 이러한 활동만으로는 도시에서 주민들의 안락한 삶을 보장할 수 없었다. 시 행정은 그간 해오던 활동 외에 변

---

6) E. C. McCreary, *Essen 1860-1814 : A Case Study of the Impact of Industrialization on German Community Life*, Yale Univ., 1963, p. 10 ; Helga Mohaupt, *Kleine Geschichte Essens*, Essen, 1993, p. 118.

7) Wolfgang R. Krabbe, "Die Entfaltung der modernen Leistungsverwaltung in den deutschen Städten des späten 19. Jahrhunderts", H. J. Teuteberg (Hg.), *Urbanisierung im 19. und 20. Jahrhundert*, Köln, 1983, pp. 373-374.

화에 맞춰 새로운 활동을 전개해야 했다.[8)]

산업화와 도시화를 겪으면서 펼쳐지는 독일 도시들의 지자체 활동을 보면 양적, 질적으로 이전과 다르다. 기술을 기반으로 하는 인프라(용수, 하수, 가스, 전기) 제공, 경제활동(항만, 물품창고, 근거리 교통), 위생 및 보건활동(쓰레기처리, 도축장운영, 식료품검사), 교육시설과 문화시설(도서관, 박물관, 오케스트라) 마련 등, 도시들은 여러 가지 활동을 전개했다. 도시들의 폭넓은 활동은 그 지출 비용을 보아도 알 수 있다. 과거 프로이센에 속한 도시들의 전체 지출 경비는 1849년 6,300만 마르크(Mark)에서 1913년에 22억 4천만 마르크로 약 36배 증가한다. 1인당 지출 비용으로 보자면 1849년 3.86마르크에서 1912년 53.52마르크로 14배 정도 증가한다.[9)] 이런 변화는 다양한 시정 활동의 결과였다. 다음 〈표 2〉의 대도시들이 급부행정에 쓴 1인당 지출 비용을 보자.

〈표 2〉에서 보듯, 주민들을 위해 대도시에서 쓴 비용은 다양하며, 그 비용도 시기적으로 차이를 보인다. 이 중에서도 1869년 이후 40여 년 동

〈표 2〉 인구 10만 이상 대도시들의 급부행정 영역에서 1인당 지출비 (Mark)[10)]

연도	교육	사회 및 보건	교통	시경영체
1869	4.18	4.36	4.27	2.35
1876	9.32	5.14	13.68	12.54
1883/84	9.37	6.54	7.08	14.45
1891/92	10.02	7.23	8.74	21.50
1911	21.52	18.65	19.82	22.08

8) Horst Matzerath, ""Kommunale Leistungsverwaltung". Zu Bedeutung und politischer Funktion des Begriffs im 19. und 20. Jahrhundert", H. H. Blotevogel (Hg.), *Kommunale Leistungsverwaltung und Stadtenwicklung vom Vormärz bis zur Weimarer Republik*, Köln, 1990, p. 10.

9) Hendrik Gröttrup, *Die kommunale Leistungsverwaltung*, Stuttgart, 1973, p. 15.

10) *Ibid*., p. 16 참고.

안 거의 10배 정도 지출비가 증가한 '시경영체' 항목은 눈여겨볼 만하다. '시경영체'란 시가 운영하는 공공사업체를 말한다. 시의 주요 서비스 분야가 된 시경영체에는 용수시설, 하수시설, 가스시설, 전기시설 등이 속한다. 시경영체에 가운데 용수 및 하수시설은 주민들의 삶과 직결되는 기본시설이었다. 간혹 예외가 있지만, 용수공급과 하수처리를 위한 이 시설들은 시가 직접 운영하여 주민들에게 편의를 제공한 대표적인 시경영체이다. 〈표 3〉과 〈표 4〉를 보면, 1900년대까지 상당수의 도시들이 이 시설들을 통해 주민들에게 서비스를 제공했음을 알 수 있다. 에센에서도 1864년에 용수시설 그리고 1866년에 하수시설을 마련해 서비스를 시작했다.

〈표 3〉 용수 및 하수시설 설치 상황[11)]

	1850년대	1860년대	1870년대	1880년대	1890년대	1900년대	기타**	합계
용수시설	3(민영1)*	8	38(민영3)*	19(민영1)*	29	4	5	106
하수시설	2	6	12	14	26	26	12	98

* ( )는 민영으로 설립되어 훗날 시영으로 바뀌는 도시 수
** '기타'는 시설이 없거나 연도가 불확실한 경우

〈표 4〉 용수 및 하수시설 설립 연도[12)]

도시명	용수시설	하수시설
베를린	1853	1876
보훔	1871	1880
브레스라우	1871	1881
단치히	1869	1872
도르트문트	1872	1881
뒤스부르크	1873	1890
에센	1864	1866
프랑크푸르트	1607	1867
겔센키르헨	1870	1903
하노버	1879	1890
쾰른	1872	1881
쾨니히스베르크	1873	1901
오버하우젠	1872	-

용수시설과 하수시설은 양축의 바퀴처럼 함께 있어야 제대로 기능할 수 있다. 그런데 이 두 시설은 설립 시기에서 편차를 보인다. 독일에서 용수시설은 1870년대에, 하수시설은 1890년대에 가서야 설치되는 것이 일반적인 경향이다. 또한 대도시라고 해서 반드시 이런 시설을 일찍 갖추고 있는 것도 아님을 알 수 있다. 용수시설이 설치된 뒤 한참 후에야 하수시설을 갖추는 도시가 있는가 하면, 에센보다 늦게 시설을 마련한 대도시도 있다.

용수시설과 하수시설은 주민의 삶에 필요한 시설이지만, 기술이 뒷받침되어야 하는 값비싼 시설이다. 그래서 이런 시설들을 설치 운영한다는 것은 시 재정에 부담을 줄 수 있었다. 따라서 도시들은 처한 상황에 따라 각기 다른 시점에 시설들을 갖추었다. 또한 이렇게 시기적인 편차를 보인 데는 시설에 대한 강제 규정이 없었다는 점도 한몫했다.

독일에서는 도시법에 따라 지방자치를 전개하고 있었다. 에센에서는 19세기 후반기에 라인도시법(Städte-Ordnung für Rheinprovinz vom 15. Mai 1856)이 적용되고 있었다. 그 이전에는 1808년 프로이센 도시법(Die Preußsche Städteordnung)에 근간한 수정도시법(Revidierte Städte-Ordnung für die Preußsche Monarchie vom 17. März 1831)이 적용되었다. 이들 도시법에 따라, 시 행정수반으로서 시장, 행정업무를 담당하는 시행정위원회(Magistrat), 그리고 시민대표체이자 의결기구인 시의회를 중심으로 자치가 이루어졌다. 이런 조직에 기반을 두어 시에서

---

11) Heinrich Silbergleit (Hg.), *Preussens Städte*, C. pp. 348-351, pp. 370-373를 토대로 분류했다.

12) *Ibid.*, pp. 348-351, pp. 370-373 참고. 이 가운데 에센, 도르트문트는 실제 건립연도와 달라 수정했다. 상당히 이른 시기에 용수공급을 하고 있는 프랑크푸르트에서는 지하수뿐만 아니라 마인 강으로부터 도관을 통해 물을 공급하고 있었다.

는 교회, 학교, 구빈, 소방, 거리조명, 위생 등과 관련된 업무를 다루었다. 특별히 용수나 하수처리와 관련된 업무에 관해서는 도시법에 언급이 없었다. 다만 1808년 프로이센 도시법에, 건설대표단이 구성되어 도로와 배수(Entwässerung), 공공산책로의 건설 업무를 처리하며(§ 179), 도로와 교량, 우물, 용수도관(Wasserleitungen)의 감독과 그 청소, 조명, 공공장소의 관리처럼 경찰의 통제를 받는 업무는 시행정위원회 하부기관에서 맡는다(§ 182)는 내용이 있을 따름이다. 만일 시에 필요한 것이 있다면, 시민이 필요한 경비를 분담해야 했다(§ 26). 1856년 라인도시법에서도 모든 시민은 공공시설의 비용을 분담할 의무가 있다(§ 4)고 명시하고 있다.[13)]

이처럼 물과 하수와 관련해 시가 할 수 있는 일은 경찰 혹은 안전의 측면에 국한되었다. 물 부족이나 하수로 인해 생기는 문제에 적극적으로 대처할 수 있는 제도적인 강제장치가 없는 상황에서 도시화가 진행되었을 때 나타난 문제들은 어떻게 해결되었을까?

2. 물 부족 문제와 그 해결을 위한 조정자 : 시 행정

우리에게 물은 요금을 내고 필요할 때 수도꼭지를 틀면 손쉽게 얻을 수 있는 대상이다. 오늘날 누구나 편리하게 물을 얻을 수 있는 것은 공공

13) C. Engeli & W. Haus (Hg.), *Quellen zum modernen Gemeindeverfassungsrecht in Deutschland*, Stuttgart, 1975, pp. 125-127, p. 400. 도시법에 기반 한 에센 시의 의사결정구조에 대해서는 한해정, 「용수 및 가스공급을 통해 본 19세기 후반 독일 루르지역(Ruhrgebiet) 도시의 지역자치-에센(Essen)과 도르트문트(Dortmund) 사례」, 『서양사론』, 79호, 2003, pp. 33-35 참고.

의 중앙식 용수시설을 통해 물이 관리되어 도시 곳곳에 있는 공급 시스템을 통해서 제공되기 때문이다. 독일에서 '중앙식 용수시설'은 비록 단순한 형태이긴 했지만 19세기 중엽부터 설치되기 시작했다. 그 최초의 도시는 함부르크였다. 이곳에서는 1842년 대화재로 도시가 폐허가 되면서 시설을 갖춰 1848년부터 물을 공급했다. 그 후 1850년대에는 베를린(Berlin, 1853), 알토나(Altona, 1854), 마그데부르크(Magdeburg, 1858)에서 중앙식 용수시설을 설치했다. 다수의 도시들은 1870년대에 가서야 시설을 통해 물을 공급하기 시작했다. 민간업자가 운영하다 시영화하는 경우도 있었지만, 용수시설은 대체로 시가 직접 운영하는 시영시설이었다. 에센도 자체적으로 시영의 용수공급시설을 마련해 일찌감치 1864년부터 물을 공급하였다.

에센에는 15세기부터 '카우페(Kaupe)'라고 불리는 저수통에서 나무 도관을 통해 물을 대는 시설이 있었다. 시 남쪽 성문 앞 작은 언덕에 놓여 있는 이 저수통으로부터 물은 자연경사를 따라 시내에 있는 5개의 급수전과 분수로 흘러갔다. 이것 외에도 우물과 펌프가 있어서 물을 얻는 것은 주민들에게 어려운 일이 아니었다.[14]

그러나 19세기 들어서면서 상황은 달라졌다. 특히 석탄 채굴작업 때문에 물이 고갈되면서 물을 구하기 어려워졌다. 저수통 도관을 통한 물 공급에도 문제가 생겼다. 물이 부족한 상황에서 종종 나무로 된 도관의 연결 마디가 벌어져 물이 새나왔던 것이다. 1841년에는 물 부족으로 격분한 시민들의 항의가 있었다. 광산이 늘면서 우물과 펌프, 샘의 물을 끌어다 썼기 때문이다. 지하수 암반은 점점 가라앉고 우물은 진탕이 되거나 완전히 말라버려, 149개 우물 가운데 86개가 고갈되었다. 1841년 시민들

14) *Die Verwaltung der Stadt Essen im XIX. Jahrhundert Bd. I*, Essen, 1902, p. 464.

은 물 부족을 마티아스(Mathias)의 채굴작업 때문이라고 생각했다. 하지만 시가 나서 조치를 취하지는 못했다. 이때는 뒤셀도르프(Düsseldorf)의 주정부(Königliche Regierung)와 주장관이 이 지역에서 진행하는 광산작업을 중지할 것을 지시했다. 그래서 광산 소유자(Mathias Stinnes)는 상태를 개선하기 위해 돈을 지불하기로 했다.[15)]

그 이후에도 물 부족은 여전했고, 시 행정 역시 별다른 해결책을 내놓지 못했다. 기껏해야 도시법에 근거해 용수도관을 관리하는 것, 이를테면 틈새가 벌어진 저수통의 나무도관을 대체하거나, 도관 망을 확대하는 조치를 취하는 것이 전부였다. 이는 근시안적인 조치일 뿐 근본적인 해결책은 아니었다. 그 사이 에센의 인구는 1849년 8,813명에서 1855년 12,963명, 1858년 17,215명으로 급속히 증가해갔다. 1850년대에 물 부족은 점점 심각해졌다. 특히 1857~58년 동안 구스타프(Gustav) 수갱 작업이 이루어지면서 물 부족 현상이 심해졌다. 이 작업으로 빅토리아 마티아스(Victoria Mathias) 광산은 루어지역에서 가장 큰 광산이 되었지만, 주민들이 사용할 수 있는 물은 더욱 부족해졌다. 이에 에센 주민들은 물을 배급받아야 했다. 가뭄에는 짐마차나 손수레로 먼 곳에서 물을 길어 날랐다. 가축에겐 더 이상 우물물을 먹이지 못하고 연못의 물을 먹였다. 1858년 142개 우물 가운데 물을 충분히 제공할 수 있는 우물은 13개에 불과했다. 나머지는 물이 부족하거나 폐공이 되어 버렸다.[16)]

이처럼 물 부족 현상은 산업체와 주민들 사이에 갈등 요소로 자리했

---

15) *Ibid.*, p. 464 ; Thomas Dupke, "Von der "Wasserkalamität" zur "Wasserbequemlichkeit"", K. Wisotzky & M. Zimmermann(Hg.), *Selbstverständlichkeiten*, Essen, 1997, p. 11.

16) Thomas Dupke, "Von der "Wasserkalamität" zur "Wasserbequemlichkeit"", p. 12 ; *Die Verwaltung der Stadt Essen im XIX. Jahrhundert*, pp. 464-465 참고.

다. 그러나 그 갈등이 심각하게 드러난 것 같지 않다. 여러 자료에서 그에 관한 언급은 별로 없었다. 단지 에센 시가 문제 해결을 위해 1858년 광산 업체의 재정적인 참여를 유도해 중앙식 용수공급 계획을 시도하려 했다는 사실만 확인할 수 있었다.[17] 그 후 이 문제를 시에서 다루게 된 것은 1860년에 가서이다.

이때까지만 해도 시 행정은 물 부족에 직면해서 조심스럽게 움직인 것 같다. 중앙식 용수공급시설은 비용이 많이 들어서 시가 감당하기 어려웠다. 그리고 당시 독일에서 용수시설을 통해 물을 공급한 도시는 베를린을 비롯해 몇 군데에 불과했다. 더구나 시는 이 문제에 대해 주도권을 쥐고 있지 않았다. 고작 시가 할 수 있는 일은 도시법에 기반을 둬 안전이나 경찰행정의 측면에서 물 문제를 다룰 뿐이다. 그때까지 해보지 않던 일, 그것도 비용이 많이 드는 시설을 설치해 물을 공급하는 일을 함부로 할 수 없었다.

물 부족에 시달리는 주민들과 산업체 양측 사이에서 시 행정은 조심스럽게 조정자로 등장할 수밖에 없었다. 물 부족을 해결하기 위해선 시설이 필요했는데, 그것을 마련하려면 무엇보다 자금이 해결되어야 했다. 자금을 확보하기 위해 에센 시는 물 부족의 원인 제공자인 광산조합들(Gewerkschaften)과 여러 차례 협상을 통해 비용을 부담시키려 했다. 그러나 결과를 끌어내지는 못했다. 그 이유는 참여할 광산들을 분류하기 어려웠고, 광산의 반대급부에 대해 합의점을 찾지 못했기 때문이다. 광산조합들은 끌어다 쓴 우물물에 대해 개인적으로 법적 배상은 하려고 해도, 용수공급시설에는 관심이 없었다. 도덕적인 의무를 도외시하더라도, 광산조합들은 용수시설이 배상금을 감소시켜 이득을 줄 것으로 생각하

17) Thomas Dupke, "Von der "Wasserkalamität" zur "Wasserbequemlichkeit"", p. 12.

지 않은 것 같다. 광산조합들이 재정적으로 참여하기를 꺼렸기 때문에 시에서는 일을 진척시키기 쉽지 않았다.[18)]

결국 시의회의 제안으로 구성된 위원회가 1860년에 물 부족 문제를 본격적으로 다루기 시작했다. 시장 린데만(E. H. Lindemann, 1859~68년 재임)과 시의원들로 이루어진 위원회는 이 문제를 어떻게 보았는지 살펴보자.

> "(…) 물은 인간에게 필요한 최우선의 것이다. 에센에서 가뭄에 발생하는 심각한 물 부족 현상을 해결하려면 보다 나은 물 공급이 필요하다. 에센은 전체 주택과 영업체를 위해, 청결함과 건강을 촉진하기 위해, 또 화재예방을 위해 보다 나은 용수공급이 필요하다. (…)
>
> 전체 주택과 영업체를 위해서 에센은 보다 나은 물 공급이 시급하다. 상당수의 펌프우물 상태가 나쁘고 물 공급도 만족스럽지 못하기 때문이다. (…) 또한 에센 주변에서 광산작업이 진행되고 있기 때문이기도 하다. (…) 처음 저수통에 도관이 설치된 이래로 에센 주민은 엄청나게 증가했다. 오늘날 물 수요를 충족시키지 못할 형편이라는 것은 그리 놀랍지 않다. 양조장처럼 많은 물이 필요한 에센의 영업체는 밤에 필요한 물을 마련해야만 한다. 충분한 물을 도관으로 공급한다면 화재로 인한 피해를 손쉽게 예방할 수 있다. 용수도관은 에센의 엄청난 화재보험금을 낮추는 데도 효과가 있을 것이다. 용수도관은 거리에 물을 뿌리고 깨끗이 하는 데 이용할 수 있고 또 강력한 물줄기를 각 층에 제공해 쾌적하게 만들어 줄 것이다."[19)]

---

18) *Ueber die Anlage einer Wasserleitung für die Stadt Essen*, 1860, p. 7.
19) *Ibid.*, pp. 1-2.

위원회는 보고서에서 물을 주민들의 삶에 필요한 요소로서 인정하면서도 화재예방과 깨끗하고 쾌적한 생활에 필요한 요소로서 강조하였다. 물 공급시설을 요청하기 위해서는 무엇보다 주민들의 기본적인 삶에 절실하다는 점을 강조해야 할 텐데, 이런 측면은 크게 강조하고 있지 않다. 의아할 수 있겠으나 이는 에센 이외의 지역에서도 확인할 수 있다. 일례로, 도르트문트에서 물 부족에 직면해 나온 조치를 보면 그렇다. 1856년 여름 40개 이상의 우물이 말라 버릴 만큼 극심한 가뭄이 있었을 때 도르트문트에서는 그동안 물을 끌어다 쓴 광산업체에게 시의 모든 지역에 물통을 설치할 의무를 부여했다.[20] 이런 조치는 화재가 일어날 경우를 대비한 것으로, 주민들의 기본적인 삶에 관심을 둔 조치는 아니었다. 필요한 물을 얻는 것은 개인이 알아서 할 일이었지 시가 나설 일이 아니었기 때문이다. 시가 할 일은 안전 혹은 치안과 관련된 일이다. 화재예방이나 쾌적한 환경을 만드는 일이 바로 그런 일이었다.

그럼에도 위원회는 용수시설에 대한 공감대를 끌어내기 위해 여러 가지 요소들을 세심하게 고려했다. 위원회는 영국과 프랑스의 예에서 충분한 양의 물을 계산하고, 기후와 용도, 경제적인 측면들을 고려했다. 시설에 필요한 자금은 시민들의 보증금과 선주문을 통해 일부 충당하고, 광산업체에서 약 1만 2천 탈러(Thaler)를 분담한다면 어렵지 않게 해결될 수 있다고 보았다. 용수시설을 설치하려는 시의 진지한 결의를 광산업체들이 인지하고 광산에도 득이 되리라는 점을 알게 된다면 용수시설에 출연할 것이라고 위원회는 전망했다.[21]

이러한 전망 속에 1860년 위원회가 제시한 방법은 우물 시추였다. 그

---

20) W. H. Frank, "Ein Rückblick auf 100 Jahre Wasserversorgung für Dortmund", *Berichte aus der Dortmunder Stadtwerke AG*, Nr. 113, 1972, p. 5.

21) *Ueber die Anlage einer Wasserleitung für die Stadt Essen*, 1860 참고.

러나 우물 시추는 충분한 물을 공급할 수 없다고 평가되었다. 다시 원점에서 시작해야 했다. 그러는 동안 물이 많이 필요한 일부 산업체의 경우, 자체적으로 대안을 마련해갔다. 예를 들어 크룹(Krupp) 철공장은 1860년대 초부터 급수전을 마련하고 취수관(Wasserschacht)을 설치해 물을 사용하였다.[22)]

1860년 우물 시추가 실효를 거두지 못한 후, 두 번째 계획이 제안된 때는 1863년이었다. 에센에서 특별히 '용수도관 설치위원회'가 구성되었다. 위원회는 전문가의 평가를 거쳐 보다 확실한 방법을 제시하였다. 새로운 전문위원회가 구성되어 계획안을 내놓은 것은 그만큼 에센에서 용수시설이 시급했기 때문이다. 그러나 위원회의 보고서에는 1860년의 보고서에서와 마찬가지로 가정 및 영업용수의 부족, 그리고 청결과 화재예방을 용수시설의 필요성으로 언급하고 있다. 당시 『에센신문』을 보면 특히 화재예방이 중요한 이유처럼 보인다.

> "보훔에서 일어난 끔찍한 화재는 우리를 매우 놀라게 했다. 왜냐하면 이곳 건축방식이나 지역발전, 주요 영업체들이 우리 시와 매우 비슷하기 때문이다. 유감스럽게도 에센이 보훔보다 뒤떨어진 것이 있는데, 가정용 용수와 영업용 용수, 특히 소방 용수가 많이 부족하다는 점이다. (…) 보훔처럼 위험한 화재가 일어날 것을 대비해, 활발한 영업활동으로 번영하는 우리 시를 위해 풍부한 용수공급의 중요성이 고려되어야 한다."[23)]

용수도관 설치위원회가 제시한 용수시설의 필요성에 관한 내용은

---

22) *Wohlfahrtseinrichtungen der Gussstahlfabrik von Fried. Krupp zu Essen a.d. Ruhr Bd. I*, Essen, 1902, p. 125.

23) *Essener Zeitung*, 25. 9. 1863.

1860년 보고서의 것과 다르지 않았지만, 1863년의 보고서에는 이전과 달리 눈에 띄는 내용들이 있었다. 마그데부르크 사례에 기초해 에센의 미래 용수판매가격을 이곳보다 높지 않도록 제시했다는 점이 그것이다. 또한, 시설에 들어가는 비용을 보다 구체적으로 다루었다는 점도 지적할만하다. 총 8만 탈러의 예산 중 크룹이 2만 탈러를 10년 동안 이자 없이 처리해 주기로 했고, 압연공장 슐츠 크나우트(Schulz, Knaudt u. Comp.)가 5천 탈러, 화재보험사도 5천~1만 탈러를 제공하기로 했다. 따라서 주택소유자들로부터 2만 탈러를 주문예약 방식으로 조달한다면 약 3만 탈러는 시 금고에서 충당할 수 있다는 내용이다.[24)]

여기서 왜 산업체들이 상당 비용을 제공하려고 했는지 사료에서는 알 수 없었다. 그러나 시설을 통한 용수공급은 산업체에게도 확실히 득이 되었다. 예를 들어 1톤의 석탄을 채굴하는 데는 1.75세제곱미터(Kubikmeter), 약 1천 리터 이상의 물이 필요했고, 1톤의 코크스를 생산하기 위해서는 2.25세제곱미터의 물이, 1톤의 강철 생산에는 5세제곱미터의 물이 필요했다. 반면 카우페라고 불리는 에센의 저수통은 1860년에 하루 2,160세제곱피트(Kubikfuß), 대략 64.8세제곱미터의 물을 제공할 수 있었다.[25)] 따라서 에센의 산업체들에게는 물이 부족했고, 이를 해결해 줄 방법은 용수시설을 통한 풍부한 물 공급이었다. 크룹은 이미 자체 시설이 있었지만, 훗날 에센에 용수시설이 세워지면서 물을 공급받았다. 그 양이 1875년에는 총 공급의 31%를 차지할 정도였으니[26)] 크룹이 용수시

24) *Bericht der Commission für die Herstellung einer Wasserleitung für die Stadt Essen*, 1863, p. 2.

25) Thomas Dupke, "Von der "Wasserkalamität" zur "Wasserbequemlichkeit"", p. 13.

26) O. Ebert & H. Ehlert, *125 Jahre Stadtwerke Essen. Unternehmensgeschichte im Überblick*, Essen, 1992, p. 78.

설에 상당 비용을 제공한 것은 미래를 내다본 투자였다.

물론 물은 주민들에게도 절실했다. 주택소유자들이 주문방식으로 물을 신청하고 자금을 제공하면 충분한 물을 공급받을 수 있었다. 그 외에도 부수적인 이점이 있었다. 30년 동안 해지하지 않는 조건에서 자금을 부담한 주택소유자들은 이자 대신에 반대급부로서 매년 배당금을 받을 수 있었고, 중심 파이프로부터 주택에 이르는 분선을 무상으로 설치 받을 수 있었던 것이다.[27]

용수시설은 그동안 물 부족으로 고통을 겪고 있던 에센 주민들과 산업체, 모두의 이해에 맞는 일이었다. 그러므로 에센에 설치될 시설은 주민과 산업 모두를 위한 공공시설이어야 했다. 그리고 공익에 맞게 운영되어야 했다. 그것을 위해서 고려해야 할 요소 가운데 하나가 용수가격이었다. 용수도관 설치위원회는 에센 시의 용수가격이 마그데부르크의 용수가격을 넘지 않도록 제안했다. 용수시설이 가동되더라도 처음부터 모든 주민들이 물을 공급받는 것이 아니므로, 주민들의 재정적 부담을 피하고, 또 그 혜택 범위를 넓히기 위해 그 시설은 채산성 있게 운영되어야 했다. 그렇다고 민간시설처럼 높은 수익을 추구해서도 곤란했다. 10~15%의 수익을 내고 있는 영국의 도시들이나, 11년 동안 5배 이상의 수익을 올린 함부르크와는 달리, 마그데부르크는 3.5~5.43%의 수익을 내고 있었다.[28] 그래서 위원회는 이곳을 기준으로 판매가격을 정하려고 했던 것이다.

비록 산업체와 주민들로부터 상당액의 재원을 충당해야 했지만 에센 시는 용수시설을 민영이 아닌 시영시설로서 운영하려고 했다. 그것은 민

27) *Bericht der Commission für die Herstellung einer Wasserleitung für die Stadt Essen*, 1863, p. 2.

28) *Essener Zeitung*, 25. 9. 1863.

영에서 나타날 수 있는 폐단을 피하기 위함이었다. "프로젝트의 수행 방법 및 필요한 자본조달과 관련해 시 행정조직에서 벗어난 민간회사에 용수공급의 독점권을 줄 경우, 수익추구로 피해를 볼 수 있으므로 민영으로 운영되지 않는다"[29]는 것이 위원회의 입장이었다.

이와 같이 공익성을 고려한 위원회의 세심한 조사와 배려, 비용의 해결 등은 다른 한편에서 있을 수 있는 반대를 무마시킬 수 있었다. 1863년 6월 시의회는 위원회에게 용수시설에 관한 모든 것을 위임하고 12월에 프로젝트 실행을 결정했다. 그리고 미래 시영 용수시설에 관한 조례를 만들었다. 조례의 몇몇 주요 내용을 보면 다음과 같다.

> §1. 에센 시에 조성하는 용수도관은 시 게마인데가 운영하며 소유한다.
>
> §2. 시영 용수시설의 이점이 모든 주민들에게 균등하게 주어질 수 없으므로 시설은 가능한 수익 있게 유지된다.(…)
>
> §4. 시영 용수시설의 감독은 라인도시법 §54에 따라 시 행정대표단이 한다.[30]

라인도시법 54조에 따라 각 업무분야의 지속적인 행정과 감독 및 이행을 위해 특별히 대표단이 꾸려졌다. 그리고 시 건축기술장(Stadtbaumeister)이 기술을 요하는 시설의 건설을 맡았다. 이 밖에 기계와 파이프 시스템 관리를 위해 시에 새로운 인원이 충원되어야 했다. 이렇게 해서 용수공급은 시의 주요한 업무로 들어오게 되었다. 생활에 필요한 물과 산업용수를 얻는 일은 그동안 개인의 일이었지만, 이제 시의 일이 되었다.

---

29) *Bericht der Commission für die Herstellung einer Wasserleitung für die Stadt Essen*, 1863, p. 2.

30) *Die Verwaltung der Stadt Essen im XIX. Jahrhundert*, pp. 465-466.

1864년 6월 9일 기공식이 있은 후, 그해 10월에 용수시설이 가동되기 시작해 280가구에 물이 공급되었다. 1864년 12월 30일에는 시의원들이 용수공급을 받지 못하는 주민들을 위해 시 재정으로 베버거리(Weberstraße)와 하일리히 가이스트(heil. Geist)처럼 노동자들이 많이 사는 곳에 공동우물과 펌프를 설치하기로 했다.[31] 이는 용수시설로부터 물을 공급받지 못하는 주민들을 배려한 조치였다.

> "지난해 가장 중요한 건설 사업은 용수시설의 설립이었다. (…) 1864년 6월 9일 수많은 지역 주민들이 참여한 가운데 인공저수조에 초석이 놓인 후로 용수시설은 10월 21일에 가동될 수 있었다. 오랫동안 미해결로 있던 물 공급문제는 결국 해결되었다. 가동 8주 만에 이미 280개 정도의 개별분선이 놓였다는 점은 용수시설의 필요성을 잘 드러내 준다. 인공 필터시설 대신 루어(Ruhr) 강에 있는 자갈층이 필터역할을 하고 있지만, 이 물은 대체로 좋고 마실만한 것으로 평가받고 있다."[32]

위의 『에센 신문』 기사처럼 용수시설은 만족스러웠다. 1864년 이후 용수시설과 연결된 주택 수는 빠르게 증가해 1865년에는 866곳이 되었고 1866년에는 1,075곳에 달했다. 1866년의 공급 조건에 따라 100세제곱피트 이상의 용수를 사용하는 곳에는 계량기를 달아야 했는데, 아마도 물을 많이 쓰는 영업체가 이에 해당할 것 같다. 1870년 계량기를 갖춘 곳은 120곳이나 되었다. 계량기 없는 일반 수요 역시 1870년 1,536곳에 이르렀고 1890년에는 3,554곳이나 되었다. 파이프 길이로 계산하면 1865년

---

31) Thomas Dupke, "Von der "Wasserkalamität" zur "Wasserbequemlichkeit"", pp. 17-18.

32) *Essener Zeitung*, 5. 2. 1865.

19,664미터 이상이었고, 1870년 34,650미터, 1900년에는 131,689미터가 넘었다. 이는 1865년에 비해 6배가 넘는 길이였다. 1900년 12월 1일 시 통계에 의하면 용수시설에 연결된 주택 수는 구시가지에서는 6,227곳, 노동자들이 많이 거주하는 알텐도르프(Altendorf)에서는 2,914곳으로, 각각 97%와 88%가 시설의 혜택을 받고 있었다. 그 밖에도 에센 시 용수시설은 인근 지역에까지 물을 공급했다. 1879년부터 알텐에센(Altenessen)에 물을 공급했고, 1880년대 말 이후에는 렐링하우젠(Rellinghausen)과 류텐샤이드(Rüttenscheid) 등지에 물을 공급했다.[33]

에센 시가 운영하는 용수시설은 계획대로 수익성 있게 운영되었다. 경영 첫해에 13,240마르크의 수익이 있었으며 1882년에 가면 순수익을 얻을 수 있었다. 반면에 용수가격은 하락했다. 세제곱미터 당 평균 용수가격은 1865년 8.1페니히(Pfg.)에서 점차로 낮아져 10년 후 1875년에는 5.4페니히로 낮아졌다.[34] 공공요금이 오르지 않고 내렸다는 사실은 인상적이다. 용수시설 설립 후 초기 물 수요자들은 주로 비용을 분담할 여력이 있는 주민들이었을 것이다. 에센 시가 시설을 수익성 있게 운영하고 공급망을 확대하면서, 동시에 가격도 낮춰 더 많은 주민들이 물을 사용할 수 있게 되었다는 점은 긍정적으로 평가할 만하다.

이렇게 1860년대에 물 부족에 직면해서 에센 시가 조심스럽게 나서 시도했던 활동은 물을 둘러싼 불만을 완화할 수 있었다. 그 과정에서 시 행정은 과거의 치안 위주의 행정에서 주민들의 삶을 배려하는 새로운 모습을 보여주었다. 용수시설을 통한 중앙식 용수공급은 급부행정으로 나가

---

33) *Beiträge zur Statistik der Stadt Essen No. 2. Die Wohnungsverhältnisse in der Stadt Essen*, Essen, 1900, p. 39 ; *Die Verwaltung der Stadt Essen im XIX. Jahrhundert*, pp. 473-475, p. 482.

34) O. Ebert & H. Ehlert, *125 Jahre Stadtwerke Essen*, p. 93.

는 초창기 사업이었다. 이제 과거와 달리 에센 시 행정은 전문 인력을 두고 주민의 안락한 생활환경 조성과 지역 발전을 적극적으로 꾀할 수 있는 새로운 일을 맡게 되었다.

3. 하수를 둘러싼 지역 갈등과 해결

하수처리 시설은 용수공급 시설과 함께 도시의 삶에 필수적인 인프라 시설이다. 인간의 신체에 비유하자면 용수공급은 동맥, 하수처리는 정맥에 해당할 것이다. 그러나 오수와 오물을 처리하는 하수시설은 용수시설보다 훨씬 뒤늦은 1890년대에 독일 도시들에서 설치되고 있다.

독일에서 최초로 하수시설이 갖추어졌던 곳은 함부르크였다. 이곳에서는 1842년의 대화재 후에 시를 재건하는 과정에서 용수시설과 함께 하수시설이 설치되었다.[35] 베를린은 1876년에 가서야 하수시설을 갖추었다. 제국의 수도임에도 불구하고 베를린은 여느 도시들처럼 지하 하수로 없이 가정의 오수와 쓰레기들이 거리로 버려지는 지저분한 도시였다. 베를린 시내 도랑이나 슈프레(Spree) 강은 참을 수 없는 냄새가 났지만, 하수시설에 시의 재정을 쓸 여유가 없었다. 냄새나는 베를린 상태를 개선하기 위해 프로이센 엔지니어인 비베(W. Wiebe)가 1862년 복합 하수수거시스템을 제안하기도 했지만 실행되지 못했다. 그 후 연구와 실험만 거듭하다가 1870년대에 들어와 건설 작업이 시작될 수 있었다.[36] 대도시

35) Brian Ladd, *Urban Planning and Civic Order in Germany 1860-1914*, Harvard Univ. Press, 1990, p. 54.

36) John von Simon, "Water Supply and Sewerage in Berlin, London and Paris : Developments in the 19th Century", H. J. Teuteberg (Hg.), *Urbanisierung im 19.*

인 쾰른에서는 1866년 공중보건위원회가 하수시설을 제안하여 1870년에 쾰른 시 행정부가 계획을 세우기 시작했다. 하지만 프로젝트에 대한 많은 수정안들이 나오면서 실행되지 못하다가 1881년에야 비로소 하수시설을 설치했다. 이렇게 오랫동안 미루어진 데에는 몇 가지 이유가 작용했다. 하수시설은 기술이 뒷받침되어야 하는 비싼 시설로서 수익성도 별로 없어 시 재정에 도움을 줄 수 없었기 때문이다. 소규모 예산으로 살림을 꾸려왔던 시 행정은 하수시설처럼 많은 지출이 필요한 건설작업을 감행하지 못했다. 또한 이런 일은 시민들에게 부담을 주는 일이기 때문에 진행이 어려웠다.[37] 이러한 점을 참작한다면, 에센은 1866년에 일찍 하수시설을 갖춘 도시였다.

산업화 이전 에센에서 오수와 오물은 다른 도시들처럼 거리로 버려져 수채나 도랑으로 흘러갔다. 에센은 베르네(Berne)와 림벡케(Limbecke) 천으로 물이 흘러가는 지형이었기에 도랑의 물은 이 두 작은 천으로 방류되고 있었다. 이런 방식은 주민 대부분이 작은 등성이의 구도시에 살고 있을 동안에는 그리 불편하지 않았다.[38] 그러나 인구가 급격히 증가하면서 사정은 바뀌었다. 에센의 주민 개개인이 하던 거리청소는 1858년부터 민간업자들이 맡아 주요 거리의 쓰레기를 수거해갔다. 1860년에는 시에서 경찰조례를 발표해 주택 사이의 골목과 오물 구덩이를 깨끗이 청소하도록 했다. 1864년 시장 린데만은 '안락한 삶을 위해 필요한 시설의 설립'을 요청했다. '아름다운 산책로'를 만들고, 비포장도로의 먼지와 쓰

und 20. Jahrhundert, Köln, 1983, pp. 438-439 ; Marianne Rodenstein, *Mehr Licht mehr Luft. Gesundheitskonzepte im Städtebau seit 1750*, Frankfurt, 1988, p. 86.

37) Brian Ladd, *Urban Planning and Civic Order in Germany 1860-1914*, p. 55.

38) 한해정, 「19세기 독일의 도시환경과 하수시설-에센(Essen) 시를 중심으로」, 『서양사론』, 100호, 2009, p. 199.

레기를 처리하고, '악취가 나는 도랑과 개천'을 청소하는 등의 조치들이 있었다.[39] 그러나 효과는 없었다. 1865년 시의회에서 시장은 다음과 같이 설명했다.

> "시의 도랑과 베르네 천 배수관에서 풍기는 매우 역겹고 탁한 공기를 없애야 한다는 점은 모두 알고 있습니다. 빗물과 가정의 오수가 안이 훤히 보이는 수채로 흐르고 있어, 지난해 혹독한 겨울처럼 얼음이 얼어버리면 매우 불편합니다. (…) 도살된 가축의 피는 도랑에 방치되거나 혹은 웅덩이에 고여, 독충과 독기로 가득합니다. 이런 상태는 시의 하수시설로만 시정될 수 있습니다."[40]

1860년대에 하수문제 해결은 시급해 보였다. 에센의 인구가 1850년대와 1860년대에 급격히 증가하고 있었다는 점을 고려하면 그 다급함을 추측할 수 있다. 에센에서 하수시설 계획은 이미 1858년에 있었다. 그러나 이 계획은 재정적인 이유로 이루어질 수 없었다. 다른 도시처럼 에센의 시의회 역시 비용이 많이 드는 공공시설에 신중하고 미온적이었다. 이때까지 하수는 물론, 물 부족 문제도 에센에서는 해결되지 못한 상황이었다. 그래서 조례를 발표해 거리를 청소하거나 혹은 개별적으로 하수를 처리하는 수밖에 없었다. 일례를 들자면 1863년에 발트하우젠(G. E. Waldthausen)은 시의회로부터 개인부담의 하수도 매설을 승인받았

---

39) Thomas Rommelspacher, "Kehricht, Abfall, Abwasser und Fäkalien. Die Regulierung der Stadthygiene in Essen 1850-1920", K. Wisotzky & M. Zimmermann (Hg.), *Selbstverständlichkeiten*, Essen, 1997, p 159.

40) *Bericht über die Verwaltung und den Stadt der Gemeinde-Angelegenheiten der Stadt Essen für das Jahr 1865*, Gunther Annen, "Anfänge der Essener Stadtentwässerung", *Essener Beiträge*, Bd. 113, 2001, p. 95에서 재인용.

다.[41] 그러나 이런 방법은 미봉책에 불과했다.

1864년부터 에센에서 용수시설을 통해 물을 공급하자 하수문제는 더욱 심각해져 갔다. 물 사용이 늘면서 버리는 오수의 양도 증가한 것이다. 이에 하수시설 설치 문제가 다시 제기되었다. 건축기술장 엠머리히(Emmerich)가 1865년 두 번에 걸쳐 하수시설 계획안을 제출해 1866년 2월에 건설대표단이 하수계획을 공시했다. 그리하여 1866년 3월, 시의원들의 토론을 거쳐 하수도 건설작업이 진행될 수 있었다. 그 계획안에 따르면 건설 예상 비용은 3만 탈러로, 1863년 위원회가 용수시설을 위해 예상한 8만 탈러에 비하면 적었다. 그러나 건설작업을 하기에는 당시 시 재정이 넉넉하지 않았다. 프로이센-오스트리아 간의 전쟁과 콜레라 창궐로 긴축재정을 해야 했고, 채권도 발행하기 어려웠기 때문이다. 1866년 8월에 시의회에서 통과된 '하수도와 주민들의 개별도관 연결에 관한 일반조건'에 따라 주택과 거리 사이를 잇는 하수도는 개인이 비용을 부담하였다. 시 재정의 어려움으로 상당 부분의 하수로 연결이 다음 해로 미뤄졌지만, 이런 하수시설이 갖춰지고 있다는 것만으로도 만족스러웠다. 1866년 행정보고서에서 시장은 "1866년 건설작업 중에 가장 중요한 것은 그라벤거리(Grabenstraße)를 지나는 하수도 설치이다. 이 하수도가 오랫동안 시의 미관을 해치고 주민에게 불쾌감을 주었던 도랑을 없앴다"고 했다.[42]

용수공급으로 물소비가 늘면서 하수시설의 필요성이 인지되었기 때문에 시의원들 내부에서 커다란 반대는 없었던 것 같다. 그럼에도 하수계획과 그 실현은 새로운 도전이었다. 그래서 계획을 위해 수많은 질문

41) Gunther Annen, "Anfänge der Essener Stadtentwässerung", p. 97.
42) *Ibid.*, pp. 101-102.

들이 던져졌다. 영국의 경험이 에센에 적용될 수 있는지? 악천후를 대비해 어느 정도로 파이프가 필요한지? 어떤 자재로 파이프가 놓여야 하는지? 기술적인 기준이나 품질이 확증되지 않은 상황에서 당시 에센의 하수도 건설은 선구적인 일이었다.[43]

1866년 하수도 건설로 에센의 하수문제가 해결된 것은 아니었다. 그라벤 거리를 지나는 하수도 외에 에센 시내의 다른 곳도 하수도와 연결되어야 했다. 그것은 자금 때문에 기대만큼 진행되지 못했다. 시내 전체에 하수도가 설치되는 것은 1885년의 일이다. 에센의 하수도 설치가 1866년 이후 거의 20년이나 걸릴 만큼 지지부진했던 이유는 1870년의 프로이센-프랑스 전쟁과 1873년에 시작된 경제위기 때문이다.[44] 그리고 하수시설 외에 시에서 추진해야 할 업무들이 많았다는 데서도 이유를 찾을 수 있을 것 같다. 1860년대와 1870년대에 에센 시는 용수시설의 확대를 비롯해, 가스시설 인수 및 확대, 병원과 구빈원 건립, 천연두 병동 설치, 묘지 조성, 철도 건설, 학교 건설 등, 시 재정으로부터 충당해야 하는 여러 일을 진행하고 있었다.[45] 그러므로 긴축재정 속에 하수시설을 확대해 가기는 쉽지 않았다.

하수시설을 확대하는 것도 시급했지만, 에센 시는 이보다 급히 해결해야 할 일이 있었다. 에센의 하수로 인한 인근 지역의 불만을 해결하는 일이 그것이었다.

에센의 하수는 베르네 천으로 흘러 알텐에센과 보벡(Borbeck)을 지나 하천 엠쉐어(Emscher)로 모여들어 갔다. 베르네 천으로 흐르는 하수는 특히 알텐에센 주민들에게 골칫거리였다. 크룹을 비롯한 공장들과 에센

43) Thomas Dupke, "Von der "Wasserkalamität" zur "Wasserbequemlichkeit"", p. 29.
44) Gunther Annen, "Anfänge der Essener Stadtentwässerung", pp. 113-114.
45) *Die Verwaltung der Stadt Essen im XIX. Jahrhundert*, pp. 56-57 참고.

주민들이 내보내는 오수와 배설물이 베르네 천을 따라 알텐에센으로 흘러가면서, 휩쓸려온 물질이 베르네 천 바닥에 여기저기 침전되었고, 천은 더러워져 악취가 났다. 알텐에센 위생위원회에 따르면 콜레라는 1866년과 1867년 모두 베르네 천 주변 주택들에서 창궐했고, 주변 우물들은 안전상 폐쇄되어야 했다. 알텐에센 위생위원회는 이러한 상황을 알리고 1872년 주민 건강을 위해 조치를 취했다. 그리하여 1873년 8월 상급 관청인 뒤셀도르프 주 정부에서 시찰을 나와 배출수로 인한 베르네 천의 오염을 확인했다. 알텐에센과 보벡 시장들은 베르네 천의 오염을 개탄하면서 주 정부가 나서 에센 시에게 조치를 취해주길 바랬다. 그에 따라 에센은 베르네 천과 연못들을 청소해야 했다. 1874년에는 천과 연못 청소 외에 에센 시는 더 이상 오수를 베르네 천으로 내보내지 말라는 조치를 받게 되었다.[46] 이런 조치에 따라 에센 시가 베르네 천을 청소하는데 든 비용만 1875~77년 6,402마르크였고, 1878~80년에는 9,399마르크, 1881~83년에는 10,486마르크에 달했다. 1869년 에센에서 거리 오물 수거에 쓴 비용이 6,921마르크, 용수시설의 1882년 순이익이 45,117마르크였다는 점을 감안하면 에센 시가 쓴 청소 비용은 결코 적지 않았다.[47]

하수를 둘러싸고 알텐에센과 갈등을 빚고 있는 동안 에센에서는 문제가 된 베르네 천을 개선하기 위해 계획을 세우고 있었다. 1875년 7월 에센 시 건축기술장 베커링(Beckering)은 '에센 아래쪽 베르네 천의 정화'에 관한 안을 내놓았다. 1879년 3월에는 베커링의 후임 코흐(Koch)가 '에센 시로부터 엠쉐어 천까지 오수 유도를 위한 하수 프로젝트'를 계획했다. 그러나 이 두 계획은 담당자들의 이직으로 진척을 보지 못했다. 그

46) Gunther Annen, "Anfänge der Essener Stadtentwässerung", pp. 114-116.

47) Thomas Rommelspacher, "Kehricht, Abfall, Abwasser und Fäkalien", p. 161 ; 한해정, 「19세기 독일의 도시환경과 하수시설」, p. 206.

후 새로운 계획은 신임 건축기술장 비베(Wiebe)가 맡았다. 비베가 새로 내놓은 정화시설 계획은 1883년 논의를 거쳐 1885년 4월까지 시설을 갖추기로 예정되었지만 이마저도 추진되지 못했다. 소위 로테-뢰크너(Rothe-Röckner) 방식이 보다 나은 방법으로 알려지면서 계획이 진행될 수 없었다.[48] 정화시설은 기술적으로 뒷받침 되어야 하는 시설이기 때문에 보다 좋은 방법이 나오면 어쩔 수 없이 수정할 수밖에 없었다. 1880년대 『독일 공중보건 계간지』에서도 여러 가지 정화방식이 소개될 정도로 당시 확실한 방법을 찾기란 어려웠다.[49] 결국 1886년 5월 시의회가 비교적 좋은 평가를 받던 로테-뢰크너 방식을 승인하여 이듬해 9월부터 이 정화시설이 가동되었다.

그 사이에 알텐에센 주민의 원성은 높아만 갔다. 알텐에센은 1882년 12월 지방법원에 에센 시 하수도로부터 베르네 천으로 흐르는 모든 물을 금지하는 소송을 냈다. 독기와 혼탁한 연무를 퍼지게 하는 하수는 베르네 천 주변에 사는 주민들에게 상당히 해로웠다. 베르네 천은 에센으로부터 흘러온 많은 양의 물을 받아들이고 내보낼 능력이 없어서, 천 주변이 때로 휩쓸려가거나 범람의 피해를 본다는 내용의 소송이었다. 이 소송에서 알텐에센은 승소했다. 에센 시의 항소가 있었지만, 도움은 되지 않고 오히려 커다란 시선을 끌었다. 엠쉐어 하천 주변 도시들도 소송을 준비했기 때문이다. 1884년에 에센 시는 하수로 인해 50건의 소송에 직면해 있었다.[50]

---

48) Gunther Annen, "Anfänge der Essener Stadtentwässerung", pp. 116-118, p. 122.

49) *Deutsche Vierteljahrschrift für öffentliche Gesundheitspflege*, Bd.18(1886), Bd.19, 1887, Bd.20, 1888 참고.

50) Gunther Annen, "Anfänge der Essener Stadtentwässerung", pp. 119-120 ; Thomas Rommelspacher, "Kehricht, Abfall, Abwasser und Fäkalien", p. 162.

알텐에센과의 갈등은 1887년 가동된 에센의 로테-뢰크너 정화시설로도 해소되지 않았다. 로테-뢰크너 정화방식은 제국보건청이 본보기로 제시할 만큼 다른 방식에 비해 좋다고 알려졌지만, 알텐에센 주민들의 불만을 가라앉히지 못했다. 알텐에센은 주 장관을 통해 에센 시에 청소를 다시 하도록 압력을 넣었다. 이에 에센 시는 항변했다. 에센 시 입장에서는 억울할 수 있을 것 같다. 왜냐하면 에센은 그동안 베르네 천의 개선을 위해 청소를 해왔고 여러 계획안도 내놓고 있었다. 그리고 값비싼 정화시설까지 설치해 가동시켰지만 효과가 없었기 때문이다. 게다가 베르네 천과 마찬가지로 에센 시 지역(Steele)에서도 하수정화가 필요했지만, 이에 대해선 주 정부가 무신경하게 대응했다. 그래서 1890년 8월 1일, 시의원들은 그때까지 자발적으로 해오던 베르네 천의 정화를 더 이상 진행하지 않고 예산도 중지시키겠다고 의결했다.[51)]

그럼에도 불구하고 상황이 에센에 유리하게 돌아가지는 않았다. 알텐에센의 상황은 1894년 7월에 홍수가 나자 절정에 달했다. 베르네 천의 물은 탁하고 진흙투성이이며 고약한 냄새가 났다. 천에서 나는 악취는 주민들에게 매우 나쁘고 혐오스러운 것으로 여겨졌다. 상태는 심해져 1895년 11월 진정에 따르면, 베르네 천에 정화되지 않은 배출물이 쌓여 우천 시 가옥을 덮치고 우물을 범람시키며 들판과 과수에 피해를 주는 등 말할 수 없을 정도였다. 이런 상황에서 베르네 천을 둘러싼 알텐에센과의 오랜 소송은 1897년에 최종적으로 에센 시의 하수배출 금지라는 판결로 끝났다.[52)]

하수배출에 대한 제제는 에센 시의 하수도 확대를 방해했다. 이미 에센

---

51) *Die Verwaltung der Stadt Essen im XIX. Jahrhundert*, p. 167.

52) Thomas Dupke, "Von der "Wasserkalamität" zur "Wasserbequemlichkeit"", pp. 30-31 ; Gunther Annen, "Anfänge der Essener Stadtentwässerung", p. 126.

에서는 1890년대 초부터 새로운 하수처리시설(Schwemmkanalisation)을 설치하기 시작했다. 이것은 1866년 이래 설치된 하수도가 도시 성장을 따라가지 못하자 나온 조치였다. 이에 맞춰 에센 시는 로테-뢰크너 정화시설보다 나은 정화 방법을 찾으려고 했다. 여러 방안이 나왔는데, 1897년 12월 승인된 베를린의 화학교수 프로스카우어(Proskauer)의 코크스 필터둑 방식은 미세한 오염입자를 남겨놓아, 둑 앞에 고인 물에서 심한 냄새가 났다. 베를린의 사례에 따라 농경지 하수관개도 제시되었지만, 문제를 해결하기에는 충분하지 않았다. 엔지니어와 관료, 연구원들로부터 다양한 의견이 나왔다. 그러나 어떠한 의견도 확실한 해결책을 제시하지 못했다.[53] 하수는 계속 증가하고, 하수배출은 제대로 이뤄지지 못하는 상황에서 정화방법을 찾지 못한 에센 시는 어떻게 해야 할 것인가!

하수문제는 한 곳의 하수를 처리한다고 끝날 문제가 아니었다. 에센 시의 하수는 베르네를 지나 하천 엠쉐어로 흘러갔는데, 이곳으로 모여든 하수는 에센의 것만이 아니었다. 이미 1880년대에 엠쉐어는 헬베크구역의 에센, 보훔, 도르트문트에서 버리는 하수로 오염되고 있다고 알려졌다. 오염은 양조장, 이스트공장, 도축장, 가스공장, 화학공장, 염료공장 등의 오수와 석탄물 때문이었다. 이러한 하수 유입으로 엠쉐어 천은 냄새가 나고 건강을 위협했으며 염분을 지닌 진흙이 침전되어 있었다.[54] 헬베크구역뿐 아니라 엠쉐어구역도 산업지대로 변모하면서 하천은 하수로 몸살을 앓았다. 19세기 말에 150개가 넘는 광산들, 100개 이상의 용광로와 강철 및 압연공장들이 내보내는 하수가 하천 엠쉐어로 흘러들고 있었다. 하구에 있는 제방은 기능을 하지 못했다.[55] 하수 문제는 베르네 천

53) Gunther Annen, "Anfänge der Essener Stadtentwässerung", pp. 145-147.

54) Thomas Dupke, "Von der "Wasserkalamität" zur "Wasserbequemlichkeit"", p. 31.

을 넘어 엠쉐어 하천을 하수 배출로로 이용하는 모든 곳의 문제가 되고 있었다. 에센 시를 비롯해 주변 도시들 단독으로는 문제를 해결할 수 없는 단계에 이른 것이다.

에센 시장 츠바이거트(E. Zweigert, 1886~1906년 재임)는 하수 문제를 에센과 베르네 천 주변지역에 국한하지 않고 엠쉐어 하천을 이용하는 모든 지역의 문제로 해결하고자 했다. 그는 여러 지자체가 참여하는 공동시설을 원했다. 1898년 8월 정부에 제시한 보고서에서 그는, 가장 좋은 해결책은 지자체들이 모두 참여하는 공동 정화시설이라고 언급한 바 있다. 에센 시장 외에도 세기 전환기 경에 이르면 초지역적으로 하수 문제를 풀어보려는 입장들이 등장한다. 1899년 가을, 아른스베르크(Arnsberg)의 주 정부 담당관 게르슈타인(Gerstein)은 엠쉐어 천 유역 하수화에 관한 회의에서 엠쉐어 전체 지역의 하수 문제 해결을 위해 결집할 것을 강조했다. 그 후 1899년 12월에는 베스트팔렌 주 장관 빈처(Winzer)가 도시들과 산업체가 함께하는 통일된 해결방안을 제시했다. 도시와 산업체들이 개별적으로 하는 조치로는 엠쉐어 하천의 폐해를 충분히 제거하지 못할 것이라는 인식이 여기에 자리하고 있었다. 이런 입장들은 에센 시장의 바람과 일치하는 것이었다. 그리고 그 기대는 이루어졌다. 도시들과 산업체, 관청들 간의 협상 끝에 에센에 본부를 둔 하수조합이 창설되었다. 1904년 7월 14일 공식적으로 출범한 엠쉐어 조합(Emscher-genossenschaft)이 그것이다. 초대 조합장은 에센 시장 츠바이거트였다.[56]

---

55) A. Heinrichsbauer, *Die Wasserwirtschaft im Rhein.-Westfälischen Industriegebiet*, Essen, 1936, pp. 36-37.

56) Ibid., p. 35 ; Gunther Annen, “Anfänge der Essener Stadtentwässerung”, pp. 149-150.

시와 군(Landkreis)을 조합원으로 둔 엠쉐어 조합의 과제는 하천 엠쉐어와 그 지류들을 관리하고, 여러 도시들의 하수를 처리하는 것이었다. 에센의 하수 정화도 엠쉐어 조합이 관할권을 갖고 관리했다. 그리하여 에센은 주변 지역들과의 공동의 이해 속에서 하수를 처리할 수 있게 되었다. 조합은 엠쉐어 천의 하수로화와 하천 정비를 실시했다. 습지를 제거하고, 엠쉐어 천과 지류들의 하수시스템을 만들었다. 또한 임호프(K. Imhoff)가 고안한 유기적인 방식의 정화시설을 설치하여 오수를 정화해 갔다.[57] 엠쉐어 천의 오래된 하구가 있던 곳에는 홍수를 대비해 제방이 세워졌다. 습지로 변해갔던 지역과 홍수 때 범람의 피해를 보았던 지역은 조합 활동 이후 수해로부터 점차 벗어날 수 있게 되었다. 그리고 습지는 녹지로 바뀌었다. 이렇게 엠쉐어 조합은 그동안의 폐해를 해결해가기 시작했다. 조합의 과제이행을 위해 필요한 비용은 하수를 내보내는 이해당사자(Beteiligte)들 즉, 산업체와 게마인데가 부담했다. 그 상당 부분이 광산과 철공장의 몫이었다.[58]

엠쉐어 조합은 하수를 처리하기 위해 결속한 목적연합이자 공익단체로서, 리페연합(Lipperverband)과 루어연합(Ruhrverband), 부퍼연합(Wupperverband)이 만들어지는 본보기가 되었다. 창립 당시 가입한 도시들을 포함해 현재 19개 지자체들이 속해 있는 엠쉐어 조합은 리페연합과 조직을 합쳐 독일에서 가장 큰 하수처리 조합으로 있다.

---

57) Thomas Dupke, "Von der "Wasserkalamität" zur "Wasserbequemlichkeit"", p. 33.

58) A. Heinrichsbauer, *Die Wasserwirtschaft im Rhein.-Westfälischen Industriegebiet*, p. 48 · 50 · 128 참고. 초기 부담금에 대해선 정확히 확인할 수 없으나, 1920년대와 1930년대 부담금의 약 70%가 광산과 철 및 강철 공장의 몫이었다는 사실을 보면 상당액을 산업체들이 제공했다고 추측할 수 있다.

4. 지역공동체 공동의 이익을 위하여

에센은 독일의 산업화 시기에 대도시로 성장한 대표적인 곳 가운데 하나이다. 이곳에서 도시화가 진행되면서 나타난 여러 가지 문제들은 시 행정에 새로운 과제를 안겨주었다. 무엇보다도 심각한 물 부족 문제는 주민과 산업체 간의 갈등요소로 자리하였고 이를 해결할 조처가 필요한 상황이었다. 더럽고 냄새나는 하수를 처리하는 문제 역시 에센 시의 당면 문제로 떠올랐다. 이 문제들이 어떻게 해결되었는지 지금까지 두 가지 측면에서 살펴보았다. 하나는 에센에서 물 부족으로 인한 도시 내 갈등을 완화해 보려는 시 행정의 모습이며, 다른 하나는 하수 문제를 둘러싸고 이웃 지자체와 갈등을 빚는 갈등의 주체로서 시 행정의 모습이다.

도시화 초창기에 물 부족 문제에 직면한 시 행정은 갈등의 원인을 해결하기 위해 조심스럽게 주도권을 잡아가는 모습이었다. 여기서 시 행정은 시의 안전, 그리고 주민과 산업체의 이익 모두를 고려하는 조정자로서 물 부족 문제를 다루었다. 이것은 전통적인 시 행정에서 벗어나 주민의 편의와 삶을 배려하는 급부행정의 길로 가는 모습이기도 했다. 한편, 하수 때문에 인근 알텐에센으로부터 불만을 사던 에센 시는 다양한 방법을 동원해 갈등을 완화하려는 모습을 보여주었다. 이 과정에서 에센 시는 관할 지역에 국한된 것이 아닌, 주변 지자체들까지 포함하는 공동의 이익을 위해 하수 문제를 해결할 수밖에 없다는 인식을 하게 되었다. 엠쉐어 조합은 그러한 인식들이 모여 나온 결과였다.

도시의 삶 속에서 물과 하수 문제는 개인이 처리할 수 없다. 개인은 단지 사회 안에서 그것에 맞게 물을 얻고 하수를 내보내는 사회적 권리를 누릴 뿐이다. 19세기 중반부터 20세기 초까지 물 부족과 하수 처리를 둘러싼 갈등에서 독일의 에센 시는 이 문제들이 개인의 문제가 아닌 에센 시의 문제이며, 나아가 함께 자연환경을 공유하는 지역의 문제임을 알게 되었다. 바로 이러한 인식의 변화 속에서 도시의 사회 문제와 갈등은 점차 사라질 수 있었고, 주민들은 과거보다 안락한 삶을 누릴 수 있게 되었다. 개인의 문제로 내버려졌던 문제들을 한 도시 안에서, 나아가 지역공동체라는 커다란 울타리 안에서 풀어가는 독일 자치도시의 모습은 오늘날 우리의 지방자치에 좋은 거울이 된다.

참고문헌

〈신문과 보고서〉

Essener Zeitung, 25. 9. 1863.

Essener Zeitung, 5. 2. 1865.

Beitruage zur Statistik der Stadt Essen No. 2. (Die Wohnungsverhältnisse in der Stadt Essen), Essen, 1900.

Bericht der Commission für die Herstellung einer Wasserleitung für die Stadt Essen, 1863.

Ueber die Anlage einer Wasserleitung für die Stadt Essen, 1860.

Die Verwaltung der Stadt Essen im XIX. Jahrhundert Bd. I, Essen, 1902.

〈연구서와 논문〉

한해정, 『19세기 후반 독일 루르지역(Ruhrgebeit) 산업도시의 지역자치(Kommunalpolitik)』, 고려대학교 박사학위논문, 2003. 2.

한해정, 「용수 및 가스공급을 통해 본 19세기 후반 독일 루르지역(Ruhrgebiet) 도시의 지역자치-에센(Essen)과 도르트문트(Dortmund) 사례」, 『서양사론』 79호, 2003.

한해정, 「19세기 독일의 도시환경과 하수시설-에센(Essen) 시를 중심으로」, 『서양사론』 100호, 2009.

Agar, J. G., “Die Stadt als Eigentünerin und Unternehmerin”, *Städte-Zeitung. Zeitschrift für Kommunaltechnik I*, no.3, 4. November 1903.

Annen, Gunther, “Anfänge der Essener Stadtentwässerung”, *Essener Beiträge*, Bd. 113, 2001.

Cohn, Gustav, "Municipal Socialism", *The Economic Journal*, vol. 20, 1910.

Engeli, C. & Haus, W. (Hg.), *Quellen zum modernen Gemeindeverfassungsrecht in Deutschland*, Stuttgart, 1975.

Ebert, O. & Ehlert, H., *125 Jahre Stadtwerke Essen. Unternehmensgeschichte im Überblick*, Essen, 1992.

Eyll, K. von, "Aspekte der Industrialisierung des Ruhrgebiets im 19. Jahrhundert", K. Düwell & W. Köllmann (Hg.), *Rheinland-Westfalen im Industrie-zeitalter*, Wuppertal, 1983.

Dupke, Thomas, "Von der "Wasserkalamität" zur "Wasserbequemlichkeit", K. Wisotzky & M. Zimmermann (Hg.), *Selbstverständlichkeiten*, Essen, 1997.

Frank, W. H., "Ein Rückblick auf 100 Jahre Wasserversorgung für Dortmund", *Berichte aus der Dortmunder Stadtwerke AG*, Nr. 113, 1972.

Gröttrup, Hendrik, *Die kommunale Leistungsverwaltung*, Stuttgart, 1973.

Heinrichsbauer, A., *Die Wasserwirtschaft im Rhein.-Westfälischen Industriegebiet*, Essen, 1936.

Köllmann, Wolfgang, "The Process of Urbanization in Germany at the Height of the Industrialization Period", *The Journal of Contemporary History*, vol. 4, no. 3, 1969.

Krabbe, Wolfgang R., "Die Entfaltung der modernen Leistungsverwaltung in den deutschen Städten des späten 19. Jahrhunderts", H. J. Teuteberg (Hg.), *Urbanisierung im 19. und 20. Jahrhundert*, Köln, 1983.

Ladd, Brian, *Urban Planning and Civic Order in Germany 1860-1914*, Harvard Univ. Press, 1990.

Matzerath, Horst, ""Kommunale Leistungsverwaltung". Zu Bedeutung und politischer Funktion des Begriffs im 19. und 20. Jahrhundert", H. H. Blotevogel (Hg.), *Kommunale Leistungsverwaltung und Stadtenwicklung vom Vormätz bis zur Weimarer Republik*, Köln, 1990.

McCreary, E. C., *Essen 1860-1814 : A Case Study of the Impact of Industrialization on German Community Life*, Yale Univ., 1963.

Mohaupt, Helga, *Kleine Geschichte Essens*, Essen, 1993.

Rodenstein, Marianne, *Mehr Licht mehr Luft. Gesundheitskonzepte im Städtebau seit 1750*, Frankfurt, 1988.

Rommelspacher, Thomas, "Kehricht, Abfall, Abwasser und Fäkalien. Die Regulierung der Stadthygiene in Essen 1850-1920", K. Wisotzky & M. Zimmermann (Hg.), *Selbstverständlichkeiten*, Essen, 1997.

Silbergleit, Heinrich (Hg.), *Preussens Städte -Denkschrift zum 100 Jahrigen Jubiläum der Städteordnung vom 19. November 1808*, Berlin, 1908.

Simon, John von, "Water Supply and Sewerage in Berlin, London and Paris : Developments in the 19th Century", H. J. Teuteberg (Hg.), *Urbanisierung im 19. und 20. Jahrhundert*, Köln, 1983.

Tawney, R. H., "Municipal Enterprise in Germany", *Economic Review*, 20, 1910.

Wohlfahrtseinrichtungen der Gussstahlfabrik von Fried. Krupp zu Essen a.d. Ruhr Bd. I, Essen, 1902.

Wuttke, R. (Hg.), *Die deutschen Städte I. Geschildert nach den Ergebnissen der ersten deutschen Städteausstellung zu Dresden 1903*, Leipzig, 1904.

7장

파리 성곽부지 활용 갈등과 도시 공공개발

| 민유기 |

1. 파리 마지막 성곽의 탄생과 해체

파리를 처음 방문하는 사람들은 세계적 대도시로서 명성에 걸맞지 않게 아담한 규모와 인구수에 의아해한다. 파리의 면적은 시 경계에 접해 있는 동쪽의 뱅센 숲(Bois de Vincennes)과 서쪽의 불로뉴 숲(Bois de Boulogne)을 포함하여 105km²이며 2010년 1월 인구는 약 221만 명이다.[1] 즉, 605km²의 땅에 약 1천만이 모여 사는 서울과 비교하면 면적은 1/6, 인구는 1/5 정도이다. 유럽의 다른 대도시와 견주어도 파리의 면적과 인구는 작은 편이다. 런던광역시(Greater London)의 면적은 1,577km², 인구는 약 760만 명이며 베를린은 891km²에 약 340만 명이 살고 있다. 1958년에 시작되어 1973년까지 점차적으로 건설된 총 길이

1) *Journal officiel*, le 2 janvier 2010. 파리 20개 구별 인구 변화 통계가 실려 있다.

35km인 파리 외부고속순환도로는 인접한 교외 소도시들과 파리를 확연하게 구분 지어주는 경계이다. 외부고속순환도로에서 시내 쪽으로는 각종 공원, 스포츠 경기장과 사회주택 단지들이 늘어서 있다. 이 원형의 경계는 유럽의 다른 대도시들이 최초의 도심부에서 동서남북으로 들쭉날쭉하게 팽창한 것에 비해 파리가 원형을 유지하면서 무분별하게 팽창하지 않은 이유이기도 하다.

현재의 파리 외부고속순환도로는 1840년대에 건설되어 1920년대에 해체된 파리 성곽 부지의 가장 바깥쪽이다. 1830년 7월 혁명을 통해 세워진 자유주의 입헌왕국인 7월 왕국에서 수상을 지낸 아돌프 티에르(Adolphe Thiers)의 주도로 1841년에서 1844년까지 건설된 파리 성곽부지는 총 길이 33km의 성벽과 성벽 바깥쪽 250m의 건축물이 들어설 수 없는 구획된 공터로 구성되었다. 7월 왕국에서 파리를 방어하기 위해 시 외곽에 성곽을 축성하자는 주장이 등장한 것은 1814년에 나폴레옹 체제를 무너뜨린 반프랑스 유럽연합군의 파리 입성처럼 외국 군대의 손쉬운 파리 진입을 방지하자는 목적을 지녔다. 물론 입헌왕국에 비판적이었던 공화파들은 군사 용도의 원형 성곽 중간 중간에 주둔할 군대가 향후 있을지도 모른 혁명적 운동을 빠르게 진압할 수 있다는 우려 속에 성곽 축성 계획에 반대의사를 표명하기도 했다.[2] 하지만 이런 반대는 소수의 목소리로 파묻혔고 산업혁명의 여파로 일자리를 잃어가던 수공업 장인들과 지방에서 상경한 석공들을 동원한 대대적인 성곽 축조가 4년에 걸쳐 이루어졌다.[3] 이 성곽은 건설될 당시 파리 시 경계에서 10km 정도 떨어진

2) Jean-Louis Cohen, André Lortie, *Des Fortifs au Perif : Paris, Les Seuils de la ville*, Paris : Picard, 1991, p. 120.

3) Patricia O'Brien, "L'Embastillement de Paris : The Fortification of Paris during the July Monarchy", *French Historical Studies*, vol.9, n.1, 1975, pp. 63-82.

곳에 있었으나 제2제국 시기 오스만의 파리 정비 과정에서 파리가 주변 소읍들을 흡수해 면적이 확대된 1860년부터 새로운 시 경계로 기능했다.

파리는 19세기 중반 산업과 상업의 비약적 성장으로 인구가 꾸준히 증가했고, 이는 당연히 좁은 면적의 파리에 주택난을 야기했다. 특히, 19세기 말과 20세기 초에 파리 외곽 구들에서 주거난이 심각하였다. 이는 오스만화(Haussmannisation)라 불리는 1850~60년대 파리의 근대적 도시 정비 과정을 통해 도심의 노동자 밀집 거주지역이 철거된 자리에 부유층을 위한 고급주택이나 고급상점들이 들어서면서 가난한 노동인구가 파리의 외곽 구들로 내몰렸기 때문이다.

1880년대 초에 서민주택의 집세 폭등으로 주택위기가 발생하자 파리 시의회에서 급진공화파와 시정사회주의자들이 주거난 해소를 위한 각종 방안을 제안하였고, 성곽부지의 구획된 공터에 노동자들을 위한 주택단지를 건설하자는 의견도 처음으로 제기되었다. 이후에도 1894년부터 시작된 사회주택 정책의 실행 과정에서 이런 의견이 꾸준히 표출되었다. 1900년대 들어서는 군사용도인 성곽부지 전체를 녹지대로 전환해야 한다는 의견이 도시환경 문제에 관심을 기울인 부르주아 사회개혁가들과 환경주의자들을 중심으로 등장했다. 시정사회주의자들과 환경운동 진영은 사회문제와 도시계획에 대한 서로의 강조점이 달라 갈등을 빚기도 했으나, 성곽을 허물고 공유지인 성곽부지를 공공의 목적을 위해 사용해야 한다는 공통된 인식을 지니고 있었다.

1914년부터 1918년까지 제1차 세계대전을 겪으며 도시를 성곽으로 방어한다는 것은 시대착오적인 생각이 되었고, 도시 경계에 군사용 시설이 존재하지 않아도 된다는 인식이 광범위하게 확산되었다. 이에 따라 19세기 말부터 시작된 파리의 성곽 해체와 부지 활용 논의가 최종 결론에 도달하게 되었고 1919년부터 1929년까지 성곽이 해체되었다. 성곽 해체의 논의 과정에서 민간 건설업자와 성벽 가까운 곳에 땅과 건물을 소유한 부동산 소유자들은 해체된 성곽과 그 주변 공유지가 민간에게 불하되어 상업적으로 개발되기를 희망했다. 하지만 부지 대부분은 사회주택 단지와 공원 및 스포츠 경기장 건설 용도로 사용되었다. 이 같은 공공 성격이 강한 공간 정비는 파리의 주택난 해결을 위해 노력한 사회주의자들과 도시환경 개선을 위해 녹지 공간 확보를 요구한 환경주의자들이 투기성 도시정비와 재개발을 방지하기 위해 서로 협력한 결과이다.[4)]

파리 성곽 철거 문제는 그간 여러 연구자들의 관심의 대상이었기에 제법 많은 선행연구들이 존재한다. 1830년대 성곽 건설 논의부터 1990년대 현재의 상황까지를 개괄적으로 다룬 연구서가 대표적이다.[5)] 하지만 이 연구서는 연구 시기가 너무 길어서 시대별로 성곽과 그 부지의 공간 활용의 변화에 대한 일반적인 서술에 머무르고 있다. 시기를 압축한 보다 전문적인 연구로는 마리 사르베(Marie Charvet)의 1999년 박사학위 논문이 있다. 2005년에 출판된 이 연구는 성곽 해체 논의가 시작된 1880년대부터 해체가 시작된 1919년까지를 다루면서 위생주의자들의 활동이 파리 성곽부지에 대한 근대적 도시계획의 구현을 가능하게 했음을 강조한다.[6)] 이 연구는 성곽 해체에 대한 다양한 주장들 가운데 위생주의자들의

4) 사회주택 정책의 탄생에는 급진공화파의 기여가 컸고 사회주의자들은 이들을 비판적으로 지지하면서 사회주택 정책에 보다 공공적이고 사회주의적인 지향성을 부가하기 위해 노력했다. 성곽 해체와 그 부지 활용 논의에서 사회주의자들의 활동이 급진공화파의 활동보다 중요했기에 이 글에서 급진공화파는 다루지 않는다.

5) Jean-Louis Cohen, André Lortie, *Des Fortifs au Perif*, 1991.

6) Marie Charvet, *De l'hygiénisme à l'urbanisme : la question des fortifications de Paris de 1880 à 1919*, Thèse de EHESS, 1999. 이 박사논문의 일부는 1994년에 학술지에 소논문으로 발표된 바 있다. Marie Charvet, "La question des fortifications de Paris dans les années 1900", *Genèses*, n.16, juin 1994, pp. 23-44. 단행본으로는 2005년에 출판되었다. Marie Charvet, *Les fortifications de Paris : de l'hygiénisme à l'urbanisme, 1880-*

도시 공공위생 강화 논리를 강조하면서 우리가 이 글에서 주목한 환경운동 진영과 사회주의자들의 활동에 대해 중요한 의미를 부여하지 못하고 있다. 또한, 성곽이 해체된 이후 양차 세계대전 사이 동안 성곽부지가 어떻게 정비되고 활용되었는가에 대해 다루지 못하고 있다. 성곽부지에 건설된 공원, 대학 기숙사촌, 스포츠 경기장, 박람회 전시관 등은 각각의 주제에 대한 여러 연구들에서 조금씩 다루어졌으나 공공 성격의 공간 활용이 가능했던 역사적 맥락에 대해서는 분석이 미비하다.[7] 우리 학계에 파리의 성곽부지 문제는 1916년에 설립된 파리 도시학연구소의 인문학 전통과 사회적 기능을 분석한 논문에서 간략히 소개된 것이 전부이다.[8]

이 글에서는 선행연구들과 함께 파리 시의회의 보고서나 회의록, 환경운동 진영과 사회개혁가들의 간행물, 언론 보도 등의 1차 사료를 추가로 검토하면서 파리 성곽부지가 투기성 개발이 아니라 공공 용도로 정비된 것을 사회주의자들과 환경주의자들 간의 협력의 성과로 분석하고자 한다. 이를 위해 성곽과 그 부지 문제에 대한 사회주의자들과 환경주의자들의 입장이 어떻게 상이했고 어떤 공통분모를 지녔는지를 살펴본 후, 성곽 해체 이후 공간이 어떻게 정비되고 활용되었는가를 고찰할 것이다.[9]

1919, Rennes : Presses Universitaires de Rennes, 2005.

7) 예들 들어 André Lortie, Pierre Schall ed., *Parcs et promenades de Paris*, Paris : Editions du Demi-Cercle, Pavillon de l'Arsenal, 1989. Bertrand Lemoine, *La Cité Internationale Universitaire de Paris*, Paris : Editions Hervas, 1990.

8) 민유기, 「파리 도시학연구소의 인문학 전통과 사회적 기능」, 『인천학연구』, 12호, 2010, 1-39쪽. 이 논문은 1916년에 설립되어 오늘날까지 존재하는 파리도시학연구소(Institut d'Urbanisme de Paris)에 초점을 맞추고 있는데 이 연구소의 탄생 배경으로 성곽의 해체 논의와 해체 이후 부지 활용이라는 거대한 공간 정비를 둘러싼 사회적 논의의 확대를 언급하고 있다. 한편 프랑스의 도시지리학자 고댕은 성곽 해체와 부지활용 문제가 도시계획에 대한 정책과 기술발전에 중요한 역할을 했음을 강조한 바 있다. Jean Pierre Gaudin, *L'Avenir en plan. Technique et politique de la planification urbaine 1900-1930*, Seyssel : Champ Vallon, 1985, pp. 31-36.

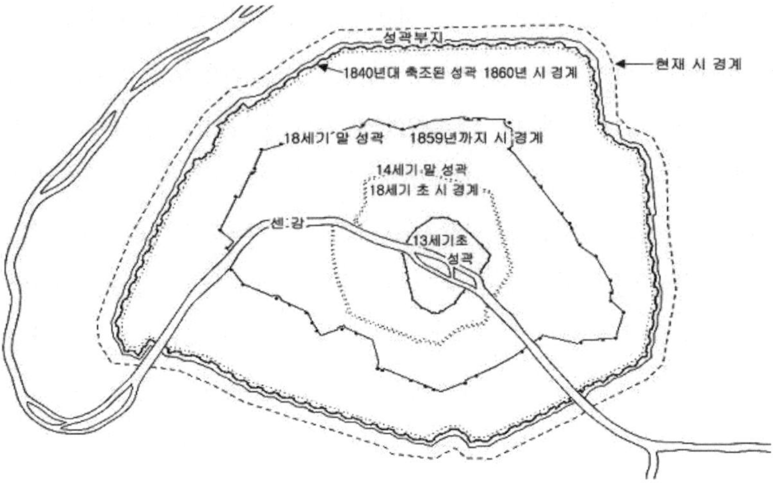

〈지도 1〉 파리의 확장과 성곽

2. 시정사회주의자들의 주거난 해소 노력

도심에서 약 10km 떨어진 외곽을 원으로 감싸는 성곽은 축조 당시에는 파리 시민의 일상적인 생활과 직접적인 이해관계가 없는 군사적 시설이었을 뿐이다. 하지만 1853년에 제2제정의 황제 나폴레옹 3세에 의해 센(Seine) 지사로 임명된 오스만(E. Haussmann)이 1870년 초 지사직을 사퇴하기까지 수행한 파리 도시정비 사업을 통해, 성곽은 파리 시민들의 삶과 직접적으로 관련을 맺게 된다. 오스만은 도심의 교통망을 확대 정

9) 성곽과 부속 부지 활용에 대해서는 이 글에서 다룰 사회주의자들과 환경주의자들 뿐 아니라 도시 계획가들도 다양한 의견을 피력했다. 하지만 도시 계획가들은 사회주의자나 환경주의자들처럼 공공의 목적을 위한 공간 활용의 방향성 제시보다는 기술적 측면에서 구체적인 공간 정비 논의에 주로 참여하였다. 따라서 이 글에서는 도시 계획가들의 입장은 다루지 않을 것이다.

비했고, 상하수도망과 녹지공간을 확대시켰으며, 공공건물들을 대거 신설했다. 오스만화는 부르주아의 도시 하층민에 대한 이중적 두려움, 즉 비좁고 불결한 도심의 노동자와 빈민 밀집 거주지에서의 전염병 발병에 대한 공포, 그리고 도시 하층민의 바리게이트 폭동에 대한 공포라는 이중 공포의 산물이었다.[10)]

오스만화는 도심의 하층민 밀집 주거지를 파괴하였고, 철거된 도심에 거주하던 하층민은 도심의 지가와 집세 상승을 견디지 못해 1860년에 새로 파리에 편입된 외곽 구들 가운데 부르주아 구였던 16구와 17구를 제외한 12, 13, 14, 15, 18, 19, 20구들로 내몰렸다. 문제는 이들 파리 하층민 밀집 구들에서도 주택을 구하지 못했던 도시빈민들이었다. 이들은 19세기 후반부에 공터인 성곽부지에 들어선 무허가 판자촌에 거주하였다. 성곽부지는 성벽 바깥의 토지로 군사용으로 사용하기 위해 구획된 공터, 즉 '건축금지 부지(zone non-aedificandi)' 였는데, 넝마나 널빤지, 종이 등으로 지어진 판자촌은 건축물이 아니었기 때문에 도시빈민들이 법을 어긴 것은 아니었다. 성곽부지를 관리한 군 당국은 이따금 철거를 진행하기도 했지만, 판자촌의 규모가 광범위해 전면적인 철거는 불가능했고, 성곽부지의 판자촌은 파리에서 배제된 이들의 마지막 거주지로 일종의 사회적 관용의 대상으로 묵인되었다.[11)]

---

10) 민유기, 『도시이론과 프랑스 도시사 연구』, 서울 : 심산출판사, 2007, 201-210쪽. 1832년과 1849년 파리에서 발생한 콜레라는 약 1만 8천 명과 1만 6천 명의 사망자를 낳았다. Alfred Fierro, *Histoire et dictionnaire de Paris*, Paris : Robert Laffont, 1996, p.774. 위생주의자들과 경찰의 당대 보고서들을 보면 최초의 전염병 발생 지역은 도시 하층민의 밀집 주거지였다. 혁명기 상퀼로트들의 전통을 계승한 파리 도심과 도심 동쪽 빈민지역은 1830년과 1848년 혁명 당시 수천 개의 바리게이트가 설치된 지역이었다.

11) 1912년 성곽부지에는 1만 2천여 개의 다양한 유사 건조물이 존재했는데, 이 중 절반 이상인 6천 8백여 개가 판자나 종이, 헝겊 등으로 지어진 것이었다. 그 밖에 1천 1백여

성곽부지에 대한 활용 방안은 주택위기를 해결하기 위한 논의들이 본격적으로 시작된 1880년대 초 파리 시의회에서 처음으로 제기되었다. 파리에서는 1882년에 서민주택의 집세가 폭등하면서 주택위기가 발생했다.[12] 이에 1882년 시의회에 서민주택 건설을 촉진하는 다양한 제안과 계획안이 제출되었고, 이들 가운데 하나였던 이브 기요(Yvs Guyot)의 제안서가 파리의 성곽을 해체하고 그 터에 서민용 주택을 건설할 것을 주장하였다. 이 제안서는 정부에 성곽 해체를 요구하고 성곽 부지 소유권을 군에서 시로 이양하도록 하는 방법을 연구할 위원회를 시의회 내에 조직할 것을 주요 내용으로 한다.[13] 기요는 급진공화파 시의원이었다. 급진공화파는 중간층의 확대와 이들의 안정적 삶이 사회적 평화와 공화국 체제의 안정에 필수적이라 생각했기에 서민 주택문제에 큰 관심을 기울였다.[14] 하지만 파리 시의회에서 급진공화파보다 적극적으로 서민주택 문제에 관심을 기울인 이들은 시정사회주의자들이었다.

개는 임시 건물, 1천여 채의 소규모 단독주택, 1천여 채의 소규모 상업 및 공업시설 등이 존재했다. Conseil municipal de la Ville de Paris(CMP), Rapports et documents n.130, l'anneé 1912. Louis Dausset, Rapport au nom de la 1er Commission et de la Commission mixte des fortifications, sur le déclassement total de l'enceinte fortifiée, l'annexion de la zone militaire, et sur le projet de convention entre la ville de Paris et l'Etat, 1912, p. 25.

12) 경찰 보고서에 따르면 1881년에서 1882년 1년 사이 파리의 빈곤한 구들의 서민주택 집세가 25%에서 35%까지 상승했다. Archives de la Préfecture de police de Paris, Ba 486. Rapports de police du quartier de Belleville, Santé, Plaisance, juin 1882.

13) CMP, Rapports et documents n.78, l'anneé 1882. Proposition relative à la suppression du mur d'enceinte de Paris. Proposition de M. Yves Guyot tendant à la nomination d'une commission, à l'effet d'obtenir du gouvernement la désaffectation du mur d'enceinte, la cession à la ville de Paris des terrains qui en dépendent et la suppression de la zone militaire, 1882.

14) 민유기, 『도시이론과 프랑스 도시사 연구』, 131-132쪽.

시정사회주의란 1880년대에 시의회에 적극적으로 진출하여 공공적 사회적 성격의 시정 활동을 통해 도시민의 일상생활에 사회주의적 요소를 점진적으로 확립해가면서 미래의 사회혁명을 준비하고자 했던 온건한 개혁적 사회주의자들을 의미한다. 이들은 마르크스주의에 입각해 계급투쟁과 혁명을 강조했던 쥘 게드(Jues Guesde) 및 그가 1882년에 조직한 노동당(Parti Ouvrier)과 치열한 사상 논쟁을 벌이는 과정에서 게드주의자들로부터 '가능주의자(possibiliste)'라고 불리게 되었다. 가능주의자란 용어는 1881년 12월에 코뮈나르였던 기계공 쥘 조프랭(Jules Joffrin)이 파리 18구의 하원의원 보궐선거에 출마하면서 촉발된 논쟁에서 비롯되었다. 시정사회주의자 폴 브루스(Paul Brousse)는 1881년 11월에 신문 『르 프롤레테르(*Le Prolétaire*)』를 통해 마르크스주의자들이 추구한 "모든 것을 동시에" 실현하려는 혁명 노선이 이상적이어서 현실에 "아무것도" 가져다주지 않는다며 사회주의자들의 요구들 가운데 "몇 가지를 궁극적으로 가능하게(possibles) 하기 위해", "어떠한 방법으로든 즉각적인 실천을 통해" 사회주의와 혁명의 이상을 구현해가자고 호소했다.[15] 이에 대해 게드는 12월에 신문 『레갈리테(*L'Egalité*)』를 통해 시정사회주의자들이 "선거 승리의 구실 아래" 혁명적 사회주의의 이상에서 후퇴하며 개혁에만 집중한다고 비판했다.[16]

19세기 말에 마르크스주의를 수용한 노동당은 노동자들이 많았던 프랑스의 대규모 산업지대인 북부에서 왕성하게 세를 확장하고 있었고, 가능주의자들은 중간 규모의 산업체가 많았고 수공업 장인 전통이 강했던 파리 지역과 농업지대인 서부에서 영향력을 발휘하고 있었다. 가능주의자

15) *Le Prolétaire*, le 19 novembre 1881.

16) *L'Egalité*, le 11 décembre 1881.

들은 "점진적인 공공 서비스를 조직하여 사회주의 체제를 준비해가는 것에, 즉 먼 미래의 혁명보다 지금 당장의 개혁에 더 큰 관심을" 기울였다.[17] 가능주의자들은 "비타협적 사회주의와 혁명적 언술주의(verbalisme révolutionnaire)에 반대하면서 온건한 사회주의를 대변했던, 근본적으로는 개혁주의자들이고 실천적으로는 점진주의자들"이었다.[18]

가능주의자들이라 불린 시정사회주의자들이 혁명의 대의와 이상을 포기한 것은 아니었다. 그들은 게드주의자들처럼 집산주의(collectivisme) 원칙과 계급투쟁에 의한 혁명의 가능성을 포기하지 않았기에 집산주의와 혁명을 거부한 부르주아 사회개혁가들과는 근본적으로 구분되었다. 다만, 그들은 현실에서 고통을 받는 민중의 삶을 보호하고 개선하기 위한 공공 서비스를 확대하고 운영해가면서 사회주의가 어떻게 구체적인 삶의 방식을 변화시켜나가는지를 민중들에게 각인시키고, 전면적 계급투쟁과 혁명의 조건이 마련된 순간에 도래할 사회혁명 이후 사회의 전면적 재구성을 준비할 경험을 쌓겠다는 계획을 지니고 있었다. 시정사회주의자들이 보기에 민중의 삶에 가장 가까운 영역이자 사회주의적 공공 서비스를 발전시켜 나갈 영역은 바로 도시정치였다.

시정사회주의의 이론적 논리적 기반은 1871년 파리코뮌 이후 스위스에서 망명생활을 하던 브루스가 1880년 7월 코뮌 가담자에 대한 사면령 직후 귀국하여 1883년에 출간한 소책자 『집단소유와 공공 서비스(La propriété collective et les services publics)』에서 마련되었다. 브루스는 "공공 서비스가 개별적 인간 노동의 최종 도달 단계"라고 주장하며 경제 영역 전반에 걸친 공적 관리의 필요성과 생산수단의 집단소유라는

17) Sylvain Humbert, *Les Possibilistes*, Paris : Marcel Rivière, 1911, p. 16.
18) *Ibid.*, p. 15.

개념을 강조하였다.[19] 즉, 그는 혁명적이건 온건하건 사회주의자들의 원칙이었던 집산주의를 다시 확인하면서도, 보다 현실적이고 즉각적으로 실현할 수 있는 것으로 주택을 비롯해 민중의 일상생활을 개선할 영역을 도시의 공공 서비스로 조직해야 한다고 역설했다.[20]

시정사회주의자들이 파리 시의회에 진출한 것은 1882년이었는데, 1년 전 18구의 하원 보궐선거에서 낙선했던 조프랭이 시의원 보궐선거에 출마해 20구에서 당선되었다. 1884년 지방선거에서는 조프랭, 샤베르(Charles Chabert), 1887년 지방선거에서는 이들 2명과 브루스를 포함한 9명이 당선되었다. 이들은 주로 18, 19, 20구 등 파리의 가장 빈곤한 구들에서 시의원에 선출되었다. 조프랭은 1882년에 시의회에서 시유지에 노동자들을 위한 주택 건설을 촉진할 방안을 검토하라고 시 당국에 요구하였다.[21] 성곽부지를 활용해 서민주택을 건설하자는 구상은 브루스에 의해 본격적으로 제시되었다. 성곽부지 논의는 앞에서 언급한 급진공화파 시의원 기요의 제안으로 1882년에 시작되었으나 1882년을 지나며 주택위기가 점차 완화되자 80년대 중반부터 논의가 사실상 중단된 상태였다. 성곽부지 활용 논의는 1887년에 시의원에 선출된 브루스의 제안이 수용되어 1888년에 성곽부지 활용 문제를 논의할 새로운 위원회가 조직되면서 재개되었다. 브루스는 1890년부터 1906년까지 파리 성곽 위원회의 위원장을 역임했다. 위원회 활동을 주도한 브루스는 성곽을 해체하고 그 부지에 사회주택을 건설할 것, 국가로부터 성곽부지의 소유권을 시가 양

19) Paul Brousse, *La propriété collective et les services publics*, Paris : Prolétaire, 1883, Edition 1910, p. 27.

20) *Ibid.*, p. 42.

21) CMP, Procès-verbaux, séance du 2 août 1882. Lucien Lambeau, *Ville de Paris, Monographies municipales, Les logements à bon marché*, Paris : Imp. Municipale, 1897, p. VIII, pp. 10-13.

도반을 것 등을 요구하는 보고서들을 수차례 시의회에 제출하였다.[22)]

1880년대 시정사회주의자들을 비판하던 마르크스주의적 노동당의 사회주의자들도 1890년대 들어서는 도시정치의 중요성을 인식하여 적극적으로 지방선거에 나섰고, 1896년 5월 지방선거에서 주요한 공업 도시 곳곳에서 시정을 장악하였다. 또한 브루스, 게드를 비롯한 다양한 사회주의자들이 장 조레스(Jean Jaurès) 주도로 1905년에 탄생한 통합사회당(SFIO)에 합류하였는데, 통합사회당은 혁명노선을 추구하면서도 시정활동에 적극적이었다.[23)] 따라서 1880년대 사회주의자들의 혁명과 개혁 논쟁에서 유래된 가능주의자란 용어는 1890년대부터는 더 이상 사용되지 않았고, 시정사회주의라는 용어는 20세기 초에 도시정치에 관심을 뒀던 사회주의자 전반을 지칭하는 보다 넓은 의미로 사용되기 시작했다.

프랑스에서는 1894년 11월 법에 따라 사회주택 정책이 시작되었으나 10여 년이 지나도록 대규모 사회주택의 건설은 이루어지지 않았다. 사회

22) CMP, Rapports et documents n.22, l'anneé 1893. Paul Brousse, Rapport au nom de la commission spéciale, sur la suppression du mur d'enceinte de Paris, 1893 ; Rapports et documents n.134, l'anneé 1900. Paul Brousse, Communication de la Commission chargée de négocier avec l'Etat pour l'aliénation des terrains rendus libres par la suppression des fortifications, Convention, mémoire préfectoral et lettre du ministre des Finances, 1900 ; Rapports et documents n.1, l'anneé 1902. Paul Brousse, Adolphe Chérioux, Rapport au nom de la Commission des fortifications et de la 3e Commission, sur un projet d'entente entre la Ville et l'Etat à propos du lotissement des terrains occupés par une partie du mur d'enceinte, 1902 ; Rapports et documents n.4, l'anneé 1905. Paul Brousse, Note, Analyse des propositions, rapports, projets de loi, débats, concernant la désaffectation du mur d'enceinte, 1905.

23) 마르크스주의적 게드주의자들의 점차적인 시정사회주의 활동의 중요성 인정에 대해서는 다음을 참고하라. Rémi Lefebvre, "Les socialistes, la question communale et l'institution municipale : Le cas de Roubaix à la fin du XIXe siècle", *Cahier Jaurès*, n.177-178, 2005.

주택 건설을 촉진하기 위한 법률은 1906년, 1908년에 보완되었고, 1912년 법에 따라 그때까지 허용되지 않았던 시 당국의 직접적인 사회주택 건설이 가능해졌다.[24] 사회주택은 법률에 따라 수익성이 제한되면서도 위생설비와 건축 관련 법령들이 요구하는 각종 규정들을 지켜야 했기에 지가가 비싼 곳에서는 건설이 어려웠다. 따라서 사회주의자들은 공유지였던 성곽부지에 대규모 사회주택을 건설하기를 희망했다. 1912년 법에 따라 파리 시의회는 1914년 1월에 사회주택 공공사무소(Office public d'Habitations à bon marché)를 탄생시켰다. 이 사무소의 초대 소장은 급진공화파 상원의원이 맡았으나 부소장은 사회주의자 시의원 프레데릭 브뤼네(Frederic Brunet)가,[25] 1916년부터 1924년까지는 사회주의자 앙리 셀리에(Henri Sellier)가 소장을 맡아 성곽부지에 사회주택이 건설되는 데 크게 기여하였다.[26]

3. 녹지정비 혹은 사회주택 건설 : 갈등에서 타협으로

1900년대에는 성곽을 해체한 후 부지를 녹지공간으로 보존해야 한다는 주장이 사회개혁적 위생주의자들과 환경운동 진영에서 강하게 제기되었다. 이런 주장은 19세기 중반 영국에서 시작된 '정원도시(Garden City)' 운동이나 '열린공간(Open Space)' 운동의 영향을 받았다. 열린공간 운동은 산업도시의 악취와 매연, 나쁜 공기를 정화하기 위해 도시 곳

24) 민유기, 『도시이론과 프랑스 도시사 연구』, 144-145쪽, 149쪽.

25) Archives de Paris, VM 59 art 19. CMP, *Bulletin municipal officiel*, le 31 décembre 1913.

26) 민유기, 「파리 도시학연구소의 인문학 전통과 사회적 기능」, 20쪽.

곳에 광범위한 녹지 공원을 조성하자는 운동이었다. 에벤에젤 하워드(Ebenezer Howard)가 주창한 정원도시는 문화적 활력과 높은 임금의 일자리를 제공하면서 인구를 유인하지만 고물가와 열악한 주거환경에 시달리는 도시와, 쾌적하고 자연의 아름다움을 갖추었으나 경제적 기회와 문화적 흥밋거리가 부족한 농촌이 지닌 각각의 단점을 극복하기 위해 대도시 주변에 도시와 농촌의 장점만을 뒤섞는 새로운 도시를 건설하자는 이상적 도시계획안이었다. 정원도시 운동과 열린공간 운동은 모두 산업도시의 비좁음과 더러움, 전염병의 위험성을 극복하기 위한 것으로, 친환경적 도시정비와 재개발의 필요성을 환기시켰다.

프랑스에서 정원도시 건설 운동은 뮤제 소시알(Musée social)에 의해 시작되었다.[27] 뮤제 소시알은 부르주아 사회개혁가들의 정책연구소로 1895년에 문을 열었다. 뮤제 소시알 소속 주요 활동가 가운데 한명이었던 조르주 브누와-레비(Georges Benoit-Lévy)는 1904년에 정원도시 관련 저서를 출간해 정원도시를 프랑스에 적극적으로 도입할 것을 강조했다.[28] 이 저서는 1903년에 뮤제 소시알이 지원한 영국의 정원도시 운동에 대한 현지조사의 결과물이었다. 산업화로 말미암은 환경파괴를 막고 도시환경을 개선하려는 움직임 역시 1900년대 초에 본격적으로 시작되었다. 프랑스 동부 프랑쉬-콩테(Franche-Comté) 지역 두브(Doubs) 도의 하원의원이던 샤를 보키에(Charles Beauquier)는 1901년에 '프랑스의 미와 풍경 보호 협회(Société pour la protection des paysages et de l'Esthétique de la France)'를 결성하여 자연과 역사 유적지 보호운동을 전개하면서, 파리 주변의 숲을 국립공원으로 지정할 것을 주창하였다.[29]

27) 민유기, 「프랑스 사회개혁 두뇌집단 뮤제 소시알 활동과 보수적 개혁(1894~1914)」, 『전남사학』, 23집, 2004, 221-248쪽.

28) Georges Benoit-Lévy, *La Cité-jardin*, Paris : Henri Jouve, 1904.

한편, 재무부 장관은 1900년에 파리 성곽부지 일부를 민간에게 분할 매각하겠다는 계획안을 시의회에서 논의해 달라고 요청하였고, 1902년 정부와 파리시는 파리의 서쪽에 있는 불로뉴 숲(Bois de Boulogne) 경계의 성곽 일부 부지를 분할 매각하여 개발한다는 협약을 맺는다.[30] 이 과정에서 사회주의자 시의원들은 처음에는 민간의 수익성 개발이 이루어질 수 있는 협약 체결을 적극 반대했으나, 시가 정부의 계획을 거부할 경우 파리시의 이해관계를 전혀 고려하지 않고 정부가 독단적으로 개발을 추진할 거라며 판단한 사회주의자 시의원 브루스가 동료 의원들을 설득해 협약 체결이 가능해졌다.[31] 브루스는 이 부지를 공공을 위한 시설들이 들어서기를 희망했다. 불로뉴 숲 경계 성곽부지 개발이 논의되자 환경운동가들은 이 부지를 녹지로 정비하라고 요구하기 시작했다. 19세기 말의 저명 탐험가였던 가브리엘 봉발로(Gabriel Bonvalot)는 1902년에 '열린공간 보존과 확대를 위한 위원회(Comité pour la conservation et la création des espaces libres)'를 결성해 프랑스 모든 도시에 일정한 규모의 열린공간을 확보하도록 규정하는 법안 제정을 촉구하였다. 한편, 1900년 파리 올림픽 럭비경기에서 우승한 프랑스 대표팀의 유명 운동선수였던 프란츠 레셸(Frantz Reichel)은 1905년에 일간지 『르 피가로(*Le Figaro*)』에 불로뉴 숲의 경계 성곽부지를 녹지와 공공 스포츠 시설로 정비하라고 요구하는 기고문을 연이어 실었다.[32]

이처럼 사회주의자들과 녹지 확보를 요구한 환경주의자들, 그리고 체

29) Robert de Souza, "Les Espaces libres, résumé historique", *Mémoires et documents du Musée social*, 1908, pp. 177-185.

30) Jean-Louis Cohen, André Lortie, *Des Fortifs au Perif*, p. 79.

31) Marie Charvet, "La question des fortifications de Paris", p. 36.

32) Frantz Reichel, "Sauver les arbres du Bois", *Le Figaro*, le 6 septembre 1905. "Pour sauver le Bois", le 7 10, 11, 12, 14 septembre 1905.

육계 인사들은 공공개발 필요성을 전파하며 여론을 조성하였다. 결국 불로뉴 숲 경계에 있는 성곽부지의 민간에 대한 부분 매각이 이루어지지 않았고, 전체 성곽의 완전한 해체 및 모든 부속 부지의 공공적 활용에 대한 사회적 논의가 한층 심화되었다.

녹지공간과 열린공간 확보를 위한 환경주의자들의 움직임은 1900년대 후반에 더욱 활발해졌다. 1908년과 1909년에 우파 시의원 도세(Louis Dausset)는 시의회에 성곽 전체를 허물어 시내 쪽으로 내부순환도로를 만들고 시외 쪽으로 그린벨트를 조성할 것을 제안했다.[33] 하지만 파리 시의회에서는 사회주택 정책에 적극적이었던 급진공화파와 사회주의자 시의원들이 성곽부지의 많은 부분을 사회주택용으로 사용할 것을 지속적으로 요구하며 환경주의자들과 갈등이 발생하였다. 도세는 1909년에 '열린공간과 도시정화 및 스포츠를 위한 동맹'이란 단체를 조직해 성곽부지 전체를 녹지 공원으로 활용하라는 여론 조성에 앞장섰다.[34] 그 밖에도 소규모 공원들을 조성하고 스포츠 시설물을 건립하자는 요구들을 내건 다양한 시민단체들이 활동하였다. 이들이 녹지공간을 확보하고자 한 것은 도시위생과 도시미관을 개선하려는 목적에서였다. 열린공간 조성을 강조한 부르주아 중산층 환경주의자들은 처음에는 주거난으로 고통을 받던 하층민을 위한 사회주택 건설문제에 별다른 관심을 보이지 않았다.

녹지 확보만을 강조하는 부르주아 중상층 환경주의자들의 입장은 사

33) CMP, Rapports et documents n.73, l'anneé 1908, Louis Dausset, Proposition au sujet du déclassement total des fortifications et de la zone militaire, 1908. CMP, Rapports et documents n.110, l'anneé 1909, Louis Dausset, Deuxième proposition relative au déclassement total des fortifications à l'annexion de la zone militaire et à sa conversion en espaces libres, 1909.

34) Ligue pour les espaces libres, l'assainissement et les sports, *Déclassement des fortification et conversion de la zone en espaces libres*, Paris : Pierre Roger, 1909.

회주택의 건설을 촉진하고자 했던 두 세력에 의해 수용되어 타협점을 찾게 된다. 첫 번째 세력은 평화적 점진적 보수적 사회개혁을 통해 사회문제를 해결하려 했던 사회정책 민간연구소 뮤제 소시알을 중심으로 활동했던 사회개혁가들이었다. 뮤제 소시알은 1908년 1월 14일에 '도시와 농촌 위생 분과'를 만들어 주택 문제와 환경, 도시계획 관련 연구를 활발히 진행했다. 뮤제 소시알은 택지 확보가 쉬운 파리 외곽 지역에서 소규모 정원이 딸린 저렴하고 위생적인 단독주택 단지를 건설하여 정원도시 운동을 사회주택 정책과 결합하자는 주장을 적극적으로 개진하였다.[35)]

1908년 7월 5일, 소르본 대학 강당에서 개최된 열린공간 운동 단체들의 회합에서 뮤제 소시알 운영위원회 의장이던 사회개혁적 공화파 하원의원 쥘 지그프리드(Jules Siegfried)는 성곽을 해체한 후 "합리적인 도시 정비"가 이루어져야 한다고 역설했다.[36)] 그는 같은 해 7월 1일에 하원에 성곽 해체와 열린공간 확보를 위한 법률안을 제출한 상태였다.[37)] 지그프리드는 사회주택 정책의 시작을 알린 1894년 저가주택법의 입안자로 사회주택의 확산을 위해 꾸준히 노력한 정치가였다. 그는 열린공간 확보와 사회주택 건설이라는 성곽부지 활용의 상이한 주장이 타협점을 찾을 수

---

35) Giovanna Osti, "Le Musée social et l'urbanisme au début du siècle", *Vie social*, n.3, 1984, pp. 117-125. Anne Cormier, *Extension, limites, espaces libres : les travaux de la Section d'hygiène urbaine et rurale du Musée social*, DEA de l'Ecole d'architecture Paris-Villemin, 1987. Alain Cottereau, "Les début de la planification urbaine dans l'agglomération parisienne", *Sociologie du travail*, oct-déc 1969, pp. 342-365.

36) "Compte rendu de la réunion en faveur des espaces libres tenue dans le Grand Amphithéâtre de la Sorbonne le 5 juillet 1908. Allocution de M. Jules Siegfried", Musée social, Annales, Mémoire et Documents, 1908, p. 203.

37) Jules Siegfried et al, Proposition de loi concernant les fortifications de la Ville de Paris et les espaces libres de l'agglomération parisienne, *Journal officiel, Documents parlementaires*, 1908, annexe n.1865, p. 637.

있다고 생각했고, 도시환경 개선과 주거난 완화를 모두 충족시키는 도시 정비가 합리적이라고 믿었다. 사회주택 단지 주변에 공원과 녹지가 조성된다면 이는 소규모의 정원도시로 기능하리라는 전망도 가능했다. 프랑스에서 정원도시 운동을 주도한 브누와-레비 역시 성곽과 그 부지에 공원과 놀이시설들을 정비하고 그 사이사이 빌라 형태의 주택이 들어서는 공간 활용이 파리의 "교외를 미래의 도시 모델로 바꾸는 시작점"이 될 수 있다고 주장하였다.[38)]

두 번째 세력은 사회주의자들이었다. 세기 말부터 성곽이 도시 발전에 장애가 된다는 인식이 광범위하게 확산되고 시의회와 국회에서 성곽 문제에 대한 논의가 이어지자 다양한 개발요구들이 등장했다. 이 가운데는 이해 당사자들도 포함된다. 성곽에서 도시 안쪽으로 접해있는 토지와 건물 소유주들은 성곽 해체 이후 주변 부지의 민간개발을 적극적으로 요구했다. 이들은 군사적 용도로 남겨진 공터가 민간에게 매각되도록 정치권에 압력을 행사했다.[39)] 또한, 성곽이 허물어지리라는 기대감 속에 후일의 보상을 목적으로 성곽부지에 무허가 가건물을 세우는 이들도 나타났다. 이 같은 상황에서 사회주의자들은 민간의 투기성 개발 논리를 잠재우고 성곽과 그 부속 부지를 도시의 공공 서비스 차원에서 사회주택 건설 부지로 확보하기 위해 이 공간을 열린공간으로 정비하자는 환경운동 진영과 협력해 나갔다.

성곽 해체와 그 부지 활용을 위해 사회주의자와 부르주아 중산층 환경

---

38) Georges Benoit-Lévy, *La Ville et son image*, Paris : Jouve, 1910, p. 63.

39) 프랑스 부동산 소유자 조합 연합은 정부와 시 당국의 도시 위생 정책과 사회주택 정책이 주택시장에서의 자유경쟁을 침해한다고 주장하며 정치적 압력단체로 활동하였다. 19세기 말과 20세기 초 이 단체의 연례 총회 보고서들을 참고하라. Union des chambres syndicales de la propriété bâtie de France, *Congrès de la propriété bâte de France, Compte-rendu*, 1894-1914.

운동가들이 협력할 수 있었던 이유는 두 가지였다. 먼저 앞에서 불로뉴 숲 경계 부지의 매각 문제 논의에서 언급한 것처럼 성곽부지를 민간에게 양도하면 도시가 무분별하게 팽창하고 투기성 개발이 심화될 거라는 판단 아래 공유지였던 성곽부지를 부동산 투기 세력으로부터 안전하게 보호하겠다는 인식이 공유되었다.

다음으로 도시 위생에 대한 공통의 이해관계 때문이었다. 사회주의자들은 단지 도시 하층민의 주거난을 해결하기 위해서 사회주택 건설을 확대하고자 했던 것이 아니었다. 처음 사회주택 정책을 주도한 부르주아 사회개혁가들은 서민 주거 개혁의 필요성으로 위생 개선, 도덕성 고양, 전염병 예방, 가족보호, 소규모 소유권 확대, 사회적 평화와 공화국 체제의 안정 등을 내세웠다.[40] 이러한 기대치 가운데 노동인구의 열악한 주거 조건을 개선하여 일상생활에서 위생을 강화하겠다는 것은 부르주아 사회개혁가와 사회주의자들 모두의 공통인식이었다. 브루스는 1893년에 시의회에 제출한 보고서에서 성곽 해체를 주장하면서 주거문제뿐 아니라 도시 위생 문제를 강조한 바 있다.[41] 물론 사회주의자들은 위생 문제를

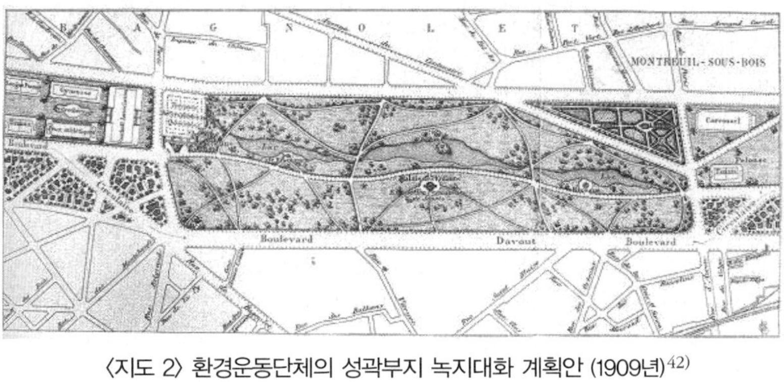

〈지도 2〉 환경운동단체의 성곽부지 녹지대화 계획안 (1909년)[42]

40) 민유기, 「20세기 전환기 프랑스 서민주택 개혁의 이중적 근대성 : 사회주택 담론, 규범, 공간 분석」, 『서양사론』, 81호, 2004, 45-53쪽.

공공 서비스 확대 차원으로, 사회주의적 실천의 일환으로 강조하였다.

사회주의자 시의원 알베르 토마(Albert Thoma)는[43] 1908년에 사회당 출판부를 통해 출간한 소책자에서 성곽부지의 활용에서 열린공간 확보 운동가들이 요구한 녹지 공간 조성을 적극적으로 수용했다. 하지만 그는 위생과 도시 미관만을 강조하던 환경운동가들의 문제의식을 사회주의적 관점에서 한층 발전시켰다. 그는 녹지 공간 확보의 문제가 파리의 부자 구들과 가난한 구들 간의 대립을 허물면서 전체 도시를 개혁하는 사회주의적 실천이 되어야 한다고 주장하였다.[44]

사회당 출판부는 같은 해에 소장 사회학자 알브박스(Maurice Halbwachs)의 『도시의 토지정책』이란 소책자를 출간했다. 이 소책자는 도시정책이 단지 미학과 위생의 목적으로만 방향이 설정되어서는 안 된다고 주장했다. 알브박스는 도시정치가 도시민의 사회적 감정을 무시해서는 안 된다며 부유한 구들의 건축 미학과 충분한 위생시설 및 녹지 공간을 가난한 구들에도 확산시켜야 한다는 점을 강조했다. 또한, 부자들의 건물 장식이나 사유지에서의 고급 아파트 개발을 허용하는 대신 이에 대한 정확한 세금 부과를 통해 충분한 재원을 마련하여 이를 도시 전체의 발전에 사용해야 한다고 주장했다.[45] 사회주의자들은 녹지 확장을 주

---

41) CMP, Rapports et documents n.22, l'anneé 1893.

42) Jean-Louis Cohen, André Lortie, *Des Fortifs au Perif*, p. 95.

43) 알베르 토마(Albert Thoma, 1878~1932)는 파리고등사범을 수석 졸업한 엘리트로 1904년에 파리 교외 소도시 샹피니(Champigny)에서 시의원에 선출되었고 1910년부터 1921년까지 센 도와 타른 도에서 하원의원에 선출된 사회주의자이다. 1919년에 창설된 국제노동사무국(ILO)의 초대의장을 지냈다. Patrick de Laubier, "Albert Thomas (1878~1932), reformiste social", *Revue francaise des affaires sociales*, n.47, novembre 1994, pp. 43-52.

44) Albert Thomas, *Espaces libres et fortifications*, Paris : Librairie du Parti Socialists, 1908.

장하는 환경주의자들의 요구를 수용하면서 이를 파리 외곽의 가난한 구들의 환경개선 문제로 확대시키며 도시의 공공개발 논리를 강화시켜 나갔다.

각종 산업시설로 인해 매연과 악취가 심하고 비위생적이던 파리의 외곽 지역을 정화하고 미화하기 위해 성곽부지를 녹지 공간으로 조성하자고 요구하던 부르주아 중산층 환경운동 단체들은 자신들만의 노력으로 열린공간이 확보되기 어렵다는 것을 인식하였다. 따라서 그들은 사회혁명을 예방하기 위해 점진적 보수적 사회개혁을 추구하던 뮤제 소시알 활동가들의 사회적 영향력을[46] 인정하면서, 그리고 시정사회주의자들의 도시 공공개발 논리를 인정하면서 사회주택 단지와 녹지 공간의 병존이라는 공간 정비 구상을 수용하게 되었다.

4. 도시 공공개발을 통한 성곽부지의 변화

1908년부터 정부와 파리시는 성곽과 그 부속 부지 전체를 파리시에 양도하기 위한 논의에 착수하였다. 그 결과 1912년 12월 16일에 재정부 장관, 국방부 장관, 파리시 행정 책임자인 센 도지사 사이에 성곽과 그 부

45) Maurice Halbwachs, *La politique foncière des municipalité*, Paris : Librairie du Parti Socialiste, 1908, pp. 29-30.

46) 뮤제 소시알은 사회개혁적 시민사회단체들 간의 네트워크의 중심에 위치했다. 뮤제 소시알은 가톨릭 사회운동 진영, 고용주 온정주의, 개혁적 공화파 정치가들 등 사회적 평화와 기성 사회질서를 유지하는 틀 내에서 모든 점진적 사회개혁을 추구하려는 이들의 구심점이었다. 뮤제 소시알에서 논의되고 준비된 각종 사회정책과 법률 계획안들은 20세기 전환기의 사회입법 제정에 큰 영향을 미쳤다. 민유기, 「프랑스 사회개혁 두뇌집단 뮤제 소시알 활동과 보수적 개혁」, 236-237쪽.

지를 파리시의 소유 및 관리로 전환한다는 협약이 체결되었다. 파리 시의회는 1913년 1월 3일에 이 협약을 승인하였고, 그 다음 날 하원에 이 협약을 실천할 법률 계획안을 제출했다. 이 법률안에 대한 하원 논의는 1914년 7월 제1차 세계대전 발발로 중단되었다가 1918년 11월 전쟁이 끝나자 재개되어 최종적으로 1919년 4월 19일자 법으로 제정되었다.[47]

1912년 협약에서는 전체 부지의 4%만이 사회주택 건설 용도로 할당되었으나, 의회의 논의 과정에서 사회주의자들의 노력으로 1914년 하원 논의에서 8%로 늘어났으며, 1919년 법에서는 25%로 규정되었다. 또 다른 변화는 부지 일부를 군이 사용한다는 1912년 협약 내용의 조항이 법에서 삭제된 점이다. 전쟁을 겪으며 도시 방어와 전통적 군사전술이 크게 변모하였기 때문에 도시 외곽에 굳이 군 시설을 둘 필요가 없어졌기 때문이다. 다른 조항들은 협약 내용이 법률에 그대로 반영되었다. 중요 조항은 성곽을 점차적으로 철거하여 공공 기관이나 사회주택 건설 용도로 활용하고, 성곽으로부터 시 바깥 250m까지 성곽에 딸린 건축금지 부지는 도시 위생을 위한 열린공간으로 정비한다는 것이었다.

파리의 성곽은 1919년 4월 30일부터 철거되기 시작하여 1929년에 완전히 해체되었다. 성곽과 그 주변 부지는 1920~30년대 크게 사회주택과 교육시설 건설, 녹지와 공원 조성, 박람회 장소나 스포츠 경기장 건립이라는 세 가지 방향으로 활용되었다.

성곽부지에 세워진 사회주택은 세 가지 유형이었다. 첫째 유형은 1912년 사회주택 관련법으로 시 당국의 직접적인 사회주택 건설이 허용되면서 이를 담당할 기관으로 만들어진 파리시 사회주택 공공사무소가 세운 '저가임대주택(Habitations à bon marché)'이다. 사회주택 공공사무소

47) *Journal Officiel*, le 20 avril 1919, pp. 4146-4153.

는 가장 먼저 해체된 파리 북쪽 18구 몽마르트(Montmarte) 언덕 뒤편의 클리냥쿠르(Clignancourt) 성문 주변 토지를 넘겨받아 1922~28년 사이에 2,734세대, 유아원, 초등학교, 보건소, 가사교육 시설 등을 갖춘 사회주택 단지를 건설하였다. 이어 1928년부터는 남쪽에 있는 14구의 끝에 2,659세대의 사회주택 단지를, 30년대에는 주로 남동, 동, 북동, 북쪽에 사회주택 단지를 건설하였다.[48)]

둘째 유형은 저가주택보다 임대료가 높은 대신에 면적이 더 넓고 각종 편의 시설이 개선된 '적정가격임대주택(Immeubles à loyers modérés)'이다. 1923년 봄에 파리의 몇몇 은행들이 '도시와 농촌연구회(Société d'études générales urbaines et rurales)'을 결성해 1894년에 시작된 사회주택 정책에 의거해 건설되던 저가임대주택 유형을 개선한 사회주택을 건설하겠다며 시의 지원을 요구했다. 시는 녹지 공원 용도의 성곽부지를 정비하는 데 필요한 자금을 마련하기 위해서, 그리고 19세기 말부터 늘어나는 사무직과 중간관리직 노동자나 고급 숙련 노동자들을 수요자로 하는 주거환경이 개선된 사회주택의 건설 필요성을 인정하며 이 요구를 수용하였다. 하지만 전적으로 민간 은행에 사회주택 건설을 맡기지 않기 위해 1923년 5월 29일 파리시주택공사(Régie immobilière de la Ville de Paris)를 설립하고 은행들을 여기에 참여시켰다. 시는 적정가격임대주택 건립을 위해 성곽부지 일부를 제공하면서 사회주택 관련 법률 규정에 따라 법적으로 임대료 상한선을 지킬 것을 요구하였다. 다만 저가임대주택에 제공되던 각종 세제혜택은 제공하지 않았다. 적정가격임대주택은 1926년에 1,083세대의 단지가, 1933년에는 5,573세대의 단지가 파리의 남쪽과 남서쪽 경계에 건설되었다.[49)]

48) Jean-Louis Cohen, André Lortie, *Des Fortifs au Perif*, pp. 160-164.

마지막 유형은 적정가격임대주택보다 넓고 주거 설비가 한층 더 개선된 중산층을 위한 주택이었다. 급진공화파 정치가로 노동과 사회보장부(Ministrère du Travail et de la Prévoyance sociale) 장관이던 루이 루셰(Louis Loucheur)는[50] 프랑스 전역에 사회주택을 확산하기 위해 1928년 7월 13일에 5년 내에 20만 호의 저가임대주택과 6만 호의 적정가격임대주택을 건설하는 건설사들에 금융 지원을 하겠다는 법률을 제정하였다.[51] 이 법은 주거난 해소를 위한 정부의 강력한 의지의 산물이었다. 이 같은 분위기에서 1930년에 세워진 부동산관리회사(Société anonyme de gestion immobilière)는 센 지사에게 개선한 적정가격임대주택을 건설하겠다며 성곽부지의 양도와 금융지원을 요청하였다. 이 회사는 파리시주택공사가 지은 적정가격임대주택보다 더 좋은 주택을 건설하고 성곽부지의 판자촌에서 거주하다 부지 정비로 쫓겨난 이들에게 주택의 15%를 제공하겠다는 계획을 밝혔다. 시의회는 이를 승인해 성곽부지 일부를 저렴하게 제공했고 파리 서쪽 성곽부지에 1934~35년에 18,278세대의 단지가 건설되었다.[52]

성곽이 해체되고 사회주택 단지가 세워지면서 단지 거주자들의 아이들을 위한 학교가 필요했다. 파리에는 지속적 인구 증가로 1920~30년대에 스물네 곳의 초등학교가 시 재정으로 건립되었는데 이 중 1/3인 여덟

---

49) *Ibid.*, pp.164-176. Marie-Jeanne Dumont, *Le logement social à Paris 1850-1930, Les Habitations à bon marché*, Liège : Mardaga, 1991, p. 182.

50) 루이 루셰의 생애와 정치활동에 대해서는 다음을 참고하라. Stephen D. Carls, *Louis Loucheur, ingénieur, homme d'État, modernisateur de la France 1872-1931*, Lille : Presses Universitaires du Septentrion, 2000.

51) Marie-Jeanne Dumont, *Le logement social à Paris*, p. 138.

52) Jean-Louis Cohen, André Lortie, *Des Fortifs au Perif*, pp.176-178. Marie-Jeanne Dumont, *Le logement social à Paris*, pp. 139-142, p. 183.

곳이 성곽이 해체되고 들어선 사회주택 단지 인근에 세워졌다.[53] 시의회는 또한 파리대학 국제기숙사촌(Cité international universitaire de Paris) 건립을 위해 성곽부지의 일부를 저렴하게 매각하였다.

알자스 출신으로 쥬피터(Jupiter) 석유회사의 소유자였던 도이치 드 라 메르트(E. Deutsch de la Meurthe)는 급진공화파 정치가 앙드레 오노라(André Honnorat)와 함께 각국 엘리트들의 교류가 국제평화에 이바지한다는 생각을 공유하며 국제기숙사촌의 건립을 위해 시로부터 남쪽 성곽부지 일부를 매입하였다. 오노라는 1920년에 공교육부 장관직에 올라 국제기숙사촌이 건설되는 데 많은 지원을 하였다. 1920~30년대 점진적으로 건립된 국제기숙사촌에는 기숙사, 수영장과 테니스 코트 등 스포츠 시설물, 극장, 녹지, 식당, 도서관 등이 갖추어졌다. 국제기숙사촌은 1927년에 외국 유학생들과 프랑스의 지방출신 대학생 3천 명을 수용했는데, 이 당시 파리의 모든 대학생 수는 2만 6천208명이었고 이 가운데 외국학생은 7천 315명이었다.[54] 이 기숙사 촌의 규모는 30년대 그리고

〈사진 1〉 성곽부지의 사회주택 (1931년)

〈사진 2〉 성곽부지의 스포츠시설 (1933년)

53) Jean-Louis Cohen, André Lortie, *Des Fortifs au Perif*, p. 196.

2차 대전 이후에 계속 확장되었다.

1900년대 파리를 녹지와 꽃밭으로 에워싸야 한다고 주장하던 녹지와 열린공간 확보 운동 단체들은 사회주택 건설을 우선시하던 사회주의자들과 협력하여 해체된 성곽부지에 대한 민간의 투기성 개발을 막을 수 있었다. 양차 세계대전 기간에 건립된 사회주택 단지의 사이사이에는 넓은 녹지와 소규모 공원이 조성되었다.[55] 녹지와 소규모 정원들은 사회주택 거주자들에게 훌륭한 여가 활동 장소를 제공해주었다. 1924년 파리 올림픽과 1925년 국제 장식미술 박람회, 1931년 국제 식민지 박람회 등을 계기로 스포츠 경기장과 박람회 전시공간들도 성곽부지 곳곳에 마련되었다.[56]

성곽과 그 부속 부지의 공공개발은 30년대에 완성되지 않았다. 해체된 성곽이나 공터였던 일부 부속 부지는 공공개발과 정비가 바로 가능했으나 성곽부지 곳곳에는, 특히 파리의 가난한 구들이던 북쪽, 동쪽, 남쪽 구들의 경계에 있는 성곽부지들에는 무허가 판자촌이 즐비했다. 성곽부지는 처음부터 군사용으로 구획되어 있었기에 구역을 의미하는 존(zone)으로 불렸고, 무허가 판자촌 거주자들은 존에 사는 사람들이란 뜻의 조니에(Zonier)라는 속어로 지칭되었다. 해체된 성곽과 그 부지를 공공 이익을 위해 개발하고 정비한다고 할지라도 최하층 도시 빈민들인 조니에들을 무작정 내쫓을 수는 없었다.

1922년에 시의회는 파리대학 국제기숙사촌 건립 예정지에 살고 있던 조니에들을 아무런 대책도 없이 내쫓지 않기 위해 즉각적인 부지의 수용과 판자촌 철거를 연기하였다. 1920년대 조니에들은 판자촌 철거 반대

---

54) Bertrand Lemoine, *La Cité Internationale Universitaire*, pp. 17-31.

55) Jean-Louis Cohen, André Lortie, *Des Fortifs au Perif*, pp. 200-202.

56) *Ibid.*, p.132 · 138-140 · 207-209.

〈사진 3〉 성곽부지에 세워진 파리대학 국제기숙사촌 (1950년)

운동은 벌였고, 사회당과 공산당 소속 시의원들이 이 운동을 후원하며 조니에들의 이주 대책 마련을 위해 노력하였다. 결국 1930년 4월 11일자 법은 파리시가 판자촌의 가건물 소유자들에게 수용과 철거에 따른 보상금을 지불할 것을 규정했고, 1931년 1월 1일자 법은 파리시가 점차 조니에들의 이주를 도운 후 15년 내에 모든 존을 수용하고 조니에들은 25년 내에 존을 완전히 비우도록 규정했다.[57] 조니에들의 일부는 성곽부지에 조성된 사회주택 단지에 거처를 구할 수 있었고, 일부는 다른 곳으로 이주해갔다. 성곽부지의 바깥쪽 원형에는 1960년대에 외부고속순환도로가 건설되었다.

5. 도시 공공개발을 위한 양보와 협력

파리 성곽은 군사 방어용으로 1840년대 초에 당시 파리시에서 10km

57) *Ibid.*, p. 226 · 228 · 230.

정도 떨어진 외곽에 원형으로 건설되었다. 이 성곽은 센 지사 오스만이 대대적인 도시정비를 추진하던 와중에 파리가 주변 소읍들을 시로 편입시킨 1860년부터 파리시의 경계가 되었다. 파리와 그 주변 소도시의 인구 팽창이 낳은 주거난을 해소하기 위해 성곽을 해체하자는 논의는 19세기 말부터 시작되었다. 파리 시의회의 사회주의자들은 주거난을 해소하기 위해 성곽을 해체하고 그 부지에 사회주택 단지를 건설하자고 주장하였다. 1894년부터 사회주택 정책이 시작되었으나 주택건설 부지가 부족해 파리에 건설된 사회주택 규모가 그리 크지 않았고, 이로 인해 사회주택 정책의 효율성에 대한 논의가 지속적으로 이루어졌기 때문이다. 한편 부르주아 중상층 환경운동가들은 위생상태 개선과 도시미화를 위해 성곽을 해체하고 그 부지에 녹지와 소규모 공원을 조성하여 열린공간으로 정비하자고 주장하였다.

이 상이한 입장은 보수적 사회개혁을 추구한 중도적 사회개혁가들의 민간 정책연구소였던 뮤제 소시알에 의해 혼합되었다. 뮤제 소시알의 사회개혁가들은 열린공간의 중요성을 인정하면서 동시에 주거난 해소와 사회적 평화에 도움이 될 사회주택 단지 건설의 필요성 또한 강조하였다. 처음에는 사회주택 단지로만 성곽 부속 부지를 사용하자고 주장하던 사회주의자들 역시 노동자들이 밀집해 거주하던 도시 주변부 구들에 조성될 녹지 공원이 노동인구의 일상적 삶에 위생을 강화하게 할 수 있으며, 또한 도시미화가 특정 계급 계층의 전유물이 아니라 도시에서 살아가는 모든 이들에게 중요하다는 인식에서 열린공간 조성 요구를 수용해 갔다. 결국 환경운동 진영과 사회주의 진영은 공유지였던 성곽부지를 민간에게 매각할 때 발생할 투기성 개발을 막아야 한다는 공통의 인식에서 상호 협력하였다. 이 같은 협력으로 성곽부지의 일부는 사회주택 단지로, 일부는 열린공간으로 정비한다는 타협안이 도출되었다.

1919년에 제정된 성곽 해체와 부지 활용에 관한 법률은 국가 소유지로 군이 관리하던 성곽과 부속 부지의 소유 및 관리 권한을 파리시에 넘겼고, 부지를 사회주택 단지와 공공시설, 녹지공간으로 활용하도록 규정하였다. 1919년부터 시작된 성곽 해체는 1929년에 마무리되었고 그 부지에 1920~30년대 내내 사회주택 단지와 공원, 스포츠 경기장, 국제기숙사촌, 박람회 전시관 등이 조성되었다. 도시 외곽 경계를 사회주택 단지와 공공 건조물들, 그리고 가느다란 녹색 띠로 둘러싸게 한 파리시 경계 공간의 활용 방식은 다른 어느 도시에서도 찾아보기 어려운 것이었다. 이는 도시공간의 사회적 공적 활용을 위해 노력한 사회주의자들과 환경주의자들이 투기성 도시개발을 방지하기 위해 상대 진영의 입장을 수용해 가면서 상호 협력한 결과였다.

참고문헌

〈공문서와 언론 사료〉

Archives de Paris, VM 59 art 19.

Archives de la Préfecture de police de Paris, Ba 486.

Journal Officiel, 1908, 2010.

L'Egalité, 1881.

Le Figaro, 1905.

Le Prolétaire, 1881.

Conseil municipal de la Ville de Paris(CMP), Rapports et documents, n.78, 1882 ; n.22, 1893 ; n.134, 1900 ; n.1, 1902 ; n.4, 1905 ; n.73, 1908 ; n.110, 1909 ; n.130, 1912.

CMP, *Bulletin municipal officiel*, 1913.

CMP, *Procès-verbaux*, 1882.

〈간행물 사료〉

Benoit-Lévy, Georges, *La Cité-jardin*, Paris : Henri Jouve, 1904.

________, *La Ville et son image*, Paris : Jouve, 1910.

Brousse, Paul, *La propriété collective et les services publics*, Paris : Prolétaire, 1910[1883].

Halbwachs, Maurice, *La politique foncière des municipalité*, Paris : Librairie du Parti Socialiste, 1908.

Humbert, Sylvain, *Les Possibilistes*, Paris : Marcel Rivière, 1911.

Lambeau, Lucien, *Ville de Paris, Monographies municipales, Les logements à bon marché*, Paris : Imp. Municipale, 1897.

Ligue pour les espaces libres, l'assainissement et les sports, Déclassement des fortification et conversion de la zone en espaces libres, Paris : Pierre Roger, 1909.

Musée social, *Annales, Mémoire et Documents*, 1908.

Thomas, Albert, Espaces libres et fortifications, Paris : Librairie du Parti Socialists, 1908.

Union des chambres syndicales de la propriété bâtie de France, *Congrès de la propriété bâtie de France, Compte-rendu*, 1894-1914.

〈연구서와 논문〉

민유기, 「20세기 전환기 프랑스 서민주택 개혁의 이중적 근대성 : 사회주택 담론, 규범, 공간 분석」, 『서양사론』 81호, 2004.

______, 「프랑스 사회개혁 두뇌집단 뮤제 소시알 활동과 보수적 개혁(1894~1914)」, 『전남사학』 23집, 2004.

______, 『도시이론과 프랑스 도시사 연구』, 서울 : 심산, 2007.

______, 「파리 도시학연구소의 인문학 전통과 사회적 기능」, 『인천학연구』 12호, 2010.

Carls, Stephen, D., *Louis Loucheur, ingénieur, homme d'État, modernisateur de la France 1872-1931*, Lille : Presses Universitaires du Septentrion, 2000.

Charvet, Marie, "La question des fortifications de Paris dans les années 1900", *Genèses*, n.16, juin 1994.

________, *Les fortifications de Paris : de l'hygiénisme à l'urbanisme, 1880-1919*, Rennes : Presses Universitaires de Rennes, 2005. [*De l'hygiénisme à l'urbanisme : la question des fortifications de Paris de 1880 à 1919*, Thèse de EHESS, 1999].

Cohen, Jean-Louis & Lortie, André, *Des Fortifs au Perif : Paris, Les Seuils de la ville*, Paris : Picard, 1991.

Cormier, Anne, *Extension, limites, espaces libres : les travaux de la Section d'hygiène urbaine et rurale du Musée social*, DEA de l'Ecole d'architecture Paris-Villemin, 1987.

Cottereau, Alain, "Les début de la planification urbaine dans l'agglomération parisienne", *Sociologie du travail*, oct-déc 1969.

De Laubier, Patrick, "Albert Thomas (1878-1932), reformiste social", *Revue francaise des affaires sociales*, n.47, novembre 1994.

Dumont, Marie-Jeanne, *Le logement social à Paris 1850-1930, Les Habitations à bon marché*, Liège : Mardaga, 1991.

Fierro, Alfred, *Histoire et dictionnaire de Paris*, Paris : Robert Laffont, 1996.

Gaudin, Jean Pierre, *L'Avenir en plan. Technique et politique de la planification urbaine 1900-1930*, Seyssel : Champ Vallon, 1985.

Lefebvre, Rémi, "Les socialistes, la question communale et l'institution municipale Le cas de Roubaix à la fin du XIXe siècle", *Cahier Jaurès*, n.177-178, 2005.

Lemoine, Bertrand, *La Cité Internationale Universitaire de Paris*, Paris : Editions Hervas, 1990.

Lortie, André & Schall, Pierre ed., *Parcs et promenades de Paris*, Paris : Editions du Demi-Cercle, Pavillon de l'Arsenal, 1989.

O'Brien, Patricia , "L'Embastillement de Paris : The Fortification of Paris during the July Monarchy", *French Historical Studies*, vol.9, n.1, 1975.

Osti, Giovanna, "Le Musée social et l'urbanisme au début du siècle", *Vie social*, n.3, 1984.

8장

1919년 시카고의 인종폭동과 도시문제

| 박진빈 |

1. 시카고 인종폭동과 도시사회의 갈등

1919년 시카고 인종폭동은 여름 4일간에 걸쳐 시카고 시내에서 발생한 흑인과 백인 간의 폭력사태를 뜻한다. 1919년 7월 29일 유난히 무더웠던 한 주를 지나 7월의 마지막 주로 접어들던 일요일 오후, '바람의 도시(Windy City)' 시카고의 미시간 호숫가에는 물놀이를 즐기는 인파가 북적였다. 그 오후, 물놀이에 나선 5명의 흑인 소년들은 흑인 구역인 25가 해변으로 가는 대신 자기들끼리만 26가 쪽에서 헤엄을 치고 있었다. 그때 26가 해변에 한 백인이 나타나 다섯 소년에게 돌을 던지기 시작했다. 소년들은 이것을 장난으로 받아들였고 날아오는 돌을 피하며 물장구를 치는 놀이를 시작했다. 하지만 소년 가운데 하나인 17세의 유진 윌리엄스(Eugene Williams)가 잠수했다가 물 위로 올라오던 순간 날아오던 돌 하나를 이마에 맞았다. 그는 피를 흘리며 물속으로 가라앉았고, 친구들은 거리로 나가 구조를 요청했다. 구조대는 30분 정도 수색한 끝에 유진의 시체를 수습할 수 있었다.[1)]

당시 시카고시의 동쪽 경계선을 구성하는 이 기나긴 호수변에는 엄연한 불문율이 존재했으니, 그것은 백인용 해변과 흑인용 해변이 따로 존재한다는 것이었다. 29가 쪽 해변은 백인 전용이고, 25가 근처 해변은 흑인들이 전용으로 사용하고 있었다. 호수면 위로 표시된 것은 없었지만, 이 '암묵적 인종선'의 규칙은 항상 지켜져 왔고, 언제까지나 지켜질 것으로 기대되었다. 윌리엄스 소년이 변을 당한 즈음 29가 해변에서는 작은 소란이 벌어졌다. 산책하다가 29가 해변에 당도한 흑인 남녀가 다시 25가까지 돌아가는 번거로움을 감수하는 대신, 그냥 거기서 물에 들어가기로 했기 때문이었다. 자리에 있던 백인들이 비난의 말을 웅성거리다가 모두 자리를 떴다. 하지만 머지않아 백인들은 다시 돌아왔고, 흑인들을 향해 돌을 던져대기 시작했다.

윌리엄스를 죽인, 돌을 던진 남자는 29가에 가서 거기서의 '전투'에 참가 중이었다. 소년의 친구들은 25가에서 흑인 경찰관을 대동해서 29가 해변으로 갔고, 문제의 인물을 집어냈다. 윌리엄스의 죽음에 책임이 있는 것으로 지목된 것은 조지 스타우버(George Stauber)라는 젊은이였다. 하지만 당시 인종적 관념상 흑인 경찰관이 백인을 심문할 수는 없는

1) 이 글에서 7월 29일 사건의 재구성은 William Tuttle, Jr., *Race Riot : Chicago in the Red Summer of 1919*, Urbana and Chicago : University of Illinois Press, 1996의 서술을 따랐다. 터틀의 설명은 5인의 소년 가운데 하나로 유진 윌리엄스의 친구였던 존 해리스의 인터뷰 자료에 근거한 것이다. 그런데 당시의 신문기사나 1922년에 간행된 시카고 인종관계 위원회(Chicago Commission on Race Relations)의 최종 보고서 등은 조금씩 다른 설명을 하고 있다. 특히 윌리엄스가 29가 쪽으로 헤엄쳐 갔기 때문에 여러 백인이 돌을 던졌고 그 중에 하나를 맞고 죽었다는 기록이 있다. 그 외에도 인물의 이름과 나이 등이 서로 다른 부분들이 있는 경우 더 많은 사료들이 지지하는 쪽을 택해서 썼다.

노릇이었다. 따라서 경찰을 포함한 흑인 무리는 근무 중이던 백인 경찰관 대니얼 캘러헌(Daniel Callahan)에게 스타우버에 대한 조사를 요구했다. 하지만 캘러헌은 이 요구에 불응했다. 그는 혐의자 체포를 거부했을 뿐 아니라, 현장에서 한 백인의 불평만 듣고 흑인 1명을 폭력 혐의로 체포해버렸다.

소문은 빠르게 그리고 부풀려지면서 시내로 퍼져 나갔고, 인근에 있던 흑인과 백인이 29가 해변으로 몰려들었다. 흥분과 분노 속에 마주친 흑인과 백인들이 주먹과 돌과 벽돌조각 등을 주고받기를 2시간여, 마침내 한 흑인이 경찰을 향해 총을 쐈다. 이 첫 총성으로 인하여 한 소년의 익사 사고는 나흘에 걸쳐 이른바 '인종폭동'으로 진화하게 되었다. 그날 밤부터 새벽까지 5명의 백인이 부상을 당했고, 흑인은 27명이 몰매를 맞고 7명이 칼로 찔렸으며 4명은 총을 맞았다. 백인들은 기다렸다는 듯 흑인들을 응징하기 위해 도시를 헤집고 다녔고, 흑인들은 이들의 폭력에 대항한다는 논리로 그리고 경찰의 편파성을 비난하면서 맞대응에 나섰다.[2)]

월요일 아침이 밝고 일상으로 돌아간 듯했지만, 폭력은 계속되었다. 특히 시내의 노면전철을 타고 이동 중이던 흑인들이 집중적인 공격의 대상이 되었다. 백인들은 붐비는 전철역에서 전철을 탈선시키고는 흑인 승객들을 끌어내어 때리고 찌르고 쏘았다. 월요일 하루 동안 전철사고로만 4명의 흑인과 1명의 백인이 살해되었고, 30명 정도의 흑인과 20명의 백인이 부상을 당했다. 경찰은 대체로 속수무책이었고, 간혹 힘을 쓸 수 있는 곳에서는 일방적으로 백인을 편들었다. 35가와 와바쉬로(Wabash

---

2) 당시의 신문기사들은 피해 인원수를 서로 다르게 제시한다. 집계의 문제가 있었을 것으로 보고, 여기서 피해자 수는 인종관계 위원회의 최종보고서를 따랐다. Chicago Commission on Race Relations, *The Negro in Chicago : A Study of Race Relations and a Race Riot*, Chicago : University of Chicago Press, 1922, pp. 595-602.

〈사진 1〉 시카고 인종폭동 당시 흑인의 집에 돌을 던지고 집단 폭력을 가하는 백인 군중

Avenue)의 앤젤러스 빌딩(Angelus Building) 앞에는 흑인들이 몰려들었다. 그 빌딩에서 날아온 총알에 흑인이 저격당했다는 소식을 듣고 시위하러 온 사람들이었다. 그러나 백인 주민의 신고를 접수한 경찰은 무려 100명이나 출동해서 흑인을 폭도로 몰아 진압하는 데만 골몰했다. 이 진압 과정에서 4명의 흑인이 죽임을 당했다.

백인 폭도들은 흑인 거주지가 밀집된 시내 남쪽의 사우스 사이드(South Side)에서 차를 몰고 질주하면서 무작위로 총질하기도 했다. 흑인들은 이에 대한 대책으로 무장 매복하고 백인 차량의 습격을 기다리기도 했다. 폭동 3일째인 화요일에도 흑인들은 다양한 방식으로 공격당했다. 출근하다가, 집에 있다가, 혹은 노면전철을 타고 가다가, 시내 한복판에서 혹은 시내 남쪽의 거주 전용지역에서도 그들은 안전치 못했다. 제복을 입은 군인과 해병이 길 가던 흑인들에게 몰매를 하는 사건도 있었고, 폭도들이 백인 거주구역에 살던 흑인 소유 주택을 습격한 뒤 불을 지르고 도망친 사건도 발생했다.

수요일까지도 폭동이 진압되지 않고 시카고 시내에 질서의 진공상태가 계속되자, 밤 10시 30분에 윌리엄 톰슨(William 'Big Bill' Thompson) 시장은 인근에 배치되어있던 주방위군 3개 연대에 지원을 요청했다. 수요일 밤에 시작된 비가 목요일로 이어지면서 폭력사태를 점화시키는데 한몫했던 한여름 무더위의 열기도 가시는 듯했고, 주방위군이 출동하자 도시는 질서를 되찾아갔다. 이후로도 2주 정도 간헐적인 폭력사태와 방화 사건들은 있었지만 처음 4일간과 같은 심각한 인명 살상은 없었다.[3)] 마침내 사건이 종결되었을 때, 도합 흑인 23명 백인 15명이 사망했고, 총 부상자는 537명에 달했다. 주택과 상가 손실이 수백 채에 달했고 재산피해액은 수십만 달러였다.

피해 규모에서 최악의 인종폭동으로 기록된 시카고 인종폭동은 그저 우연적이거나 돌발적인 사건이었다고 보기에 어려운 면이 있다. 물론 근대도시의 성장 과정에서 이질적 사회집단 간의 반목이 화합 불가능한 양극화를 초래하고, 때로는 갈등의 폭발까지 이어졌던 경우는 다양하게 존재했다. 더구나 1918~19년 사이 미국의 다른 대도시에서도 비슷한 인종폭동이 벌어졌는데, 발생지는 필라델피아, 내쉬빌, 찰스턴, 롱뷰(텍사스), 워싱턴 DC, 녹스빌, 오마하 등 다양한 지역에 분포하고 있었다.

하지만 시카고의 피해 정도는 다른 도시와 비교되지 않을 정도였다. 더구나 이 사건이 놀라웠던 까닭은 그전까지 시카고가 신흥 급성장 도시를 대표하면서 수많은 하층민에게 새로운 미래의 기회를 제공하는 것으로 믿어졌던 꿈의 땅이었다는 사실이다. 그러한 시카고의 참신하고 진보적인 이미지를 무너뜨린 이 폭동사태를 어떻게 이해해야 하는가? 이 사건에 관련된 흑백 양측의 입장은 과연 무엇이었을까? 시카고에는 어떠한 사회적 상황들이 폭동 이전에 형성되어 있었기에 가장 큰 피해를 초래한 인종폭동이 발생하게 된 것일까?

시카고 인종폭동에 대해서는 윌리엄 터틀(William Tuttle, Jr.)의 고전

---

3) 다만 8월 2일 토요일에 리투아니아 이민이 살던 구역에 방화로 인한 대규모 피해가 있었다. 49채의 가옥이 불타 948명이 홈리스가 되었다. 재산 피해는 25만 달러로 집계되었는데, 방화범은 끝내 잡히지 않았다.

『인종폭동 : 1919년 붉은 여름의 시카고(*Race Riot : Chicago in the Red Summer of 1919*)』의 해석이 전반적으로 받아들여져 왔다. 당시의 흑인 신문을 비롯한 보도 자료와 정부자료에 대한 충실한 독서를 바탕으로 서술한 이 책은 인종폭동의 원인을 흑백 노동자 사이의 대립과 경쟁에서 찾았다. 특히 터틀은 노동운동이 고조되었던 1910년대 상황에서 흑인 노동자들이 파업파괴단으로 고용되면서 노조와 갈등을 심화시켰으며, 인종폭동은 그로 인해 쌓여온 분노의 표출이었다고 해석했다.

터틀의 분석은 대체로 타당하다. 특히 1919년 7월 이전에 이미 한동안 지속되어온 흑인에 대한 폭력 사태들을 추적함으로써, 폭동이 돌발적으로 발생했다기보다는 축적되어온 문제들로 인해 폭발 직전이었다가 어느 날 도화선이 당겨진 것이었음을 밝혔다는 의의를 지닌다. 하지만 터틀의 연구는 두 가지 면에서 좀 더 개선될 여지를 지닌다. 첫 번째는 인종폭동의 역사적 배경으로서 시카고 도시발전 자체의 모순과 한계를 충분히 지적해주지 못했다는 점이다. 시카고의 화려한 발전 내면에 담겨있던 문제점은 무엇이며, 특히 이 대도시에 당도한 흑인의 기대와 입장은 어떤 것이었을까? 이 질문은 왜 다른 도시가 아닌 시카고의 인종폭동이 심각한 수준이었는가를 이해하는 데에 필수적인 중요한 단서를 제공할 것이다.

두 번째는 폭동 전후 흑인 노동자의 입장에 관한 것이다. 왜 이들은 파업파괴단으로 고용되었을까? 대부분의 흑인이 노조가 아닌 사측의 입장을 따랐던 것은 당시의 노동관계에 무지했던 것인가 아니면 다른 어떤 이유에서였을까? 터틀의 연구는 흑인신문을 인용하고 대표적 흑인 단체인 유색인지위향상위원회(NAACP)의 자료를 열람했음에도 불구하고, 흑인의 입장에서 당시의 상황을 재구성하는 데에 실패했다는 한계가 있다. 이에 대해서는 특히 작업장에서 흑인과 백인의 관계, 그리고 이에 대한 흑인의 인식을 파악함으로써 인종폭동의 경위를 더욱 깊이 이해할 수 있을 것이다.

2. 기회의 땅과 흑인 대이동

시카고의 역사는 그야말로 충격적인 속도의 성장으로 설명된다. 인구 증가의 속도 면에서 시카고를 따라갈 예는 역사상 드물 것이다. 1830년까지 미국 센서스의 결과를 보면 시카고는 100대 도시에도 끼지 못했다. 1840년 비로소 90위로 등장했을 때 시카고의 인구는 겨우 4천470명이었다. 시 정부가 구성된 것이 1837년이라는 점을 생각해보면, 특히 동부 대도시들과 비교해서 시카고와 이 도시가 대표하는 중서부지역의 역사가 얼마나 짧은지 실감할 수 있다.

하지만 등장 이후 시카고의 인구는 그야말로 하늘을 찌를 듯 급상승했다. 1850년에 2만 9천963명으로 24위로 껑충 뛰더니 1860년에는 9위(112,172), 1870년에는 5위(298,977), 1880년에는 4위(503,185)로 계속 올라갔다. 그리고 1890년이 되면 시카고의 인구는 1백만을 넘어서면서(1,099,850) 드디어 전국 2위의 고지에 올랐다. 1871년의 대화재가 당시 시가지를 거의 완벽하게 전소시켰음에도 시카고는 오히려 이 사건을 더욱 아름다운 최신 고층건물들로 단장하는 기회로 삼아 발전을 지속했다.

시카고의 성장에는 바로 거대한 중서부(Middle West)라는 배경이 있다. 시카고는 중서부의 주요 산업인 목축업과 삼림 및 곡물 산업의 집산, 중개, 거래 중심지로 성장했다. 시카고의 여러 별칭 가운데 하나인 '관문도시(Gateway City)'라는 별칭은 바로 그 때문에 생겼다. 1803년 프랑스로부터 구매함으로써 열리게 된 새로운 서부의 중심에 위치했을 뿐 아니라, 주변에 있는 5대호와 주요 강줄기들이 제공하는 풍부한 수로 덕분에 시카고의 무역 거점으로서 성장은 예견 가능한 것이었다. 게다가 1820년대에 완공된 이어리 운하(Erie Canal)가 5대호와 뉴욕의 허드슨 강을 연결한 이후, 시카고와 뉴욕은 동반 성장의 시너지 효과까지 연출하게 되었다.[4)]

19세기 중반의 이러한 변화는 시카고를 새로운 "꿈의 땅"으로 만들기에 충분했다. 미국은 언제나 영토가 계속 팽창하는 국가였고, 각 시대마다 새로운 프론티어가 설정되었다. 19세기 중후반에는 시카고가 그 프론티어의 중심으로서 새로운 거주자들을 흡수하고 국가에 활력을 제공하는 곳이었다. 거기에 계속 증가하는 철로들은 더욱 많은 화물과 인력을 운송할 수 있게 함으로써 중서부의 발전에 크게 기여했다. 시카고는 그 중심지였다.[5)]

19세기 후반부와 20세기 초반부에 시카고를 방문한 사람들은 바로 그러한 시카고의 활력과 특성에 감탄했다. 뉴욕 출신의 한 언론인도 상업 중심지로서 시카고의 성장을 이야기하면서 뉴욕과 다른 장점에 주목했다. "시카고는 오래된 도시들이 가진 특성들이 결여되어 있다. 하지만 결여된 각각을 충분히 매력적인 다른 특성들이 채워준다. … 뉴욕 태생인 나도 그 에너지, 들끓음, 북적거림에 처음엔 경악할 수밖에 없었고, 나중엔 지쳐버렸다. 나는 … (시카고의) 인구와 상업적 영향력의 성장이 계속될 것이라는 증거를 찾았다. … 나는 뉴욕에 대한 자부심과 믿음을 잃지 않으면서도 시카고에 대한 존경심을 품게 되었다."[6)]

---

4) 서부 개척의 전초지로서 시카고의 역할과 발전상에 대해서는 William Cronon, *Nature's Metropolis : Chicago and the Great West*, New York : Norton, 1991.

5) Timothy B. Spears, *Chicago Dreaming : Midwesterners and the City, 1871-1919*, Chicago : University of Chicago Press, 2005, pp. 3-23.

6) Julian Ralph, *Our Great West*, New York : Harper & Bros., 1893, pp. 1-2.

뉴욕과는 다른, 나아가 어떤 면에서는 뉴욕을 능가하는 시카고의 특성은 1893년 시카고 박람회를 통해 상징적으로 표현되었다. 미국이 국내 정복과 남북전쟁을 무사히 마무리하고 제국주의 국가로 전환하는 결정적인 시기, 전 세계를 향해 미국의 경제력과 신기술을 자랑하고 인종적인 우수성을 부각시키기 위해 마련된 이 행사장이 시카고였다는 것은 의미심장한 일이다. 이는 '개척자'로서의 미국의 이미지를 고양하는 장소로서 관문도시인 시카고의 특성이 적합하다는 결론 때문이었다. 많은 이들의 이목을 집중시킨 이 행사를 통해 시카고의 위상은 더욱 높아졌다.[7)]

이처럼 매력적인 신흥 대도시라는 이미지 덕분에 시카고는 수많은 이주 노동자들의 목적지 제1순위가 되었다. 1900년 당시 시카고는 미국에서 가장 많은 폴란드인, 스웨덴인, 보헤미안, 노르웨이인, 네덜란드인, 덴마크인, 크로아티아인, 슬로바키아인, 리투아니아인, 그리스인이 거주하는 도시였고, 세계 전체로 보아도 보헤미안이 두 번째로 많고, 노르웨이인과 스웨덴인은 세 번째로 많으며, 폴란드인은 네 번째로 많은 도시였다.[8)]

유럽계 이민뿐 아니라 남부 흑인들에게도 시카고는 꿈과 기회의 땅이었다. 그들에게는 노예해방 후에도 계속된 차별과 폭력으로 인해 남부를 떠나야 한다는 이유가 있었으며, 1차 대전의 전시경제체제로 인해 호황이 시작된 북부의 도시들은 풍부한 일자리로 그들을 끌어당기고 있었다. 바야흐로 '흑인 대이동(Great Migration)'의 시대였다.

---

7) 박진빈, 「만국박람회에 표현된 미국과 타자」『미국사연구』, 18권, 2003, pp. 133-157 ; Stanley Appelbaum, *The Chicago World's Fair of 1893*, New York : Dover Books, 1980.

8) George Warrington Steevens, *The Land of the Dollar*, New York : Dodd, Mead & Co., 1897, pp. 14-15. 당시 시카고 인구의 3분의2는 외국 태생이었다.

편도 열차표(One Way Ticket)

랭스톤 휴즈(Langston Hughes)

나는 지쳤네 / 짐크로법과 / 잔인한 사람들에게
그리고 두렵네 / 린치하고 도망치는 사람들
나를 무서워하는 사람들 / 그리고 내가 무서워하는 사람들
나는 내 삶을 집어올려 / 들고 떠나네 / 편도 열차표를 가지고
북쪽으로 떠나네 / 서쪽으로 떠나네 / 떠나갔네!

풍부한 일자리 이외에도 두 가지 이유에서 시카고는 흑인 대이동의 가장 중요한 목적지였다. 첫 번째 이유는 교통로였다. 시카고는 중서부 철도의 종착지로서 특히, 미시시피에서 직행하는 열차편을 이용해서 이주하는 수많은 흑인들이 시카고를 그들의 새로운 고향으로 삼기에 편리했다. 철도 이외에도 전부터 가축의 이동 경로로 이용되던 여러 도로들과 호수와 강줄기를 이용한 수로 역시 연결되기 때문에 교통의 요지로서 시카고는 매우 중요한 장점을 지니고 있었다.

두 번째로 시카고 지역의 흑인 신문인 『시카고 지킴이(*Chicago Defender*)』가 남부 흑인의 이주를 적극적으로 돕고 있었다는 특별한 조건이 갖추어져 있었다. 이 신문은 남부 흑인을 상대로 조직적인 선전을 벌여 시카고로의 이주를 부추겼다. 남부 전역에 널리 보급되어 있었던 이 신문은 흑인의 삶이 북부에서 더 큰 기회를 가질 수 있다고 설명했고, 때로는 북부에 자리를 잡은 흑인들과 새로운 이민을 연결해 주는 역할을 자임했다. 그 결과, 1916년에서 1920년 사이 시카고에는 7만 5천 명의 남부 출신 흑인이 도착했다. 겨우 4만 명을 헤아리던 흑인 인구는 11만 이상으로 치솟았고, 그 인구는 1920년과 1930년 사이에 다시 두 배로 증가했다.[9)]

그런데 북부 도시에 도착한 흑인들은 신인종이었다. 자신을 '신흑인(new negro)'[10]이라 부르며 새로운 자부심을 가진 흑인들이었다. 첫째로 이들은 우선 남부의 관행으로부터 풀려났을 뿐 아니라, 둘째로 세대의 측면에서도 노예제를 경험하지 않은 신세대가 많았다. 그리고 셋째로 이들 가운데는 제1차 세계대전의 경험 속에서 미국을 위해 참전했다가 돌아온 애국 시민들이 다수 포함되었다. 시대의 흑인 작가 알랜 로크(Alain Locke)는 "이전의 흑인은 이미 실재하는 인간이 아니라 신화이다"라고 과감하게 주장했다. 로크에 따르면 이제 북부 도시의 흑인들은 구세계의 억압과 괴롭힘과 부담으로부터 자유로이 "재생된 자아 존중감과 자립심을 바탕으로 흑인 공동체의 삶을 새로운 국면으로 접어들게 하고" 있었다.[11]

이들이 고향을 떠나 시카고로 향했을 때, 어떤 기대와 희망을 품었는지는 익히 짐작할 만하다. 이들은 시카고 도착과 동시에 일자리를 얻었고, 또 작업장에서 백인들과 함께 같은 일감을 할당받는다는 사실에 엄청난 놀라움을 표시했다. 그리고 자신과 직접적인 관계가 없는 백인에게 쓸데없이 예의를 표시하거나 굽실거리지 않아도 된다는 사실에도 경악을 금치 못했다.

"아, 세상에. 나는 첫 번째 달에 승진되었어. 내가 목수장의 제1목수보가 되

---

9) James Grossman, *Land of Hope : Chicago, Black Southerners, and the Great Migration*, Chicago : University of Chicago Press, 1989, pp. 66-97.

10) 노예제 경험이 있는 흑인과 해방 이후 출생한 흑인 사이의 세대차 문제는 Leon Litwack, "Hellhounds," an introduction to *Without Sanctuary : Lynching Photography in America*, Santa Fe, NM : Twin Palms Publishers, 2000, pp. 8-37.

11) Alain Locke, "Enter the New Negro," *The Survey Graphic*, vol. VI, no. 6, March 1925, pp. 631-634.

었네. 목수장이 없으면 내가 책임자이고 한 달에 95달러를 벌지. 내가 할 일이 뭔지 잘 안다는 건 너도 알거야... 나는 이 일을 20년간 해왔어. 내가 처음으로 인간처럼 느껴져. 뭔가 특권이 있다고 느끼는 건 정말 기쁜 일이군." [12)]

분명히 시카고는 이들 신흑인에게 새로운 기회를 제공해 주었으며, 이전에는 기대할 수 없었던 계급적 상승을 꿈꾸게 해주었다. 하지만 흑인 대이동의 끝에는 인종폭동이 자리를 잡고 있다. 어떻게 된 일일까?

3. 거주지 분리와 노동의 문제

이들이 꿈에 부풀어 도착한 곳은 흑백이 평등한 세상은 아니었다는 것이 문제였다. 비록 남부처럼 공식적인 분리법(Jim Crow Law)은 없었고, 공개적인 처형(lynch)도 없었지만, 그리고 공공장소에서의 모욕이나 폭력적인 위협은 없었을지 모르지만, 시카고 역시 분리된 사회(segregated society)이기는 마찬가지였다. 인종 간의 편견은 여전히 존재했고, 암묵적으로 지켜지는 분리된 선이 존재했다. 이른바 '예의 바른 인종주의(polite racism)'가 이들을 갈라놓고 있었다.

가장 큰 구별은 각각의 주거지에서 나타났다. 흑인의 인구가 증가하면서 이들이 밀집되어 거주하는 지역이 두드러지게 나타나기 시작했다. 1910년경 시카고 흑인 인구의 78%가 사우스 사이드의 한 거리에 집중되어 있었는데, 백인들은 이를 '검은 벨트(black belt)'라고 불렀다. 1920년

12) 1917년 한 시카고 이민 흑인이 미시시피로 보낸 편지글 가운데. American Social History Project : Up South Video, at http://www.ashp.cuny.edu/video/up3.html.

센서스는 대부분의 흑인 증가분이 바로 이 검은 벨트를 중심으로 살을 붙였다는 것을 알려준다. 이 벨트를 따라 흑인들의 교회와 재즈바, YMCA, 얼반리그(Urban League) 사무실, 『시카고 지킴이』 사무실 등이 자리 잡았다. 흑인의 생활은 이 벨트를 벗어나지 않는 협소한 것이었다.[13]

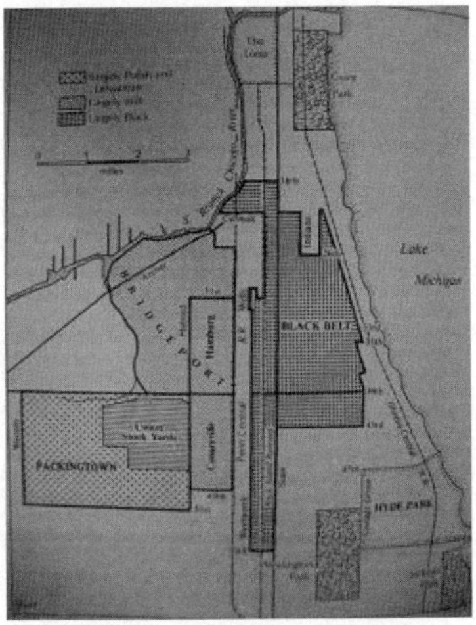

〈사진 2〉 1910년 시카고 시내 주요 산업 및 흑인 주거지[14]

주거지의 분리는 도시의 정치에서 중요한 의미가 있다. 왜냐하면, 인종 혹은 민족 공동체로 구성되는 지역 단위가 결국 선거구와 겹쳐지기 때문이다. 미국 도시는 시기별로 이민 집단마다 이미 같은 지역 출신들이 모여 사는 구역으로 더욱 몰려들어 거주지를 형성해왔기 때문에 시카고의 흑인들이 사우스 사이드에 집중하는 현상을 나타낸 것은 이상할 것이 없다. 다만, 그 정치적 의미는 두 가지로 생각해 볼 수 있다. 첫째, 도시민의 정치적 요구는 작업장 단위로 형성되기보다 거주지/선거구 별로 조직되면서 인종적, 민족적 협상이 계급적 협상을 우선해왔다.[15] '미국에는 왜 사회주의가 없는가?'라는 질문에 답할 때 반드시 거론되는 것이 바로 이 부분이다. 노동운동이 존재하기는 하지만, 선거권을 가지고 정치적 협상에 나오는 것은 주

---

13) Grossman, *Land of Hope*, pp. 123-128.

14) James Barrett, *Work and Community in the Jungle : Chicago's Packinghouse Workers, 1894-1922*, Chicago : University of Illinois Press, 1987, p. 70.

15) Ira Katznelson, *City Trenches : Urban Politics and the Patterning of Class in the United States*, Chicago : University of Chicago Press, 1981, pp. 67-86.

로 주거지 단위의 집단이었기 때문이다.

둘째, 그렇기 때문에 흑인은 그들이 몰려 사는 선거구에서는 정치적 요구를 관철할 수 있는 응집력을 가질 수 있지만, 그것은 계급으로서의 요구가 아니라 인종으로서의 요구였다. 그 단기적 장기적 효과는 숙고해 보아야 할 문제이다. 근시안적으로 보자면 영향력을 행사하는 선거구들이 있다는 데에서 의의를 찾을 수 있겠지만, 보다 넓은 관점에서 보자면 그것은 흑인 몇 명 참여시키고 흑인이 원하는 사안 몇몇 감안해주는 정도 이상을 넘어서기가 어려운 구도를 의미하기 때문이다.

한편, 시카고의 흑인들은 주거 공간 측면에서뿐 아니라 직업적으로도 제한된 자유를 누리고 있었다. 대부분이 비숙련 노동자였던 흑인들은 직업 사다리에서 가장 낮은 단계에 있을 수밖에 없었고, 그 사다리를 올라가기란 쉽지 않았다. 대이동 기간 이전에 이미 북부에 거주한 자유민 출신 흑인 가운데 중산층으로 신분 상승한 이들이 있었으나 여전히 전체 인구에서는 소수를 차지했다. 그러므로 시카고 사회 내에서 흑인과 최하층 노동 빈민은 동일시되는 상황이었다.[16] 결과적으로 대부분의 흑인 여성에겐 집안일을 돌보는 하인 외에는 일자리가 없었으며, 남성 노동력이 자리를 잡은 곳은 도살장이었다.

도살장은 시카고의 지리조건과 발전유형의 특성을 가장 적나라하게 드러내 주는 곳이다. 중서부 평원에서 운송한 소와 돼지를 도축, 포장해서 상품으로 만드는 산업은 시카고의 가장 중요한 산업 가운데 하나였다. 즉, 서부라는 자연에 대한 정복을 기반으로 하는 중서부 중심지 시카고의 성격을 상징적으로 보여주는 산업이다. 바로 그 도축이 이루어지는

16) Grossman, *Land of Hope*, pp. 181-207 ; Carl Sandburg, *The Chicago Race Riots, July, 1919*, p. 75.

시내 남쪽의 패킹타운(packingtown)은 피비린내 진동하는 잔혹한 풍경의 대명사였다. 수많은 참관자와 특히 외지에서 방문한 관광객들은 도축장의 끔찍한 풍경에 숨 막혀 했다.[17)]

"방문객들은 살코기를 만들고 남은 쓰레기들을 처리하는 다음 층으로 내려갔다. 내장을 닦아서 소시지용 재료를 만들고 있는 방에 들어가자 코를 찌르는 듯한 악취가 몰려왔다. 그들은 코를 감싸 쥐고 얼른 다음 방으로 옮겨갔다. 다음 방에서는 비누와 고형 유지를 만들기 위해 모든 찌꺼기들을 모아 끓이고 있었다. 거기도 역시 방문객이 오래 머무를 곳이 못 됐다. … 그것은 고도로 분업화된 노동이었다. 먼저 '도살꾼'이 기다리고 있다가 단칼에 소의 목을 요절냈다. 그의 움직임은 너무 빨라서 한번 칼날이 번뜩였다고 느끼는 순간 이미 소는 다음 칸으로 옮겨져 있었고, 그 자리엔 진홍빛 피만 낭자하게 남았다. 아무리 여러 사람이 달려들어 삽질해도 그 마룻바닥엔 언제나 2cm 정도 핏물이 흥건히 고여 있었다."[18)]

그 열악한 패킹타운에서나마 일자리를 얻으려 했던 두 집단은 다른 직업군에 진출하기 어려운 새로운 도착자들, 즉 이민자들과 흑인이었다. 위에 인용한 폭로소설 『정글』은 시카고의 화려한 발전 이면에 숨겨

〈사진 3〉 패킹타운 도살장 내부의 모습

17) Barrett, *Work and Community in the Jungle*, pp. 64-117.
18) 업튼 싱클레어, 채광석 역, 『정글』, 서울 : 동녘, 1991, 40-41, 42쪽.

져 있던 도축업장 이민의 끔찍한 상황을 잘 묘사하고 있다. 주인공 유르기스는 리투아니아인으로 온갖 시련을 겪은 뒤 사회주의에 눈을 뜨고 노동운동에 투신하는 것으로 묘사되었는데, 그를 노동운동으로 이끈 것은 다름 아닌 같은 지역 출신 이민 집단들이었다. 동유럽과 북유럽 출신 이민들이 대부분을 차지하던 패킹타운을 흑인들이 급격하게 높은 비중으로 점유하게 되면서 이들 사이에는 갈등이 싹트고 있었다. 일례로 한 거대 패킹하우스의 흑인 노동자 비율은 1916년 1월 3.7%에서 1918년 12월 20.8%로 크게 증가했다.[19)]

이민과 흑인 노동자들 사이의 갈등의 원인은 흑인의 비노조화에 있었다. 유르기스는 영어를 배우면서 곧 노조에 동참하는데, 왜 남부 흑인들은 노조화에 실패했던 것일까? 그것은 흑인의 잘못도 백인의 잘못만도 아니었다. 우선 기존의 노조는 시카고 지역에 흑인의 인구가 증가함에 따라 이들을 어떻게 노동운동에 포섭할까 논의는 했으나, 어떤 일관된 정책을 만드는 데에 실패했다. 시카고노동연맹(Chicago Federation of Labor) 산하에서 1917년에 창설된 스톡야드노동위원회(Stockyards Labor Council)의 지도부는 인종문제에 관해 분열되었으며, 대부분의 경우 인종별로 따로 집회를 하는 방법을 택했다. 흑인 측에서도 노조화를 적극적으로 원하지 않았다. 지도부와 언론, 교회 등은 백인과 백인 노조를 불신하는 태도를 견지했다. 그들에게는 이전에 협조했다가 가장 먼저 처벌당했던 기억이 있었고, 또 백인 노조에 의해 거부당했던 경험들이 있었기 때문이었다.[20)] 노조에 대한 이들의 불신은 무지나 학습 부족

---

19) George E. Haynes, *The Negro at Work During the World War and During Reconstruction*, US Department of Labor, Division of Negro Economics, Washington D.C. : Government Printing Office, 1921, pp. 54-55.

20) Rick Halpern, *Down on the Killing Floor : Black and White Workers in Chicago's*

에서 오는 것이 아니라 역사적 경험에서 우러나는 것이었다.

작업장에서의 흑백 노동자 간의 극심한 갈등은 인종폭동을 통해 적나라하게 드러났다. 폭동이 발발했다는 소식이 전해지자 패킹타운의 백인 노동자들은 곧 흑인 동료에게 구타와 돌팔매질을 퍼붓기 시작했다. 폭력 상황이 자주 발생한 곳이 바로 패킹타운이었다. 그런데 이곳의 '백인'은 이민 온 지 얼마 되지 않은 이들이 대부분이었다. 사건 당일 『뉴욕타임즈』 기사가 "시실리안들이 깜둥이를 공격했다"고 썼던 것은 바로 그러한 사실의 반영이었을 것이다.[21] 패킹타운의 질서를 되찾기 위해 군대가 파견되었고, 이에 노조는 파업에 들어갔다. 긴박한 상황 속에 노조는 비노조원 출입을 금지한다고 발표했는데, 이에도 불구하고 출근했던 흑인들은 폭력으로 응징당하는 사건들이 발생했다. 패킹타운에는 흑백 간의 폭력을 막기 위해 8월 9일까지 군대가 주둔했을 정도였다.[22]

결론적으로 보건대 1910년대 시점에서 흑인들은 주거지와 직장 모두에서 차별을 받고 있었다. 기본적으로 분리된 세계 내에서는 남부보다 더 큰 자유와 평화를 즐겼다고 말할 수 있지만, 그것은 분리된 세계를 수용할 때에만 가능한 일이다. 누군가 이 분리된 선을 넘는 순간, 질서와 평화는 유지될 수 없었다. 두 가지 문제가 곧 시카고 흑백 간의 잠재된 갈

Packinghouses, 1904-54, Chicago : University of Illinois Press, 1997, pp. 44-72. 1930년대에는 예외적으로 흑백 노동자의 단결이 성사되었고, 특히 시카고의 도축업은 그 성공 사례로 유명하지만, 1920년대까지만 해도 그것은 상상하기 어려운 상황이었다.

21) "28 Dead, 500 Hurt in Three-Day Race Riots in Chicago," *New York Times*, July 30, 1919.

22) "Troops Leave Stock Yards : Strike Continue in Packing House Plants," *New York Times*, August 9, 1919 ; 안전을 보장하니 출근해도 좋다고 했던 시정부를 고소하고 폭력에 대한 피해보상을 요구했다가 1921년에 승소한 흑인에 대한 보도가 있다. "Gets Verdict Against Chicago for Negro's Death in Race Riot," *New York Times*, May 27, 1921.

등을 노출하기 시작했다. 첫 번째는 전술한 바와 같은 신흑인의 자아정체성 발전과 이를 바탕으로 한 보다 평등한 사회에의 요구였다. 경제력 향상에 따라 흑인은 백인 전용이라 생각되었던 직업군에 진출하기 시작했고, 백인 주거지로 이주해오면서 분리된 세계를 잠식해왔다. 두 번째는 시카고 노조와 흑인 간의 갈등이었다. 비노조 노동력의 대부분을 구성했던 흑인에 대한 백인 노조의 시선이 곱지 못했다. 물론 이러한 인종 간의 불신을 최대한 활용하려 했던 사측의 의도가 적중한 탓도 있으나, 백인 노조는 흑인의 입장을 고려하지 않는 편협함을 보였고 흑인 노동자들은 과거의 경험에 매몰되어 현실을 직시하지 못하는 한계를 보여주었기 때문이다.[23)]

인종폭동이 시작되기 이전부터 이미 흑인에 대한 폭력은 시작되었다. 1916년과 1917년에 흑인이 백인을 공격했다는 근거 없는 소문에 백인 폭도가 몰려가 흑인에게 린치하는 사건들이 있었다. 1918년 3월부터 1919년 7월 사이에는 흑인의 집과 부동산에 폭탄이 터지는 사고가 25건이나 발생했다. 피해자는 주로 백인 동네에 이사한 흑인의 집, 흑인이 세 들어 사는 백인의 주택, 그리고 이러한 거래를 중재한 부동산 사무실 등이었다. 이들이 바로 백인 거주지로 진입함으로써 암묵적인 인종선을 넘은 것으로 간주하였기 때문이다. 사고와 사고 사이에는 경고와 위협이 끊임없이 계속되었다. "우리는 이 아파트들을 지옥으로 날려 보낼 것이다. 같이 날아가고 싶지 않다면 당장 이사 가라." 흔한 협박장의 문구였다.[24)]

따라서 1919년 여름으로 접어들자, 흑백 양측의 서로에 대한 증오심은

---

23) James Barrett, *Work and Community in the Jungle*, pp. 188-263 ; Grossman, *Land of Hope*, pp. 208-245.

24) Tuttle, Jr., *Race Riot*, pp. 175-176 · 233-236 ; Sandburg, *The Chicago Race Riots*, p. 17.

폭발 직전까지 악화되어 있었다. 6월에도 노면전철을 타고 가던 흑인 형제를 약 50명의 백인이 끌어내려 죽기 직전까지 몰매를 가한 사건이 있었다. 특히 신문사와 경찰서에는 7월 4일 독립기념일을 기하여 시카고에서 모든 흑인을 몰아낼 것이라는 익명의 제보 전화들이 도착했다.[25] 7월 내내 기온이 섭씨 30도에 육박하는 뜨거운 날씨 속에 이렇게 흑인에 대한 백인의 응징은 준비되고 있었다. 그리고 마침내 7월 29일, 모두가 예상한 대로 전쟁이 터지고 말았던 것이다.

4. 폭동 이후의 시카고

도시 공간을 중심으로 흑인의 진출과 진전을 막기 위한 백인 이민 집단의 반작용이었던 시카고의 인종폭동은 그렇게 만들어졌다. 인종관계위원회는 1922년에 이 사건에 대한 최종 보고서를 펴냈다. 사건의 개요와 원인을 설명한 뒤 보고서는 사태 예방을 위한 권고 사항을 59개 조항에 걸쳐 달아 놓았다. 그런데, 그 권고 사항 가운데 유사 사건 발생 시 대처 방안과 광범위한 공공 안전 문제를 제외한 주된 내용은 "흑인 거주지의 범죄 및 유흥 중심지 제거"(7항), "흑인 지역(South Side)의 운동클럽(athletic clubs)에 대한 감시"(9항), "흑인 주거지의 비위생적 환경 처벌"(13항) 등으로, 마치 이 사건의 원인 제공을 흑인이 한 것이라는 듯한 어조를 느끼게 했다. 그 외에 권고 사항은 "흑백이 서로 이해하고 편견을 없애서" 이런 사건이 다시 발생하지 않도록 해야 한다는, 구체적 실천 강령이 없는 공허한 당부를 반복했다.[26]

25) Tuttle, Jr., *Race Riot*, pp. 238-241.

피해자였던 흑인을 사건의 책임자로 몰아붙이려는 시도는 다른 각도에서도 진행되었다. 당시는 공산주의의 전파에 대한 공포가 사회적으로 팽배해있던 적색공포(Red Scare)의 시대였는데, 인종폭동 전후로 흑인과 급진주의 사이의 연관성에 대한 공공연한 논의가 이루어졌다. 심지어 인종폭동이 발발한 직후에, 국무장관 파머가 "볼셰비키들이 흑인들에게 상당한 돈과 엄청난 문서 공세를 벌이고 있으나 시카고 인종폭동에 영향을 주지는 않은 것으로 보인다."[27]는 발표를 했다. 이는 첫째로 인종폭동의 주도세력이 흑인이었다는 인상을 주는 발언이며, 둘째로 흑인에게 존재하지 않는 급진성과 폭력성을 거짓 결합하려는 시도였다.

사건 바로 전날에는 볼셰비즘과 흑인의 연관성을 말하면서 마치 모든 흑인이 급진적이고 전복적인 사상의 소유자인 것처럼 과장 보도하는 사례가 있었다는 것은 흥미로운 일이다. 특히 시카고에 본부를 두고 있던 사회주의 노동자 연합인 IWW(Industrial Workers of the World)와 흑인, 특히 두보이스(W. E. B. DuBois)와 같은 급진적 흑인 지도자들 사이의 연관관계가 근거도 제시되지 않은 채 지적되었다.[28] 두보이스가 급진적 사상가였으며 흑인의 권리를 위해 싸우는 운동가였지만, 1919년 흑인 폭동과 직접적인 관계를 맺지는 않는다.

백인 위주의 노조에서 배제되고 있었던 흑인의 현실을 고려하면 이러한 논의는 다소 뜬금없게 들린다. 더욱이 이러한 우려는 대다수 흑인 노동자들이 노동운동은 '백인들의 것'이라며 거부감을 표하고 있었던 상황과 전혀 맞아떨어지지 않는다. 그렇다면 왜 흑인은 볼셰비즘의 의심을

---

26) "The Recommendations of the Commission," in Chicago Commission on Race Relations, *The Negro in Chicago*, pp. 640-651.

27) "5 More on Death Toll," *New York Times*, July 31, 1919.

28) "Reds Try to Stir Negroes to Revolt," *New York Times*, July 28, 1919.

받았던 것일까? 이는 적색공포 시대의 전형적인 희생양 만들기 작업이 흑인 대이동에 대한 경계심과 결합한 결과로 판단된다. 흑인에 대한 편견이 팽배한 가운데 결국 인종폭동의 책임 규명은 제대로 이루어지지 않았고, 인종 간의 관계를 변화시킬 근본적인 대책은 도출되지 못했다.

결론적으로 인종폭동은 제1차 세계대전과 대이동(Great Migration)기 이전에 남부에 집중되었던 흑인 인구가 이 시기를 지나면서 북부 도시로 분산이 진행되었던 결과로 빚어진 사건이었다. 당시 시카고는 급성장하던 이상적 도시로 여겨지면서 이 인구의 다수를 유인했다. 그 결과 시카고의 사회 문화적 구성은 뒤바뀌었고 흑인은 백인 노동자들과 일자리를 겨루는 경쟁의 위치에 서게 되었다. 이러한 경쟁은 북부에서도 존재했던 인종 간의 분리된 세계를 무너뜨릴 가능성을 제시함으로써 백인 사회에 긴장을 초래했고, 특히 흑인과 경쟁하던 이민 온 지 얼마 되지 않았던 백인 이민 노동자들과의 사이에서 더욱 극적인 갈등으로 진화했다. 1919년의 인종폭동은 바로 일자리와 주거지를 놓고 새로 유입된 백인과 흑인이 대립하면서 갈등이 심화된 결과 빚어진 사태였다.

도시에서 흑백의 갈등이 이처럼 격해진 것은 흑인 인구가 상당수 증가한 뒤의 일이다. 결국, 시카고의 인종폭동은 급성장한 현대 미국의 도시가 사회적 갈등을 조정할 능력을 상실했을 때 발생했던 사건으로서, 시카고라는 공간에 대한 다양한 사회적 욕구와 좌절의 문제를 제기한다. 또한, 인종폭동은 미국 도시의 특수한 상황인 인종의 문제가 도시 공간의 계급적 분화와 중첩되어 발생한 것으로, 여기서 흑백 모두 투쟁과 쟁취의 공간으로서 도시를 인식했음을 알려주는 사건이다. 또한 폭동 진압과 수습, 그리고 최종 보고서의 내용은 전형적인 인종적 편견과 백인 중심적 시각의 고수를 의미했다.

1919년의 폭동은 끝났지만, 1920년대의 한 여행객은 시카고에서 여전히 감지되는 갈등과 긴장의 공기를 이렇게 서술했다.

> "시카고에 평화는 없다. 시카고에서 과거와 미래는 허물을 벗고 새로운 허물을 쓰는 뱀처럼 곧 버려질 새로운 전통을 창조하면서 또 다른 전통의 족쇄를 발작적으로 떨구어 버리는 무질서한 존재를 낳는다. 이 도시는 공포와 빛의 도시이며, 야성이고 지칠 줄 모른다. … 도시의 각 부분은 서로 간에 오고 갈 교통수단도 없이 부정합 상태이다. … 여기에 욕망과 그 억제를 위한 공간은 있으나, 무기력함을 위한 공간은 없다. 여기에는 끝없는 투쟁이 있으며, 평화를 향한 온화한 동경은 없다. 시카고에 평화는 없다. …"[29]

---

29) Walter Lionel George, *Hail Columbia!*, London : Chapman & Hall, Ltd., 1923, p. 47.

▮ 참고문헌

〈1차 사료〉

American Social History Project : Up South Video, at http://www.ashp.cuny.edu/video/up3.html

Chicago Commission on Race Relations, *The Negro in Chicago : A Study of Race Relations and a Race Riot*, Chicago : University of Chicago Press, 1922.

George, Walter Lionel, *Hail Columbia!*, London : Chapman & Hall, Ltd., 1923.

Haynes, George E.. *The Negro at Work During the World War and During Reconstruction, US Department of Labor, Division of Negro Economics*, Washington D.C. : Government Printing Office, 1921.

Locke, Alain, "Enter the New Negro," *The Survey Graphic*, vol. VI, no. 6, March 1925.

Ralph, Julian, *Our Great West*, New York : Harper & Bros., 1893.

Sandburg, Carl, *The Chicago Race Riots*, july, 1919.

Steevens, George Warrington, *The Land of the Dollar*, New York : Dodd, Mead & Co., 1897.

〈신문자료〉 연도순 정리

"Reds Try to Stir Negroes to Revolt," *New York Times*, July 28, 1919.

"28 Dead, 500 Hurt in Three-Day Race Riots in Chicago," *New York Times*, July 30, 1919.

"5 More on Death Toll," *New York Times*, July 31, 1919.

"Troops Leave Stock Yards : Strike Continue in Packing House Plants," *New York Times*, August 9, 1919

"Gets Verdict Against Chicago for Negro's Death in Race Riot," *New York Times*, May 27, 1921.

〈연구서와 논문〉

박진빈, 「만국박람회에 표현된 미국과 타자」, 『미국사연구』 18권, 2003.

업튼 싱클레어, 채광석 역, 『정글』, 서울 : 동녘, 1991.

Appelbaum, Stanley, *The Chicago World's Fair of 1893*, New York : Dover Books, 1980.

Barrett, James, *Work and Community in the Jungle : Chicago's Packinghouse Workers, 1894-1922*, Chicago : University of Illinois Press, 1987.

Cronon, William, *Nature's Metropolis : Chicago and the Great West*, New York : Norton, 1991.

Grossman, James, *Land of Hope : Chicago, Black Southerners, and the Great Migration*, Chicago : University of Chicago Press, 1989.

Halpern, Rick, *Down on the Killing Floor : Black and White Workers in Chicago's Packinghouses, 1904-54*, Chicago : University of Illinois Press, 1997.

Katznelson, Ira, *City Trenches : Urban Politics and the Patterning of Class in the United States*, Chicago : University of Chicago Press, 1981.

Litwack, Leon, "Hellhounds," an introduction to *Without Sanctuary : Lynching Photography in America*, Santa Fe, NM : Twin Palms Publishers, 2000,

Spears, Timothy B., *Chicago Dreaming : Midwesterners and the City, 1871-1919*, Chicago : University of Chicago Press, 2005.

Tuttle, Jr., William, *Race Riot : Chicago in the Red Summer of 1919*, Urbana and Chicago : University of Illinois Press, 1996.

찾아보기

ㅊ

ㅋ

ㅌ

ㅍ

ㅎ